Niemann & Moschinski, Hamburg 23, Kantstr. 18

Persiens auswärtige Wirtschaftsbeziehungen

Von

Dr. rer. pol. Hans Doevel

Friederichsen, de Gruyter & Co. m. b. H. / Hamburg

1 9 3 3

Die vorliegende Abhandlung ist aus meinen Arbeiten im Sozialökonomischen Seminar unter Leitung von Herrn Prof. Dr. *Sieveking* hervorgegangen; sie ist von der Rechts- und Staatswissenschaftlichen Fakultät der Hamburgischen Universität als Doktordissertation angenommen worden.

Der Verfasser.

Inhaltsüberſicht.

Vorwort.

Das Persien der Nachkriegszeit hat durch seine Bemühungen um nationale Unabhängigkeit und zivilisatorischen und wirtschaftlichen Fortschritt die Aufmerksamkeit der Welt mehr als früher auf sich gelenkt, und vor allem waren es wirtschaftliche Interessen, die in Deutschland und anderen westlichen Industriestaaten durch die beginnende Emanzipation dieses orientalischen Landes von der britisch-russischen Vorherrschaft und die großzügigen Reformpläne seiner Regierung geweckt wurden. Trotzdem, oder gerade weil die Entwicklung in der jüngsten Vergangenheit die noch vor wenigen Jahren auf die ökonomische Zukunft Persiens gesetzten Erwartungen enttäuscht hat, besteht deshalb ein Bedürfnis nach Klarheit über seine heutige Stellung in der Weltwirtschaft, dem die bisherige Literatur nicht genügend Rechnung trägt. Diese beschränkt sich, soweit sie die Wirtschaftsfragen betrifft, auf allgemeine Darstellungen des ersten Entwicklungsstadiums der Nachkriegszeit und die Behandlung von Einzelproblemen, welche ebenfalls die wichtigen Wandlungen in den letzten Jahren nur teilweise miterfassen, so daß heute die praktischen Interessen hauptsächlich auf kurze Aufsätze in Zeitungen und Zeitschriften, Meldungen der Tagespresse und persönliche Erfahrungen angewiesen sind.

Die vorliegende Arbeit soll in erster Linie diese Lücke ausfüllen und versucht deshalb nach Möglichkeit, in allen Einzelheiten bis zur Gegenwart vorzudringen und so die heutige Lage und die sich daraus ergebenden Folgerungen klarzustellen. Gleichzeitig ist es aber auch ihre Aufgabe, der neuen Situation in methodischer Beziehung Rechnung zu tragen. Denn mit Ausnahme Japans und der Türkei hat man bis jetzt bei der Behandlung der Wirtschaftsfragen asiatischer Länder meistens darauf verzichtet, die Untersuchungsmethoden der modernen Nationalökonomie ohne weiteres dabei anzuwenden, d. h. das betreffende Land als Volkswirtschaft im europäischen Sinne anzusehen. Denn in der Mehrzahl der Fälle handelt es sich entweder um Wirtschaftsräume mit ausgesprochenem Kolonialcharakter, deren Entwicklung also im wesentlichen von den Einflüssen der Kulturländer abhängig ist, für deren wirtschaftliche Expansion sie das willenloſe Betätigungsfeld darſtellen, oder aber um ſolche mit relativ großer Unabhängigkeit, denen jedoch eigene Triebkräfte fehlen und die deshalb in ungefähr gleichbleibenden Formen und Größenverhältniſſen des Wirtſchaftslebens verharren.

Die Nachkriegszeit hat in Aſien überall Anſätze zu einer grundſätzlichen Wandlung in dieſer Beziehung gebracht, und die Entwicklung iſt in Perſien heute ſo weit vorgeſchritten, daß bei einer Unterſuchung der ökonomiſchen Verhältniſſe dieſes Landes trotz mancher Einſchränkungen prinzipiell die gleichen Fragen berückſichtigt werden müſſen wie bei irgend einer modernen europäiſchen Volkswirtſchaft. Beſonders bei der Behandlung der außenwirtſchaftlichen Beziehungen iſt es zweckmäßig, dieſen orientaliſchen Staat einmal als grundſätzlich ſelbſtändigen Faktor im weltwirtſchaftlichen Geſchehen zu betrachten, als Volkswirtſchaft, die ein geſchloſſenes Ganzes darſtellt und eigene Entwicklungsgeſetze hat, die trotz mancher Beſonderheiten den allgemeinen Begriffen der theoretiſchen Nationalökonomie entſprechen. Dadurch wird es möglich, im Rahmen der Frageſtellung dieſer Arbeit ein organiſch zuſammenhängendes Geſamtbild zu erhalten und nicht nur, wie es ſonſt der Fall ſein müßte, eine Beſchreibung von Einzeltatſachen.

Gleichzeitig hat ſich daraus die Forderung ergeben, immer die Verbundenheit zwiſchen der Dynamik der Weltwirtſchaft und derjenigen der perſiſchen Volkswirtſchaft zu beachten und herauszuarbeiten. Dies führte zu einer ſcharfen Trennung der Darſtellung in zwei Teile: die Situation vor dem Einſetzen des Konjunkturabſtiegs und die Entwicklung im Verlauf der gegenwärtigen Depreſſionsperiode, die auch in Perſien bald den Charakter einer Kriſe annahm und die ich der Einfachheit halber für die Geſamtdauer ſeit 1929 mit dieſem Begriff bezeichne, ohne damit einer abweichenden Definition die Berechtigung abſprechen zu wollen.

Die Schwierigkeiten der Beſchaffung zuverläſſigen Materials waren angeſichts des Mangels an einſchlägiger Literatur und amtlicher Statiſtiken außerordentlich groß. Ich möchte an dieſer Stelle allen denjenigen, die die Liebenswürdigkeit hatten, mir dafür ihre perſönlichen Erfahrungen zur Verfügung zu ſtellen, herzlich danken.

Hamburg, im Dezember 1932.

Hans Doevel.

Einleitung.

Die natürlichen und hiſtoriſchen Grundlagen der weltwirtſchaftlichen Verflechtung Perſiens.

Es iſt im Rahmen dieſer Arbeit, deren Zielſetzung ich im Vorwort umriſſen habe, nicht möglich, die für das Verſtändnis der Gegenwart unentbehrlichen geographiſchen, ſoziologiſchen und hiſtoriſchen Grundlagen des perſiſchen Wirtſchaftslebens ausführlich zu behandeln. Ich beſchränke mich auf eine knappe Darſtellung der mir am wichtigſten ſcheinenden Tatſachen und verweiſe für ein intenſiveres Studium dieſer Fragen auf die vorhandene Literatur, von denen ich beſonders die Schriften von Grothe, Beuck, Roſen und Millspaugh empfehle (ſ. Literaturverzeichnis).

Für das Verſtändnis vieler in der vorliegenden Unterſuchung erörterten Einzelheiten iſt die gleichzeitige Benutzung einer genauen geographiſchen Karte unbedingt erforderlich, ſoweit der Leſer nicht mit der Geographie Perſiens vertraut iſt. Dabei kommt vor allem die 1932 erſchienene „Carte de Perse“ (Maison Forest, Paris) in Frage, ferner die engliſche Generalſtabskarte „Persia and Afganistan“ No. 2149 (H. M. Stationary Office, London).

Die natürlichen Grundlagen.

Ein Blick auf eine ſolche Landkarte zeigt, daß Perſien zwiſchen dem 25. und 40. Grad nördlicher Breite und dem 44. und 63. Grad öſtlicher Länge liegt und damit auf dem ſubtropiſchen Trockengürtel, der ſich von Innerаſien bis Marokko hinzieht. Von beſonderer Bedeutung iſt ſeine Lage auf der Linie Europa—Indien und vor allem ſeine unmittelbare Nachbarſchaft zu Rußland auf der einen, Britiſch-Indien auf der anderen Seite. Die ſich daraus ergebende Zwiſchenſtellung in politiſcher und verkehrsgeographiſcher Beziehung wird jedoch weſentlich beeinflußt und in ihrer Bedeutung eingeſchränkt durch die beſondere Oberflächengeſtaltung des Landes, welches in ſeiner Ausdehnung von 1 647 000 qkm zu ca. 92% ein Hochland iſt, deſſen durchſchnittliche Höhe im Innern ca. 1300—1400 Meter beträgt und das außerdem nach allen Richtungen von teilweiſe über 4000 Meter hohen Randgebirgen eingeſchloſſen wird, abgeſehen von zahlreichen hohen Gebirgsketten, die auch das Innere der Hochebene durchziehen. Denn dadurch verliert die Rolle als Transitland, die dem persischen Staatsgebiet dank seiner geographischen Lage zufallen müßte, wegen der schwierigen Transportverhältnisse fast vollständig an Bedeutung. Seit Erschließung des Seeweges nach Südasien, in verstärktem Maße seit dem Bau des Suezkanals, hat es der Weltverkehr deshalb vorgezogen, dieses Hochland ganz zu umgehen. Daraus ergibt sich die wichtige Konsequenz, *daß der persischen Wirtschaft im Weltverkehr kaum irgendwelche vermittelnde Tätigkeit zufällt, daß vielmehr fast alle Beziehungen zum Ausland in der Binnenwirtschaft des Landes ihre Grundlage haben.*

Diese Binnenwirtschaft ist in ihrer Struktur ebenfalls durch die oben skizzierte Oberflächengestaltung und durch die dadurch beeinflußten klimatischen und sonstigen natürlichen Vorbedingungen bestimmt, welche kurz folgende sind:

Die innerpersische Hochebene mit den wirtschaftsgeographisch dazugehörigen Gebirgen ist charakterisiert durch außerordentlich große Fruchtbarkeit des Bodens mit Ausnahme der großen Salzwüsten in den östlichen Gebietsteilen. Dieser Fruchtbarkeit steht ein extrem trockenes, rein kontinentales Klima gegenüber, mit großen Temperaturunterschieden zwischen Sommer und Winter und Tag und Nacht, und mit Niederschlägen von ca. 125—300 mm jährlich[1]. Die Dürftigkeit dieser Niederschläge wird in ihrer nachteiligen Wirkung noch durch das Fehlen jeglicher Wälder, die die Feuchtigkeit konservieren könnten, erhöht, sowie durch die Tatsache, daß Regen und Schnee hauptsächlich im Winter und Frühjahr fallen, während sie im Sommer ca. vier Monate hindurch ganz ausbleiben. Starke Sonnenstrahlung, eine außergewöhnlich trockene Atmosphäre und dauernde Winde tragen noch dazu bei, nicht nur den Boden, sondern auch die meisten Flußläufe im Sommer vollständig auszutrocknen und damit jede landwirtschaftliche Produktion von künstlicher Bewässerung abhängig zu machen. Soweit Flüsse und Bäche im Frühjahr genügend Wasser enthalten, erfolgt die Bewässerung durch einfache Gräben, die am Rand der Äcker und Gärten entlanglaufen. In der Mehrzahl der Fälle muß jedoch das Grundwasser benutzt werden, das oft außerordentlich tief liegt. Deshalb findet man seit Jahrhunderten überall in Persien die *Kanate,* d. s. unterirdische Stollen, die von den höhergelegenen Grundwasservorräten am Gebirgsrand ausgehen und dieses in die Ebene leiten (Näheres über diese Bewässerungstechnik s. Beuck, „Die Persische Bodenkultur ...").

Alles dies trifft nicht nur für das Hochland zu, sondern auch für die Küstengebiete im Süden, am Persischen Golf, einem der heißesten Landstriche der Erde, obwohl dort die jährliche Regenmenge und der Flußreichtum etwas größer sind (Beuck gibt für die Golfküste durchschnittlich 315 mm an, Sykes für Buschir 11,07").

Nur die schmale Ebene im Norden, am Kaspischen Meer, mit den wirtschaftsgeographisch dazugehörigen Nordhängen des Elbursgebirges, kann ohne künstliche Bewässerung auskommen, wenn man

[1]) Alle Anmerkungen siehe S. 174.

von den Reiskulturen absieht. Ein feuchtwarmes, subtropisches Klima in Verbindung mit dem auch hier vorzüglichen Boden ermöglicht in diesen reichsten Gebieten des Landes eine sehr ergiebige landwirtschaftliche Produktion ohne die Schwierigkeiten, die ihr im gesamten übrigen Persien infolge des Wassermangels entgegenstehen.

Von dem Mineralreichtum des Landes kommt bisher fast nur dem Erdöl praktische Bedeutung zu, welches in der Provinz Khusistan im Südwesten Persiens von der Anglo-Persian Oil Co. Ltd. gefördert wird, wo die Nähe des Persischen Golfs den Export nach allen Weltteilen ermöglicht und vor allem die Versorgung der britischen Flotte im Indischen Ozean erleichtert. Dagegen werden die Öllager im Norden des Landes, falls sie einmal ausgebeutet werden sollten, wohl nur für den Inlandsbedarf Bedeutung erlangen. Was das Land im übrigen an Mineralien birgt, ist nur wenig erforscht und noch weniger ausgenutzt. In primitivem Tagebau wird heute etwas Kohle abgebaut, ferner Blei, Kupfer, Schwefelnatrium, Schwefel, Alaun und Graphit, aber alles nur in sehr kleinem Maßstabe und lediglich für den lokalen Bedarf. Nur die seit Jahrhunderten bei Nischapur geförderten Türkise spielen für den Export eine Rolle, und in den letzten Jahren außerdem die Eisenoxydvorkommen auf der Insel Hormuz, im Persischen Golf.

Es ist jedoch heute erwiesen, daß z. B. am Südhang des Elbursgebirges, ferner in der Nähe des Urmia-Sees im Nordwesten sowie in einigen anderen Landstrichen große Kohlen- und Eisenvorräte in abbaufähigen Tiefenlagen vorhanden sind. Ebenso sind in den verschiedensten Gegenden bedeutende Vorkommen von Kupfer, Blei, Nickel, Chrom, Mangan, Antimon, Zinn, Zink, Quecksilber und vielen anderen Bodenschätzen nachgewiesen, darunter auch Gold, Silber und Platin. Die bisher angestellten Versuche der Goldausbeute scheiterten nur an dem Mangel des für das Auswaschen des Sandes notwendigen Wassers.

Alle diese natürlichen Vorbedingungen der persischen Wirtschaft geben noch keine Erklärung für die gegenwärtige Stellung des Landes in der Weltwirtschaft. Denn ein Land von der $3^1/_2$fachen Ausdehnung Deutschlands, dessen fruchtbarer Boden nach neuesten Schätzungen zu ca. 45% für den Ackerbau nutzbar ist[2] und zu weiteren 10 bis 15% aus wertvollen Weiden besteht, und der dank der unterschiedlichen Höhenlagen eine besondere Vielseitigkeit der landwirtschaftlichen Erzeugung ermöglicht, ließe eine ganz andere Rolle in der Weltwirtschaft erwarten, besonders wenn man dazu den oben beschriebenen Mineralreichtum und den wirkungsvollen natürlichen Frachtenschutz gegenüber dem Auslande — in Gestalt der Randgebirge — berücksichtigt.

Wenn die Entwicklung aber nicht zu einer Ausnutzung der vorhandenen potentiellen Wirtschaftskräfte geführt hat, so lag das in erster Linie an den *Bevölkerungsverhältnissen* und an der *politischen Geschichte* Persiens. Über die Bevölkerung stehen keine zuverlässigen Statistiken zur Verfügung, so daß ich mich an die neuesten Schätzungen halten muß, die zwischen 9 und 12 Millionen Einwohnern schwanken. Das allein ist schon aufschlußreich, denn es ergibt für ein Land von 1 647 000 qkm eine durchschnittliche Dichte von nur 5,4 bis 7,3 Bewohnern pro qkm, und das in einem Wirtschaftsraum, der zu 55—60% eine sehr ertragreiche agrarische Produktion ermöglichen würde, abgesehen von seinen Bodenschätzen. Zu dieser Menschenarmut, der die relative Übervölkerung Europas und großer Teile Asiens kraß gegübersteht, kommt aber noch der geringe Grad der Ausnutzung des natürlichen Reichtums durch diese Bevölkerung, die sich zu 80—85% aus Ackerbauern und Viehzüchtern zusammensetzt[3]. Die unwirtschaftliche Bewässerung mit dem altertümlichen Kanatsystem, die primitive Technik der Bodenbearbeitung, bei welcher die Hacke und der *Holz*pflug meist die einzigen Werkzeuge sind, dazu ein erschreckender Tiefstand der Hygiene und eine entsprechend große Kindersterblichkeit, alles das trägt dazu bei, daß inmitten dieses Überflusses an Produktionsmöglichkeiten auch den wenigen Menschen nur ein sehr niedriger Lebensstandard gestattet ist.

Es ist hier nicht der Ort, die tieferen Ursachen dieser Verhältnisse zu untersuchen, die nicht zuletzt in dem Einfluß der mohammedanischen Priesterschaft, in dem mittelalterlichen Feudalismus und in dem Besteuerungssystem liegen, d. h. in überkommenen Dingen, die gerade in der Landwirtschaft jedem Fortschritt hemmend im Wege stehen. Es sei hier nur auf die Tatsache hingewiesen, daß diese technische Rückständigkeit und daneben der Mangel an Unternehmungsgeist und rationalem Denken die Wirtschaft des Landes auf einem Ertragsniveau gehalten haben, das auch bei Würdigung aller naturbedingten Schwierigkeiten weit unter den vorhandenen Möglichkeiten liegt. Und nur diese soziologischen Verhältnisse haben es dazu kommen lassen, daß die früher fast autarke Wirtschaft Persiens seit einem Jahrhundert mehr und mehr in die Weltwirtschaft eingegliedert wurde, als Lieferant landwirtschaftlicher Produkte und Käufer von Industrieerzeugnissen, *ohne daß diese zunehmende Einseitigkeit der Produktion zu einer entsprechend großen Steigerung der Produktivität auf diesem, nun völlig ausschlaggebenden Gebiet der Landwirtschaft geführt hätte.* Denn die beiden wichtigsten Voraussetzungen für eine solche Produktivitätssteigerung, Bevölkerungsvermehrung und rationelle Wirtschaftsmethoden, sind auch mit zunehmender weltwirtschaftlicher Verflechtung ausgeblieben, wobei zu berücksichtigen ist, daß auch einem sehr bedeutenden Anwachsen der Einwohnerzahl für absehbare Zeit das Gesetz des abnehmenden Bodenertrages keine Grenze gezogen hätte, angesichts der Tatsache, daß noch fast überall in unmittelbarer Nachbarschaft der landwirtschaftlich genutzten Flächen Boden mit gleichen Produktionsbedingungen vorhanden war. Gewiß haben dabei auch die sehr ungünstigen Transportverhältnisse eine Rolle gespielt, die in diesem gebirgigen Lande eine empfindliche Verteuerung jeder Güterbewegung bedeuten und so auch die durch die fortschreitende Arbeitsteilung zuweilen erzielte Verbesserung der Wirtschaftlichkeit illusorisch machen. Aber gerade bei dem problematischen Bau der Transversalbahn, der an anderer Stelle noch ausführlich behandelt werden wird, zeigt sich, daß die Überwindung der natürlichen Hindernisse durch moderne Verkehrstechnik zwar belebend auf eine solche stagnierende Volkswirtschaft wirken mag, daß sie aber *auch auf lange Sicht* unökonomisch sein muß, wenn sie ein Mehrfaches des tatsächlich vorhandenen Wirtschaftsvolumens voraussetzt. Dieses Wirtschaftsvolumen, und damit die quantitative Nachfrage nach Transportmitteln, ist in einem Lande wie Persien, mit einer Bevölkerungsdichte von ca. 6 pro qkm und einer wenig ergiebigen Produktionstechnik dieser Bevölkerung außerordentlich klein. Ich kann mich deshalb nicht der weit verbreiteten Ansicht anschließen, daß das Transportproblem in Persien das Primäre ist und daß seine Lösung vor allem anderen durchgeführt werden muß. Vielmehr kann nur eine *gleichzeitige* Produktivitätssteigerung und Bevölkerungsvermehrung die durchgreifende Modernisierung der Verkehrstechnik ökonomisch rechtfertigen bezw. überhaupt erst ermöglichen.

Nikitine[4] schätzt die jährliche Bevölkerungszunehme auf 0,75 bis 1 %; vielleicht kann man auch von einem vollständigen Stillstand des Wachstums sprechen. Die alleinige Ursache dieser Stagnation ist jedoch die hohe Sterblichkeitsziffer, da von einem Geburtenrückgang nicht die Rede sein kann. Jede Verbesserung der Volkshygiene, besonders eine wirksame Bekämpfung der großen Kindersterblichkeit, muß zu einem sehr schnellen Wachstum führen, etwa mit dem Bevölkerungszuwachs in Mitteleuropa im 18. Jahrhundert vergleichbar. Dabei muß betont werden, daß es sich bei Fortschritten auf hygienischem Gebiete weniger um ein finanzielles als vielmehr um ein Erziehungsproblem handelt. Kostspielige sanitäre Einrichtungen sind allerdings vorläufig für die breite Masse unerschwinglich, aber es wäre schon sehr viel erreicht, wenn das Volk zu anderen Sauberkeitsbegriffen und zu größerer Vorsicht bei dem Genuß von Trinkwasser erzogen würde, was die mohammedanische Geistlichkeit vollständig versäumt hat.

Neben dem natürlichen Wachstum der Bevölkerung kommt außerdem die Ansiedlung der Gebirgsstämme in den Ackerbaugebieten in Betracht, wie es bereits heute in kleinem Maßstabe in Angriff genommen wird, allerdings hauptsächlich aus innenpolitischen Gründen. Auch spricht man oft von der Ansiedlung von Einwanderern, eine Frage, der allerdings für den Augenblick keine Bedeutung zukommt.

Geſchichtlicher Überblick.

Es würde nicht den Tatſachen entſprechen, wollte man dieſe techniſche und wirtſchaftliche Rückſtändigkeit der Bewohner, welche die zum natürlichen Reichtum des Landes in Widerſpruch ſtehende geringe Bedeutung Perſiens in der Weltwirtſchaft erklärt, lediglich auf die ſoziologiſchen Gegebenheiten zurückführen. Denn eine vielleicht noch größere Bedeutung kommt dabei den politiſchen Zuſtänden zu, deren negativer Einfluß auf die wirtſchaftliche Entwicklung der verfloſſenen hundert Jahre gerade heute deutlich wird, wo ſich die Verhältniſſe in dieſer Beziehung grundlegend geändert haben. Innenpolitiſch hatte von jeher eine ſtarke, zielbewußte Zentralregierung gefehlt, die imſtande geweſen wäre, teilweiſe den Mangel an privater Initiative zu erſetzen, abgeſehen von der erzieheriſchen Wirkung einer fortſchrittlichen Wirtſchaftspolitik. Und auch außenpolitiſch hatte der perſiſche Staat bis vor wenigen Jahren weder Willen noch Macht gehabt, überhaupt irgendwelche autonome Wirtſchaftspolitik zu treiben.

Dabei iſt allerdings zu beachten, daß die Vorausſetzungen, unter welchen man einen Erziehungsprotektionismus im Sinne Friedrich Liſts hätte befürworten können, in Perſien damals noch nicht gegeben waren und es auch heute noch nicht ſind, nämlich eine entwickelte Agrarwirtſchaft, die die vorhandenen landwirtſchaftlichen Produktionsmöglichkeiten voll ausnutzt. Wäre dies der Fall geweſen, ſo hätte wahrſcheinlich die naturbedingte Unzugänglichkeit des Landes, d. h. der Frachtenſchutz, die gleichen Wirkungen gehabt wie ein Schutzzollſyſtem.

Die faſt ununterbrochene innen- und außenpolitiſche Schwäche während des vergangenen Jahrhunderts hat dann dazu geführt, daß Perſien bei ſeiner allmählichen Eingliederung in die Weltwirtſchaft *immer nur eine paſſive Rolle* geſpielt hat. In dem Frieden von Turkomanchai im Jahre 1828 verlor es für genau 100 Jahre ſeine Zollautonomie, mußte dem ruſſiſchen und bald darauf dem britiſchen Handel ſeine Grenzen öffnen, durch die erzwungene Senkung der Ein- und Ausfuhrzölle auf generell 5% des Wertes. Es war damit zu einem *„Gebiet der offenen Tür“* geworden, was ſeine handelspolitiſche Stellung im internationalen Verkehr bis zum Jahre 1928 kennzeichnet. In dieſen hundert Jahren erlebte es, politiſch ein Spielball in der brtiſch-ruſſiſchen Rivalität, den Prozeß der friedlichen Durchdringung von zwei Seiten. Auf die Einbeziehung in den Welthandel und den daraus entſtehenden Ausfuhrzwang folgte bald die kapitalmäßige Verflechtung mit dem Auslande und die verkehrstechniſche Verbindung mit der Welt. So erhielt das Land 1864 die erſte Telegraphenlinie, die Verbindung zwiſchen London und Indien, die zwiſchen Bagdad und Karachi quer durch perſiſches Gebiet gelegt wurde, auf Grund einer an das Indo-European Telegraph Department erteilten Konzeſſion. Bald darauf erwarb Rußland eine Konzeſſion für die Linie nach Täbris—Teheran. Im Jahre 1888 mußte

Persien unter dem Druck britischer Interessen den einzigen schiffbaren Strom des Landes, den Karun, für die internationale Schiffahrt freigeben, und ein Jahr später, 1889, erfolgte die Konzessionserteilung für die Gründung der Zentralnotenbank, der Imperial Bank of Persia, an den Engländer Baron de Reuter, die in der Folgezeit außerordentlich zur Stärkung des britischen Einflusses beigetragen hat.

Mit der Gründung dieser Bank, deren Notenprivileg und gleichzeitige Schlüsselstellung bei der Finanzierung des Außenhandels das Wirtschaftsleben Persiens weitgehend an britische Interessen knüpfte, begann auch eine schnell wachsende finanzielle Bindung des persischen Staates an das Ausland. Die Anleihen, die durchweg konsumtiven Zwecken dienten, wurden zunächst von dem britischen Institut, dann von der Banque des Prêts, einer eigens für diesen Zweck in Persien gegründeten russischen Staatsbank, gewährt, so daß neben die wirtschaftliche und strategische Abhängigkeit nun auch die finanzielle getreten war. Als Sicherung mußten dabei die Zolleinnahmen des größten Teils der Landesgrenzen an Rußland verpfändet werden, wobei die allerdings für Persien vorteilhafte Reform der gesamten Zollverwaltung im Jahre 1898 notwendig wurde. Mit der gleichen Begründung erzwang Rußland im Jahre 1902 auch eine Änderung des Zolltarifs, nicht nur, um dadurch eine Erhöhung der verpfändeten Einnahmen zu erzielen, sondern auch aus handelspolitischen Motiven. So wurden die Tarife für die vorwiegend aus Rußland importierten Waren, z. B. Zucker und Petroleum, stark gesenkt ($2^1/_2$ bezw. $1^1/_2$%, während Persien die Einfuhrbelastung für britische Erzeugnisse beträchtlich erhöhen mußte, so für den indischen Tee auf 100% ad val. Andererseits wurden die russischen Zölle für die persischen gewerblichen Produkte stark heraufgesetzt und die Durchfuhr aller persischen Waren durch russisches Gebiet vollständig gesperrt. Da es, abgesehen von hochwertigen, wenig frachtempfindlichen Waren, für den Verkehr der ertragreichen Provinzen am Kaspischen Meer und Aserbeidjans mit Europa eine billige Transportmöglichkeit nur über den russischen Schwarzmeerhafen Batum gibt, wurden damit diese Gebiete in die denkbar größte Abhängigkeit von dem russischen Markt gebracht, was sich trotz einiger Zugeständnisse der Sowjetunion bis heute nicht wesentlich geändert hat.

Hatte zu jener Zeit noch die politische Rivalität der Imperien England und Rußland diesen Prozeß der „friedlichen Durchdringung“ verlangsamt und der persischen Regierung oft die Möglichkeit gegeben, dabei beide Mächte gegeneinander auszuspielen und so wenigstens seine formale Selbständigkeit zu bewahren, so kam es auch hierin im Jahre 1907 zu einer Änderung, die das Land dem Stadium einer Ausbeutungskolonie einen großen Schritt näher brachte. Die Schwächung Rußlands durch den verlorenen Krieg gegen Japan und die Einkreisungspolitik Englands gegenüber Deutschland ließen für beide Imperien eine friedliche Einigung über die Reibungspunkte in Tibet, Afghanistan und Persien wünschenswert erscheinen, die zu einer Aufteilung Perſiens in zwei „Intereſſenſphären“ führte, in denen nun jede der beiden Mächte die wirtſchaftliche Okkupation ungeſtört fortſetzen konnte, was die weitere Entwicklung bis zum Weltkriege charakteriſierte. Dabei entſtand für England im Süden Perſiens ein ſtarker Machtfaktor in Geſtalt der Ölquellen in Khuſiſtan, deren 1901 an einen Auſtralier vergebene Konzeſſion nach erfolgreichen Bohrungen an die im Jahre 1909 gegründete Anglo-Persian Oil Co. überging, an welcher die britiſche Admiralität bald darauf die Majorität erwarb.

So ſtellte Perſien bei Beginn des Krieges ein Land dar, welches mehr auf Initiative der großen Mächte als aus eigenem Willen eine wachſende Bedeutung in der Weltwirtſchaft erlangt hatte. Sein Geſamtaußenhandel war von 449 Mill. Kran im perſiſchen Jahr 1280 (1901/02) auf 1103 Mill. Kran in 1292 (1913/14) geſtiegen. Dabei unterliegt es keinem Zweifel, daß dies nicht eine entſprechende Ausdehnung des perſiſchen Wirtſchaftsvolumens bedeutete, ſondern eine Fortſetzung der vorhergehenden Entwicklung, d. h. der zunehmenden Einſeitigkeit der Produktion auf Koſten der gewerblichen Erzeugung, deren techniſche Rückſtändigkeit den Wettbewerb mit der europäiſchen Induſtrie unmöglich machte. Eine Ausnahme bildet lediglich die Produktion handgeknüpfter Teppiche mit ihrem bemerkenswerten Auslandsabſatz, was aber durchaus nicht in Widerſpruch zu dem Geſagten ſteht, da es ſich hier um ein Erzeugnis kunſtgewerblichen Charakters handelt, bei dem die Konkurrenzfähigkeit nicht auf rationelle Herſtellungsmethoden zurückzuführen iſt, ſondern auf jahrhundertelange künſtleriſche Tradition in Verbindung mit ſehr niedrigen Arbeitslöhnen.

In dieſer Volkswirtſchaft, die in vieler Beziehung noch nicht über das Stadium des europäiſchen Mittelalters hinausgekommen war, hatten in den langen Jahren wirtſchaftlicher Durchdringung moderne europäiſche Unternehmungen ein Arbeitsfeld gefunden, ohne ſich ihr je ganz eingegliedert zu haben. Das war in erſter Linie die britiſche Imperial Bank of Persia, der oft eine für Perſien nachteilige Politik vorgeworfen worden iſt, und die Anglo-Persian Oil Co., welche begann, in der Südweſtecke Perſiens ein vom übrigen Land faſt iſoliertes „Ziviliſationszentrum“ zu ſchaffen. Auch die zahlreichen ruſſiſchen Konzeſſionsgeſellſchaften fallen hierunter. Größtenteils befanden ſie ſich in den Händen des ruſſiſchen Staates, was zur Folge hatte, daß ſie in ihrer Tätigkeit das politiſche Intereſſe immer vor das ökonomiſche ſtellten.

Man muß ſich dieſe Situation bei Ausbruch des Weltkrieges vor Augen halten, um die grundlegende Wandlung der Verhältniſſe zu würdigen, die ſich ſeitdem vollzogen hat. Es war eine Wandlung, deren treibende Kraft die im Weltkriege neu belebten Beſtrebungen zu nationaler Unabhängigkeit waren, wie ſie faſt gleichzeitig bei vielen aſiatiſchen Völkern eine neue Entwicklungsperiode einleiteten. Jedoch war es dem perſiſchen Nationalismus, deſſen beſcheidene Anfänge ſchon auf die Vorkriegszeit zurückgehen, erſt durch die völlig neue Situation in Rußland möglich geworden, sich im Innern des Landes durchzusetzen und den Kampf nach außen mit Aussicht auf Erfolg aufzunehmen. Denn mit der russischen Revolution war für einige Jahre der seit einem Jahrhundert auf Persien lastende Druck des zaristischen Imperialismus genommen und der Weg zur politischen und wirtschaftlichen Unabhängigkeit wenigstens nach einer Seite hin frei geworden. Die nun einsetzende Entwicklung, die auch durch eine oft recht nachgiebige Haltung Großbritanniens erleichtert wurde, wird in der Gestalt des jetzigen Schah Risa Khan Pahlevi verkörpert, der 1921 nach einem erfolgreichen Eingriff in das politische und militärische Chaos Kriegsminister wurde, zwei Jahre später Ministerpräsident und im Jahre 1925, nach Sturz der alten Dynastie, den Thron bestieg.

Unter der Führung dieser ungewöhnlich energischen Persönlichkeit und seines fähigen und einflußreichen Hofministers Timurtasch ist bisher in Persien zielbewußt auf eine gründliche politische und wirtschaftliche Emanzipierung hingearbeitet worden, der das Land trotz ungeheurer Schwierigkeiten und mancher Rückschläge Schritt für Schritt nähergekommen ist. Die praktische Grundlage schuf im Jahre 1921 der Verzicht der Sowjetunion auf die russischen Wirtschaftsinteressen in Persien, durch Annullierung sämtlicher Vorkriegsanleihen, Aufhebung der damit verbundenen Pfandrechte auf die Zolleinnahmen und durch Abtretung aller privaten und staatlichen Eigentumsrechte und Konzessionen mit Ausnahme der Fischereien an der Südküste des Kaspischen Meeres, über die erst 1927 eine für Persien annehmbare Einigung erzielt wurde. Wenn auch Rußland bald wieder eine fast imperialistische Politik gegenüber Persien aufgenommen hat, so kommt doch auch heute noch jenem Freundschaftsvertrag von 1921 allergrößte Bedeutung zu, denn erst die damit geschaffenen Erfolgsaussichten hatten dem persischen Nationalismus die Möglichkeit gegeben, sich durchzusetzen. Dies wurde deutlich in der Weigerung des Parlaments, das 1919 mit England getroffene Abkommen zu ratifizieren, durch das Persien endgültig zu einem britischen Protektorat gemacht worden wäre.

Auf dieser Grundlage der nationalen Bewegung im Innern und der vorübergehenden Bewegungsfreiheit gegenüber der Sowjetunion, die auch einen energischen Widerstand gegen den britischen Imperialismus ermöglichte, wurden die großen Reformpläne in Angriff genommen, die hauptsächlich folgende Ziele verfolgten: Stärkung der Zentralregierung gegenüber den aufrührerischen Gebirgsstämmen und den Provinzgouverneuren, damit Wiederherstellung von Sicherheit und Ordnung, Reorganisation der Finanzen, Ausbau des Straßennetzes für den Motorverkehr, Bau einer Nord-Südbahn als Anfang eines Eisenbahnnetzes, Zurückdrängung des britischen Einflusses im Geld- und Kreditwesen durch Gründung einer Nationalbank, die auch die später notwendig werdende Währungsreform durchführen sollte, Förderung der Agrarwirtschaft und nicht zuletzt Ausnutzung der inländischen Bodenschätze und Arbeitskräfte durch

Heranzüchtung industrieller Unternehmungen. Nach außen entsprach dieser Zielsetzung das Streben nach politischer und finanzieller Unabhängigkeit, autonomer Handelspolitik und Abschaffung der Kapitulationen.

Überblickt man die Entwicklung bis zum Beginn der Weltwirtschaftskrise im Jahre 1929, so stellt man fest, daß in dieser kurzen Periode viel erreicht worden war, besonders in Anbetracht der außerordentlichen Schwierigkeiten, die den Bemühungen der neuen Staatsführung entgegenstanden. Schon 1921 war mit der Heeresreform begonnen worden und gleichzeitig mit der Finanzreform unter Leitung des amerikanischen Sachverständigen Dr. Millspaugh, dessen erfolgreiche Arbeit seit 1927 von deutschen Experten fortgesetzt wurde. 1925, als bereits die zunehmende Sicherheit des Verkehrs und die Verbesserungen der Straßenverhältnisse ihre günstige Wirkung auf das Wirtschaftsleben auszuüben begannen, wurde mit der Einführung eines Staatsmonopols auf Zucker und Tee eine neue Einnahmequelle erschlossen, deren Erträge ausschließlich für den Bau der transpersischen Bahn Verwendung finden sollten, dessen Durchführung dann auch im Jahre 1927 einem deutsch-amerikanischen Syndikat probeweise übertragen wurde. Dazu kam die Einrichtung eines Flugverkehrsnetzes durch die Junkers-Gesellschaft im Jahre 1926, welchem besonders für den Post- und Passagierverkehr große Bedeutung zukam. Schließlich, 1928, wurden drei weitere Ziele — wenn auch mit Einschränkung — erreicht: die Gründung der Nationalbank, die unter der Leitung des Deutschen Dr. Lindenblatt eine sehr schnelle und gesunde Entwicklung nahm, die Abschaffung der Kapitulationen, allerdings mit Reservatrechten des Auslandes für die Übergangszeit bis zur Durchführung der Justizreform, und der Beginn einer autonomen Handelspolitik mit der Festsetzung des neuen Zolltarifs vom 3. Mai 1928.

Die Aufzählung dieser Fortschritte der Periode 1921/28 gibt jedoch allein noch kein wahrheitsgetreues Bild, wenn man die oft unüberwindlichen Hemmnisse und schweren Rückschläge außer acht läßt, mit denen Persien zu kämpfen hatte. Dabei spielt neben den schlechten Ernten der Jahre 1924/25 die Änderung in der Haltung Rußlands eine entscheidende Rolle, ganz zu schweigen von den inneren Schwierigkeiten, welche in den einleitend beschriebenen soziologischen Verhältnissen wurzeln. Der russisch-persische Warenaustausch begann sich 1923 wieder zu beleben, was zunächst nur segensreiche Wirkungen für Persien hatte, da die Nordprovinzen, wie bereits erwähnt wurde, infolge der geographischen Verhältnisse von Rußland als Absatzland oder wenigstens als Transitgebiet weitgehend abhängig sind. Jedoch wurde die Sympathie für das Sowjetregime, die es sich durch den Freundschaftsvertrag vom 20. Februar 1921 in Persien erworben hatte, schnell wieder in das Gegenteil verwandelt. Sobald sich der Sowjetstaat innerlich und äußerlich etwas gefestigt fühlte und auch erkannt hatte, daß selbst eine noch so großzügige Freundschaft das Bauernland Persien nicht für die kommuniſtiſche Idee gewinnen würde, begann er, ſeine Politik gegenüber dem orientaliſchen Nachbar zu ändern und ſeine geographiſch bedingte Monopolſtellung im Außenhandel Nordperſiens rigoros auszunutzen. Zunächſt wurde die direkte Warendurchfuhr durch ruſſiſches Gebiet praktiſch unmöglich gemacht, teils durch einfache Verbote, teils durch prohibitive Frachtſätze und adminiſtrative Maßnahmen. Damit trat an Stelle des direkten Tranſits nach und von Europa die Vermittlung der ruſſiſchen Handelsorganiſationen, die dank dem Frachtenſchutz die perſiſche Ein- und Ausfuhr mit übermäßigen Gewinnzuſchlägen belaſten konnten. Von wirklich kataſtrophaler Wirkung für die perſiſche Volkswirtſchaft war jedoch die im Februar 1926 von Rußland erklärte abſolute Einfuhrſperre für faſt alle perſiſchen Waren, die faſt zwei Jahre in Kraft blieb. Wenn ſie auch nie ganz ſtrikt durchgeführt wurde, ſo bedeutete ſie doch eine ſehr nachhaltige Schädigung der nordperſiſchen Produktionsgebiete, die ſich kaum von den Schäden des Krieges und dem mehrjährigen vollſtändigen Ausfall Rußlands als Käufer und als Lieferant erholt hatten. Deshalb wäre es unberechtigt, an dem Entwicklungstempo der perſiſchen Reformen Kritik zu üben, wollte man dieſe und viele anderen Schwierigkeiten unberückſichtigt laſſen. Denn gerade dieſer Handelskrieg mit Rußland war es, der es der perſiſchen Wirtſchaft unmöglich machte, von der Weltkonjunktur der Jahre 1925/29 in vollem Umfange zu profitieren.

Im Folgenden komme ich nun zum eigentlichen Thema dieſer Arbeit, der Analyſe der weltwirtſchaftlichen Beziehungen Perſiens bei Beginn und im Verlauf der gegenwärtigen Kriſe, und werde dabei noch wichtige Einzelheiten der vorangehenden Periode behandeln, die in dieſer einleitenden Darſtellung keinen Platz hatten, die jedoch zum Verſtändnis und zur richtigen Beurteilung der jüngſten Entwicklung unentbehrlich ſind.

TEIL I.

Die auswärtigen Wirtſchaftsbeziehungen Persiens vor der Kriſe.

A. Begriff und Methode.

Unter dem Begriff „auswärtige Wirtſchaftsbeziehungen" iſt in dieſer Unterſuchung die Geſamtheit der Auslandsbeziehungen zu verſtehen, die ſich aus der internationalen Arbeitsteilung und der internationalen Kapitalverteilung für eine Volkswirtſchaft ergeben. Da alle dieſe Beziehungen wegen der rechtlichen und währungsmäßigen Einheit der betreffenden Volkswirtſchaft im Endeffekt Forderungen und Verpflichtungen ihr gegenüber begründen, finden ſie in der Zahlungsbilanz dieſes Landes ihren Niederſchlag. Damit ergibt ſich für die Behandlung dieſes Themas die in einer ſolchen Zahlungsbilanz übliche Aufteilung in Kapitalverkehr, Warenverkehr, Austauſch von Dienſtleiſtungen und Reiſeverkehr.

Im Folgenden ſollen nun die Auslandsbeziehungen Perſiens nach dem gleichen Schema aufgegliedert und im einzelnen unterſucht werden. Dabei empfiehlt es ſich, zuerſt die Kapitalverflechtung ſowie die Rolle der Dienſtleiſtungen und des Reiſeverkehrs zu behandeln, um danach auf den wichtigſten Faktor, den Außenhandel, einzugehen, da zum Verſtändnis der Außenhandelsprobleme die Kenntnis der erſtgenannten Faktoren erforderlich iſt.

Um die Unterſuchung der Situation vor der Weltwirtſchaftskriſe und der Entwicklung in ihrem bisherigen Verlauf getrennt durchzuführen, war es notwendig, beide Zeitabſchnitte ſcharf voneinander abzugrenzen. Ich habe als Stichtag den 20. März 1929 gewählt, d. h. *den Ultimo des perſiſchen Jahres 1307 (21. III. 1928 bis 20. III. 1929).* Dies erſcheint am zweckmäßigſten, weil ſowohl die Außenhandelsſtatiſtik als auch die Haushaltsrechnung und die Bankbilanzen die perſiſche Kalendereinteilung zugrundelegen und weil das Jahr 1307 in jeder Hinſicht als Normaljahr der Nachkriegsperiode in Perſien angeſehen werden kann, nach deſſen Ablauf bald die erſten Anzeichen der beginnenden Weltkriſe und vor allem die durch den rückgängigen Silberpreis bedingte Währungsentwertung das Wirtſchaftsleben des Landes in Mitleidenſchaft zogen.

B. Die Kapitalverflechtung Perſiens Ende 1307 (März 1929).

Bei Beantwortung der Frage, auf welche Weiſe und in welchem Umfange Perſien vor der Weltwirtſchaftskriſe kapitalmäßig mit dem Ausland verbunden war, wird der Mangel an zuverläſſigen amtlichen Angaben beſonders fühlbar. Ich habe der folgenden Darſtellung deshalb Daten und glaubwürdige Schätzungen von ſehr verſchiedener Herkunft zugrundelegen müſſen und verſucht, ſie durch eigene Berechnungen zu ergänzen.

Bei der Unterſuchung der Rolle des perſiſchen *Staates* als Gläubiger bezw. Schuldner des Auslandes beſtehen allerdings geringere Schwierigkeiten, genaue Zahlen zu ermitteln. Wie ſchon in der Einleitung erwähnt wurde, hatte die Sowjetregierung im Freundſchaftsvertrag vom 20. Februar 1921 ſämtliche an Perſien gewährten Anleihen annulliert, und auch die in England aufgenommenen Staatsſchulden waren 1925 um £ $2^1/_2$ Mill. reduziert worden. Da in den Nachkriegsjahren keine neuen Anleihen aufgenommen worden waren — denn man hatte ſich bereits 1924 endgültig entſchloſſen, den Bahnbau und andere große Reformwerke aus eigener Kraft zu finanzieren —, beſchränkte ſich die geſamte *öffentliche Auslandsverſchuldung am 20. März 1929 auf £ 1 683 164.—* gegenüber dem britiſchen Schatzamt und der Imperial Bank of Persia. Dieſer Betrag ſetzt ſich zuſammen aus:

Anleihe von 1911 (Imperial Bank of Persia)		£ 1 193 164.—
Vorſchuß der brit. Regierung 1912		£ 140 000.—
Vorſchuß der brit. Regierung 1913		£ 200 000.—
Vorſchuß der brit. Regierung (Fars)	1913	£ 100 000.—
Vorſchuß der brit. Regierung (Kirman)	1914	£ 50 000.—
		£ 1 683 164.—[6]

Dieſer ſehr geringen öffentlichen Verſchuldung ſtanden noch kurzfriſtige Forderungen der perſiſchen Regierung in London gegenüber, nämlich die dort deponierten Reſerven für den Bau der transperſiſchen Bahn und die geplante Goldwährung. Die Reſerve für den Bahnbau ſetzte ſich aus den Erträgen der am 30. Mai 1925 eingeführten Monopolbeſteuerung von Zucker und Tee zuſammen, die zunächſt in Perſien angeſammelt worden waren, bis die dadurch verurſachte Schrumpfung des Silbermünzenumlaufs eine Übertragung in englische Währung notwendig machte. Anfang 1307 belief sich das Depot in London auf ca. £ 3 Mill.[6], verringerte sich aber im Laufe des Jahres beträchtlich durch Überweisungen an das deutsch-amerikanische Bausyndikat, die sich bis zum 20. III. 1929 auf Kran 116 381 970.— beliefen[7]. Dem stand im gleichen Jahre ein Nettoertrag des Zucker- und Teemonopols in Höhe von Kran 64 334 560.—[8] gegenüber, so daß sich unter Zugrundelegung des durchschnittlichen Krankurses von 48,03 : £ für *Ende 1307 ein Restguthaben in London von ca. £ 1 900 000.—* ergibt, wozu noch der Fonds für die Einführung der Goldwährung kam. Dieser wurde seit dem Jahre 1927 aus den Konzessionsabgaben der Anglo-Persian Oil Co. gebildet und betrug im obigen Zeitpunkt £ *1 305 000.—*.

Zusammenfassend ist also zu sagen, daß die Kreditbeziehungen des persischen *Staates* zum Ausland bei Einsetzen des Konjunkturabstiegs lediglich aus einer niedrigen fundierten Schuld gegenüber England und einer diese noch übersteigenden kurzfristigen Forderung in Sterlingwährung bestand, *wobei letztere allerdings nicht den Charakter einer Kapitalausleihung hatte, sondern nur eine vorzeitige Transferierung für die spätere Bezahlung von Bahnbaumaterial und Währungsgold bedeutete.*

Sehr viel wichtiger ist dagegen die *private Kapitalverflechtung mit dem Ausland,* obwohl sie zahlenmäßig nur sehr ungenau erfaßbar ist. Dabei spielt Persien als Kapitalausfuhrland praktisch keine Rolle, obwohl die Vermögenswerte der im Ausland ansässigen persischen Kaufleute nicht vernachlässigt werden dürfen. Es handelt sich in der Hauptsache um Firmen in Britisch-Indien, in zweiter Linie um solche in England und auf dem europäischen Kontinent, deren Gesamtkapital natürlich jeder Berechnung unzugänglich ist. Nach privaten Angaben von deutscher und persischer Seite möchte ich es hier mit *ca. 6 Mill. Reichsmark* ansetzen. Dabei ist darauf hinzuweisen, daß es sich größtenteils nicht um das Ergebnis einer vorhergehenden Kapitalausfuhr handelt, sondern im Ausland erworben wurde.

Noch geringere Bedeutung kommt der Stellung der persischen Volkswirtschaft als Privat*gläubiger* gegenüber dem Ausland zu, da auch in den Jahren politischer Unsicherheit nie eine eigentliche Kapitalflucht stattgefunden hat. Auch ist es charakteristisch für die wirtschaftliche Mentalität des Persers, daß er für sein Kapital fast nie im Ausland oder Inland eine Anlage um der Verzinsung willen suchte, sondern es immer vorzog, es entweder in Form von Geld oder Edelmetallen zu horten oder in Grundbesitz anzulegen. Dieser Einstellung entspricht auch die in der mangelhaften Kreditverfassung begründete Tatsache, daß sich der inländische Kreditverkehr auf die Umsatzfinanzierung des Großhandels und die Produktionsfinanzierung der Landwirtschaft und der Teppicherzeugung beschränkt, wobei nur die erstere in Geldform vor sich geht, während in der Landwirtschaft die leihweise Hergabe von Saatgut und Zugtieren und in der Teppichproduktion die Bereitſtellung von Garnen und Farben die übliche Kreditform ſind.

Unter dieſen Umſtänden war es erklärlich, daß auch niemals ausländiſches Leihkapital direkt oder über die Banken den Weg in die perſiſche Wirtſchaft fand, daß vielmehr die geſamte Kapitaleinfuhr in Form eigener Inveſtierungen ausländiſcher Unternehmer erfolgte. In den meiſten Fällen handelte es ſich dabei um Konzeſſionsgeſellſchaften, wofür die Anglo-Persian Oil Company ein typiſches Beiſpiel iſt.

In der Einleitung wurde bereits ein Überblick über die hiſtoriſche Entwicklung dieſer Form der Aufſchließung des Landes gegeben. Dem iſt zum Verſtändnis der Sachlage im Jahre 1307 hinzuzufügen, daß die Überfremdung in der Nachkriegszeit weiter fortgeſchritten war, trotz der Abtretung aller ruſſiſchen Eigentumsrechte im Freundſchaftsvertrag von 1921. Denn einmal hat Rußland inzwiſchen wieder ſehr beträchtliche Kapitalien in Perſien inveſtiert, und dann hat vor allem die Anglo-Persian Oil Co. Ltd., parallel mit der ſchnellen Entwicklung der Erdölwirtſchaft, ſeit 1922 ihre Anlagen in Perſien um ein Mehrfaches ausgedehnt. Dazu kamen noch Gründungen anderer engliſcher, ſowie deutſcher, amerikaniſcher etc. Unternehmungen kleineren Umfanges, deren Arbeitsgebiet hauptſächlich der Außenhandel iſt.

Bei einer Zuſammenſtellung der ausländiſchen Kapitalanlagen in Perſien treten alle übrigen Unternehmungen hinter der Anglo-Persian Oil Co. Ltd. an Bedeutung weit zurück. Die Kapitalbaſis dieſes großen Ölkonzerns bezifferte ſich nach der Bilanz per 31. XII. 1928 auf:

Stamm- und Vorzugsaktien . . .	£ 23 925 000.—
Obligationen	£ 6 025 000.—
Reſerven	£ 6 108 128.—
	£ 36 058 128.—

Dazu kamen ſehr große ſtille Reſerven, die ſich in dem Kurs der Stammaktien ausdrückten, der ſich 1928 zwiſchen £ 4.— und £ 5.— bewegte (Nominalbetrag der Aktien £ 1.—). Während es ſo auf der einen Seite unmöglich iſt, den wirklichen Wert der Aktiven dieſes Unternehmens auch nur annähernd abzuſchätzen, ſo läßt ſich andererſeits auch ihr auf Perſien entfallender Anteil nicht feſtſtellen. Denn wenn auch der weitaus größte Teil der Produktion der Geſellſchaft auf die perſiſchen Ölquellen entfällt (ſchätzungsweiſe 95 bis 96%), ſo tritt daneben doch noch die Förderung im Irak und in Argentinien, und vor allem nehmen die eigenen Raffinerien in England, Schottland und Auſtralien, ſowie die Werte der Tankdampferflotte (85 Dampfer von zuſammen 756 000 Brutto-Regiſtertonnen) und die Majoritätsbeteiligungen an den Vertriebsgeſellſchaften auf dem europäiſchen Kontinent (in Deutſchland die Olex-Geſellſchaft) innerhalb der Aktivpoſten eine bedeutende Stellung ein. Da in der Bilanz keine Trennung zwiſchen den perſiſchen und den ausländiſchen Anlagen durchgeführt wird, iſt es nicht möglich, den Wert der Inveſtierungen auf perſiſchem Boden auch nur mit annähernder Genauigkeit anzugeben. Nur um einen ungefähren Begriff von ihrer Größe zu geben, möchte ich ſie für Ende 1307 (März 1929) mit ca. *£ 15 000 000.—* anſetzen, was auf keinen Fall zu hoch gegriffen iſt. Denn es handelt ſich nicht nur um die Bohrtürme, die doppelte Rohrleitung zur Küſte, die Hafenanlagen etc., ſondern auch um die große Raffinerie in Abadan, die Wohn- und Verwaltungsgebäude, Straßen, Kleinbahnen ſowie Schulen, Krankenhäuſer uſw., kurz alles, was dieſes früher troſtloſe Gebiet zum modernſten Teil Perſiens gemacht hat[9]. Die Bedeutung dieſes Betrages von 15 Mill. £ wird deutlich, wenn man ihr die Größe der Geſamtausfuhr Perſiens im Jahre 1307 (exkluſive der Ölverſchiffungen) gegenüberſtellt, die ſich auf 27,07 Millionen £ belief (Umrechnungskurs 1 £ = 48,03 Kran).

Das nächſtwichtige engliſche Unternehmen in Perſien, die Imperial Bank, kann dagegen kaum als engliſche Inveſtierung in Perſien angeſehen werden. Denn unterſucht man ihre Bilanz per 20. III. 1929 (29. Esfand 1307), ſo findet man gegenüber dem Aktienkapital und den Reſerven von zuſammen £ 1 260 000.— den Aktivpoſten „British Government and other Securities" in Höhe von £ 2 536 787.—. Dies beſagt, daß die in der perſiſchen Volkswirtſchaft arbeitenden Kapitalien lediglich die von ihr ſelbſt zur Verfügung geſtellten Werte darſtellen (£ 6 176 015.— Depoſiten und £ 3 021 884.— emittierte Banknoten auf Grund des Notenprivilegs), während eine das Kapital der Bank noch überſchreitende Summe dem britiſchen Kapitalmarkt zugefloſſen iſt.

Als weitere engliſche Kapitalanlagen in Perſien bei Beginn der Weltwirtſchaftskriſe ſind zu nennen:

Anlagen des Indo-European Telegraph Department	£	275 000.—
Anlagen der Indo-European Telegr. Company .	£	50 000.—
Bahnlinie der Indian North-Western Railway auf perſiſchem Boden (93 km)	£	150 000.—
Oriental Carpet Manufacturers Ltd.	£	200 000.—
Handelshäuſer, Transportgeſellſchaften und Anlagen von Schiffahrtsgeſellſchaften . . .	£	600 000.—
	£	1 275 000.—[10]

Von nächſtwichtiger Bedeutung ſind die ruſſiſchen Kapitalanlagen, die durchweg jüngeren Datums ſind, da die Sowjetunion, wie bereits erwähnt wurde, im Jahre 1921 nicht nur auf die Rückzahlung der Anleihen, ſondern auch auf die in ruſſiſchem Beſitz befindlichen Sachwerte auf perſiſchem Boden verzichtet hatte, mit Ausnahme der Fiſchereibetriebe am Kaſpiſchen Meer. In den darauffolgenden Jahren hatten die Handelsintereſſen der Sowjetunion zur Gründung neuer Geſellſchaften mit ruſſiſcher Kapitalmajorität geführt, und die Frage der Fiſchereikonzeſſion war in dem Abkommen vom 1. Oktober 1927 geregelt worden. Ende 1307 konnte man deshalb wieder von beträchtlichen Werten ſprechen, die ſich folgendermaßen zuſammenſetzten (Umrechnungskurs 1 Kran = RM 0.394, d. h. Durchſchnittskurs im März 1929):

Fiſchereigeſellſchaft: Kapital 30 Mill. Kran.		
Davon ruſſiſch 15 Mill. Kran	RM	5 910 000.—
Banque Russo-Persane: Kap. 5 Mill. Goldrubel.		
100% ruſſiſch	RM	10 790 000.—
Handelsgeſellſchaft Schark: 20 Mill. Kran.		
Davon 75% ruſſiſch	RM	5 910 000.—
Baumwoll-Geſ. Persokhlop: 12,6 Mill. Kran.		
Davon 75% ruſſiſch	RM	3 720 000.—
Übrige ruſſiſch-perſiſche Geſellſchaften,		
Kap. ca. 15 Mill. Kran, 75% ruſſiſch .	RM	4 430 000.—
Ruſſiſches Kapital in Perſien Ende 1307 . .	RM	30 760 000.—

Über die Kapitalſumme der „übrigen ruſſiſch-perſiſchen Geſellſchaften“, deren wichtigſte „Persasneft“ und „Bueropers“ ſind, liegen keine zuverläſſigen Angaben vor. Ebenſo beruht der ruſſiſche Anteil von 75% an den gemiſchten Geſellſchaften auf Schätzungen, denen die Tatſache zugrundeliegt, daß bei Gründung aller dieſer Organiſationen das perſiſche Kapital mit teilweiſe über 50% beteiligt war, wovon aber nach und nach ein immer größerer Prozentſatz in ruſſiſchen Beſitz übergegangen iſt, ſo daß heute (1932) die meiſten dieſer Organiſationen hundertprozentig ruſſiſch ſind.

Aus der einleitend dargeſtellten hiſtoriſchen Entwicklung der wirtſchaftlichen Erſchließung Perſiens ergibt ſich bereits, daß neben dem britiſchen Imperium und Rußland kein anderer Staat je eine nennenswerte Rolle als Kapitalgeber geſpielt hat. So haben auch die deutſchen Inveſtierungen nur einen ſehr geringen Umfang und beſchränkten ſich in dem hier unterſuchten Zeitpunkt auf die in Perſien arbeitenden Aktiven Hamburger und Bremer Handelshäuſer, einer Teppichgeſellſchaft und einer Zündholzfabrik in Täbris ſowie einiger kleinerer Firmen. Dazu kamen die Einrichtungen des 1926 eröffneten innerperſiſchen Luftverkehrs der Junkers-Geſellſchaft. Nach eigenen Angaben dieſer Firma ſtanden 1930 ſieben Flugzeuge im Verkehr, und zwar die einfachen einmotorigen Typen W 33 und F 13, ſo daß es ſich auch hier um keine volkswirtſchaftlich bedeutſamen Kapitalwerte handelte.

Etwas wichtiger als die deutſchen Inveſtierungen in Perſien waren diejenigen der Vereinigten Staaten, bei denen es ſich hauptſächlich um Einkaufsgeſellſchaften perſiſcher Erzeugniſſe handelte, die zugleich die Produktion finanzierten, letzteres beſonders bei Teppichen. Nach Angaben der amerikaniſchen Preſſe ſoll im Jahre 1931 in Perſien ca. 1,9 Mill. $ amerikaniſches Kapital gearbeitet haben[11]. Von dieſer Summe dürften ca. 10% auf die Kapitaleinfuhr nach dem 20. III. 1929 entfallen.

Abgeſehen von kleineren, dem Ein- und Ausfuhrgeſchäft dienenden Inveſtierungen einiger anderer Länder, ſind damit die privaten Kapitalanlagen des Auslandes in Perſien erfaßt. Mit allen

Vorbehalten hinſichtlich der Genauigkeit der Zahlenangaben ſoll die folgende Zuſammenſtellung einen Überblick über den Status am Schluß des Jahres 1307 (März 1929) geben:

Britiſches Kapital (£ 16 275 000.—) . . .	RM	332 010 000.—
Ruſſiſches Kapital	RM	30 760 000.—
Kapital der Vereinigten Staaten	RM	7 180 000.—
Deutſches Kapital	RM	2 000 000.—
Übrige Länder	RM	3 000 000.—
Ausländiſches Kapital insgeſamt . .	RM	374 950 000.—
Perſiſches Kapital (privat) im Ausland	RM	6 000 000.—

Aus dem bisher Geſagten ergeben ſich nun folgende für die Kapitalverflechtung Perſiens mit der Weltwirtſchaft charakteriſtiſche Tatſachen:

1. Das geſamte private Fremdkapital ſetzt ſich aus Inveſtierungen ausländiſcher Unternehmungen zuſammen. Kredite an die perſiſche Wirtſchaft ſpielen keine Rolle.
2. Die Zentrale faſt aller dieſer Unternehmungen befindet ſich im Ausland, ſo daß der Kapitalertrag der perſiſchen Volkswirtſchaft nicht oder nur teilweiſe zugute kommt.
3. In Übereinſtimmung mit der hiſtoriſchen Entwicklung ſtehen die engliſchen und ruſſiſchen Kapitalanlagen an erſter Stelle, und erſt in weitem Abſtand folgen die Vereinigten Staaten von Amerika und der europäiſche Kontinent.
4. Den weitaus größten Anteil hat der britiſche Erdölkonzern, dank der günſtigen natürlichen und konjunkturellen Bedingungen für ſeine Ausdehnung.

Zum Schluß noch ein kurzer Hinweis auf die Entwicklungsrichtung in der Kapitalverflechtung mit dem Ausland bei Beginn der Kriſenperiode. Aus der Tatſache, daß die perſiſche Regierung dank der gründlichen Budgetſanierung nicht auf die Aufnahme neuer Anleihen angewieſen war und dieſen auch grundſätzlich ablehnend gegenüberſtand, ergab ſich die Wahrſcheinlichkeit, daß die ohnehin kleine öffentliche Auslandsverſchuldung ſich durch die jährliche Tilgung allmählich weiter verringerte. Auf der anderen Seite war ein ſchneller Abbau der für den Bahnbau und die Einführung der Goldwährung in London deponierten Beträge vorauszuſehen, parallel mit der Verwirklichung dieſer beiden Projekte. Die zukünftige private Kapitaleinfuhr ſchien von zwei Momenten beſtimmt zu ſein. Einmal war mit weiter wachſendem Ölverbrauch in der Weltwirtſchaft eine fortſchreitende Ausdehnung der Anlagen der Anglo-Persian Oil Co. zu erwarten, wofür die natürlichen Vorbedingungen durch die Entdeckung eines weiteren Ölfeldes bei Haft Kel garantiert waren, und auch die ruſſiſche Kapitaleinfuhr mußte vorausſichtlich eine Steigerung erfahren, ſolange der ruſſiſch-perſiſche Warenaustauſch weiter wuchs und die Sowjetorganiſationen fortfuhren, dabei die perſiſchen Privatkaufleute nach Möglichkeit auszuſchalten.

Daneben bestand die Tendenz zu vermehrter Kapitaleinfuhr aus anderen Ländern infolge der Bereitwilligkeit der persischen Regierung, die Gründung industrieller Unternehmungen im Inland zu unterstützen und Konzessionen für die Hebung der Bodenschätze zu annehmbaren Bedingungen zu erteilen, wobei besonders solche Ausländer bevorzugt werden sollten, deren Heimatstaat in Persien keine imperialistischen Ziele verfolgte. Mit zunehmender Rechts- und Verkehrssicherheit war deshalb eine wachsende Kapitaleinfuhr aus den Vereinigten Staaten und dem europäischen Kontinent nicht unwahrscheinlich, obwohl gerade für industrielle Gründungen die Erfolgsaussichten durch den Mangel an geeigneten Arbeitskräften beeinträchtigt wurden, ebenso wie durch das Risiko der russischen Konkurrenz, die schon häufig Anfänge industrieller Produktion in Persien durch Dumpingausfuhr im Keime erstickt hatte.

C. Dienstleistungen und Reiseverkehr im Jahre 1307 (1928/29).

Hat der vorige Abschnitt gezeigt, daß bei den Kapitalbeziehungen zum Auslande Persien nur durch die vorübergehende Deponierung der Regierungsreserven in England eine aktive Stellung innehatte, während es im übrigen Kapitaleinfuhrland war, so ergibt die Untersuchung der Dienstleistungen das gleiche Bild. *Als Land ohne eine auch nur partielle Übervölkerung, ohne geschulte Arbeitskräfte und ohne mobilisierbare Kapitalien in größerem Umfange, dessen Bevölkerung noch dazu durch eine ausgesprochen statische Einstellung im Wirtschaftsleben gekennzeichnet wird, mußte Persien bei Eingliederung in den Weltverkehr notwendigerweise als Käufer von Dienstleistungen auftreten, ohne selbst solche anbieten zu können.*

Bei Beantwortung der Frage, von welcher Bedeutung und welcher Art die vom Ausland an die persische Volkswirtschaft verkauften Dienstleistungen im letzten Jahr der Konjunkturperiode waren, ist die folgende Aufgliederung zweckmäßig: 1. Transportdienstleistungen und Nachrichtenverkehr, 2. Versicherungen, 3. personale und sonstige Dienstleistungen. Es ist ferner erforderlich, bei dieser Untersuchung nur die Dienste derjenigen ausländischen Unternehmungen einzubeziehen, welche auch ihre Kapitalbasis im Auslande haben, also nicht diejenigen, die bereits bei Behandlung der Kapitalverflechtung berücksichtigt wurden. Denn weder für die Zahlungsbilanz des betreffenden Auslandes, noch für diejenige Persiens haben diese Dienstleistungen irgendwelche Bedeutung, soweit nicht Profite in den Heimatstaat transferiert werden.

1. Transportdienstleistungen und Nachrichtenverkehr.

Da der Waren-, Personen- und Nachrichtenverkehr im Innern Persiens zwar teilweise durch ausländische Gesellschaften bedient wurde, diese jedoch durchweg Kapitalinvestierungen im obigen Sinne darstellten, kann im Inlandsverkehr nicht von einer weltwirtschaftlichen Verflechtung in Form von Dienstleistungen gesprochen werden. Umsomehr ist dies bei dem gesamten Verkehr mit dem Ausland außerhalb der persischen Grenzen der Fall. Sowohl die Wareneinfuhr und -ausfuhr als auch die Personen- und Postbeförderung und die Telegraphie haben sich dort ausschließlich der Einrichtungen des Auslandes bedient. Da hierbei die Warentransporte die weitaus größte Rolle spielen und diese wiederum zu ca. 94% auf dem Wasserwege das Land erreichten bezw. verließen, so veranschaulicht die folgende Aufstellung am besten den Umfang dieser Dienstleistungen (die Ziffern sind den Angaben der persischen Zollstatistik entnommen bezw. aus ihnen errechnet, schließen also nicht den umfangreichen Schmuggel ein):

Schiffsverkehr 1307 in den persischen Häfen am Kaspischen Meer[12].

Nationalität der Fahrzeuge	Zahl der Fahrzeuge	Nettotonnage	Verladene Waren (Tonnen)
Einlaufend:			
Persien	1241	27 988	12 613
Rußland	1493	537 249	140 162
Auslaufend:			
Persien	1238	28 326	10 787
Rußland	1492	539 732	91 366

Schiffsverkehr 1307 in den persischen Häfen am Persischen Golf.

Nationalität der Fahrzeuge	Zahl der Fahrzeuge	Nettotonnage	Verladene Waren (Tonnen)
Einlaufend:			
Persien (Boote)	8759	180 915	28 377
Großbritannien	1393	7 079 790	103 578
Brit. Indien	476	370 004	11 039
Deutschland	41	199 568	8 089
Frankreich	16	134 117	83
Irak (Boote)	2075	69 755	12 174
Rußland	12	23 251	4 570
Übrige Länder	49	320 811	3 753
			171 634
Auslaufend:			
Persien (Boote)	8607	178 791	43 444
Großbritannien	1403	7 077 185	4 695 049
Brit. Indien	476	370 004	17 032
Deutschland	40	193 367	31 854
Frankreich	16	134 117	114 160
Irak (Boote)	2072	69 615	32 402
Rußland	12	23 251	1 746
Übrige Länder	49	320 811	290 803
			5 226 490

Wie aus dieſer Tabelle erſichtlich iſt, haben die perſiſchen Fahrzeuge im Kaſpiſchen Meer eine durchſchnittliche Nettotonnage von 22—23 Tonnen, im Perſiſchen Golf eine ſolche von 20—21. Es handelt ſich um kleine Segel-, allenfalls Motorboote, die nur der Küſtenſchiffahrt dienen, welche natürlich in dieſer Statiſtik miterfaßt iſt. Das gleiche trifft für die irakiſchen Fahrzeuge zu.

Ferner veranſchaulicht dieſe Zuſammenſtellung die ſtarke Poſition der britiſchen Schiffahrt im Perſiſchen Golf und die abſolute Monopolſtellung der Sowjetflotte im Kaſpiſchen Meer. Außerdem gehen aus ihr noch folgende Tatſachen hervor, die auch teilweiſe bei der Analyſe des Außenhandels ihre Beſtätigung finden:

Die ausgehenden Warenmengen ſind bedeutend größer als die eingehenden, ein deutlicher Ausdruck der Rolle Perſiens als Produzent von ſpezifiſch geringwertigen Rohſtoffen und Nahrungsmitteln, insbeſondere von Erdöl, deſſen Erlöſe noch dazu keine entſprechende Kaufkraftſteigerung der perſiſchen Wirtſchaft bedeuten. Ein großer Teil der im Perſiſchen Golf verkehrenden Schiffe ſtellt Tankdampfer dar, die den Hafen Abadan der Anglo-Persian Oil Co. leer anlaufen und ihn unter voller Ausnutzung ihrer Tonnage verlaſſen, um das Erdöl bezw. ſeine Derivate nach den großen Verteilungszentren in Europa, Ägypten und dem Indiſchen Ozean zu bringen. Die Ziffern für die franzöſiſchen Dampfer zeigen dies beſonders deutlich. Außerdem bemerkt man bei einem großen Teil der Schiffe eine ſehr geringe Ausnutzung der Tonnage, ſowohl einlaufend wie auslaufend. Dies bedeutete — wenigſtens in den Jahren vor dem Konjunkturabſtieg — nicht etwa eine Überſetzung in der Perſienſchiffahrt, ſondern erklärte ſich daraus, daß der Golf für viele der ihn bedienenden Linien nur eine untergeordnete Rolle ſpielte, während die Verladungen von und nach den gleichzeitig angelaufenen indiſchen Häfen für die Auffüllung des Frachtraums ſorgten.

Bei Beurteilung der wertmäßigen Bedeutung dieſer von der perſiſchen Volkswirtſchaft in Anſpruch genommenen Dienſtleiſtungen iſt es zunächſt notwendig, ſich zu entſcheiden, unter welchem Geſichtspunkt man ſie betrachten will. Es iſt beim internationalen Warenaustauſch natürlich nicht möglich, daß ſich bei jeder Güterbewegung die beiden betreffenden Volkswirtſchaften zu gleichen Teilen an der Transportleiſtung beteiligen. Da deshalb ein ſolcher Normalzuſtand eines zwiſchenſtaatlichen Warenaustauſches ohne Austauſch von Dienſtleiſtungen auch als theoretiſche Vorſtellung keinen Wert hat, kann die Frage, ob und in welchem Umfange ſolche Transportdienſtleiſtungen gekauft oder verkauft werden, nur durch eine Unterſuchung ihrer Wirkungen auf die Zahlungsbilanzen der beteiligten Länder beantwortet werden. Da nun aber die Dienſtleiſtungen in der Zahlungsbilanz ergänzend neben die Poſten der Handelsbilanz treten, können nur ſolche wirkſam werden, die zuſätzliche Forderungen oder Verpflichtungen begründen; ſie ſind alſo in ihrer Exiſtenz von der ſtatiſtiſchen Methode abhängig, welche bei Ermittlung der Handelsbilanz angewandt wird.

Unterſucht man in dieſem Sinne die Bedeutung der ausländiſchen Transportdienſtleiſtungen für die Zahlungsbilanz Perſiens, ſo ſtellt man feſt, daß ſie darin überhaupt keine Rolle ſpielen. Denn da dem Wert der Ausfuhr in der Handelsbilanz der Warenwert loko Zollamt, alſo bei Seetransport frei Abladungshafen, zugrundeliegt, während die Einfuhrwaren ebenfalls mit ihrem Wert loko Zollamt, alſo frei Ankunftshafen, deklariert werden, ſo entſtehen aus den Transportleiſtungen keine für die perſiſche Zahlungsbilanz wirkſamen zuſätzlichen Forderungen. Ein Beiſpiel möge dies erläutern: Der perſiſche Exporteur deklariert für die Handelsſtatiſtik den Wert der ausgeführten Ware mit Kran 100 000.—, was den Geſamtkoſten bis zur Abladung entſpricht. Dem überſeeiſchen Käufer fakturiert er Kran 110 000.— cif Beſtimmungshafen. Die Differenz von Kran 10 000.— ſtellt die Transport- (und Verſicherungs-)koſten dar, die er an die ausländiſchen Geſellſchaften zu bezahlen hat. Die Deviſen für die Bezahlung dieſer Dienſtleiſtungen entſprechen alſo der Differenz zwiſchen der Zahlung des Käufers und der Deklaration für die Ausfuhrſtatiſtik. Noch einfacher liegt die Frage bei dem Import, bei welchem die Transport- und Verſicherungsſpeſen von dem überſeeiſchen Verkäufer bezahlt werden und die Zahlungsverpflichtung des perſiſchen Importeurs mit dem deklarierten Einfuhrwert (cif perſiſchen Hafen) übereinſtimmt.

Anders verhält es ſich jedoch vom Standpunkt der Weltwirtſchaft aus, wo dieſe Dienſtleiſtungen oft in voller Höhe in der Zahlungsbilanz des betreffenden Auslandes erſcheinen, nämlich bei Verſchiffungen zwiſchen Perſien und einem dritten Staate, oder jedenfalls mit einem Teilbetrag, d. h. mit den Verladungskoſten der Einfuhr. Aus dieſem Grunde, und weil in dieſer Unterſuchung die Auslandsverflechtung Perſiens vorwiegend vom Standpunkt der Weltwirtſchaft geſehen werden ſoll, iſt eine ungefähre zahlenmäßige Abſchätzung der Bedeutung dieſer Dienſtleiſtungen wünſchenswert. In der folgenden Berechnung ſind die vorwiegend der Küſtenſchiffahrt dienenden Segel- und Motorboote nicht berückſichtigt. Der Umfang, in dem dieſe auch den Warenverkehr nach den benachbarten Auslandshäfen (Rußland, Irak, Brit. Indien und Oman) beſorgen, dürfte nicht groß ſein und ungefähr durch die Verfrachtungen der großen Schiffe von einem perſiſchen Hafen zum anderen ausgeglichen werden.

Der Dampferverkehr in den perſiſchen Häfen des Kaſpiſchen Meeres, der ausſchließlich auf die ruſſiſche Flotte entfiel, war im Jahre 1307:

Ausgehend	83 037 Tonnen Ladung
Eingehend	123 338 Tonnen Ladung
	206 375 Tonnen Ladung

Der Dampferverkehr in den südpersischen Häfen war im gleichen Jahre:

Ausgehend	5 144 475	Tonnen Ladung
Eingehend	129 234	Tonnen Ladung
	5 273 709	Tonnen Ladung

Davon entfielen auf die Erdölverschiffungen der Anglo-Persian Oil Co. in Tankdampfern ca. 5 042 000 Tonnen, die hauptsächlich von der Tankerflotte dieser Gesellschaft, im übrigen von französischen, dänischen und schwedischen Tankschiffen besorgt wurden. Auf jeden Fall muß festgestellt werden, daß es sich durchweg um nichtpersische Tonnage handelte, da die Tankdampferflotte der Anglo-Persian Oil Co. nicht eine Kapitalinvestierung in Persien darstellt und auch oben nicht als solche berücksichtigt wurde.

So bedeuten also die genannten Ziffern den Umfang des Ladeangebots der persischen Wirtschaft für die Weltschiffahrt, wozu noch die Transittransporte durch Rußland und den Irak, über die Häfen Batum und Basra, kommen.

Die Berechnung der Wertsumme dieser Transportdienstleistungen des Auslandes stößt auf große Schwierigkeiten. Einerseits lassen sich nicht die Teilmengen für die einzelnen Auslandshäfen ermitteln, und ferner gibt es weder bei den Verladungen der Privatflotte der Anglo-Persian Oil Co. noch bei denen der russischen Staatsflotte eine marktmäßige Ratenbildung. In letzterem Falle sind nur die den persischen Abladern berechneten Frachtsätze bekannt, die im Durchschnitt ca. 9 Rubel betrugen, wobei von russischer Seite ein Zwangskurs von ca. Kran 5.50 bis 6.— zugrundegelegt wurde. Dieser Satz liegt zweifellos erheblich über den Selbstkosten und darf für die Verschiffungen von Rußland nach Persien nicht in gleicher Höhe angenommen werden. Für die Ölverschiffungen, die nach den verschiedensten Teilen der Welt gingen, möchte ich als Berechnungsgrundlage die Durchschnittsrate von RM 15.— pro Tonne wählen, was ungefähr mit der damaligen Tankfrachtenmarktlage für den Durchschnitt der Entfernungen übereinstimmt. Für die übrigen Verschiffungen vom und zum Persischen Golf nehme ich die Durchschnittsraten mit RM 25.— bezw. 40.— an, was allerdings ebenso wenig Anspruch auf Genauigkeit erheben kann. Es ergeben sich danach die folgenden Frachtsummen für die gesamte beteiligte Schiffahrt:

Nordpersische Häfen, ausgehend	RM 1 825 000.—
Nordpersische Häfen, eingehend	RM 2 000 000.—
Südpersische Häfen, ausgehend	RM 75 630 000.—
Südpersische Häfen, eingehend	RM 5 700 000.—
Gesamtwert der ausländischen Seetransportdienstleistungen	RM 85 155 000.—

Über die Transportdienstleistungen *auf dem Landwege* lassen sich keine Wertangaben machen. Sowohl die Karawanen- als auch die Lastautotransporte werden zum Teil durch inländische, zum Teil durch die Frachtführer des Nachbarlandes ausgeführt, was ſich ungefähr die Waage halten dürfte. Dies betrifft jedoch nur den Warenaustauſch mit dem Nachbarland ſelbſt. Dazu kommen die Tranſittransporte nach den ausländiſchen Häfen, auf die bereits oben hingewieſen wurde.

Schließlich iſt noch der Nachrichtendienſt zu erwähnen. Der allerdings nicht umfangreiche Telegrammverkehr mit dem Ausland, den das „Statesman's Year Book" für das Jahr 1929 auf 104 559 Telegramme beziffert[13], wird außerhalb der Landesgrenzen ausſchließlich durch nichtperſiſche Linien vermittelt, ſtellt alſo Dienſtleiſtungen des Auslandes dar. Dagegen darf hierbei nicht der Dienſt der 1307 noch in britiſchem Beſitz befindlichen innerperſiſchen Telegraphenlinien berückſichtigt werden, da dieſe als ausländiſche Kapitalanlagen in Perſien anzuſehen ſind und bereits in dem Abſchnitt über die auswärtige Kapitalverflechtung als ſolche behandelt worden ſind.

Mit dem Hinweis, daß ſich auch der Perſonenverkehr ebenſo wie der Warenverkehr außerhalb der perſiſchen Grenzen ausſchließlich fremder Verkehrsmittel zu bedienen hat, iſt ſo das Wichtigſte über Art und Umfang von Verkehrsdienſtleiſtungen, wie ſie der perſiſchen Wirtſchaft zur Verfügung geſtellt wurden, geſagt. Es bleibt nun noch die Rolle der Verſicherungstätigkeit ſowie der perſonalen und ſonſtigen Dienſtleiſtungen zu unterſuchen, bei welchen allen Perſien ebenfalls eine paſſive Stellung innehat.

2. Verſicherungen.

Da es keine inländiſchen Verſicherungsgeſellſchaften gibt, ſondern nur Niederlaſſungen und Agenturen ausländiſcher, in der Hauptſache englicher Inſtitute und der ruſſiſchen Staats-Verſicherungsabteilung „Gosstrakh", iſt nicht nur der Außenhandel Perſiens, ſondern auch die Binnenwirtſchaft Käufer dieſer Gattung von Dienſtleiſtungen. Bei der Verſicherung des auswärtigen Warenverkehrs außerhalb der Landesgrenzen beſtehen für die perſiſche Zahlungsbilanz ebenſo wenig Wirkungen wie bei den Transporten (vgl. oben S. 33). Dagegen muß auch hier auf die Bedeutung für die Zahlungsbilanz des Auslandes hingewieſen werden. Einen ungefähren Begriff von ihrer Größe gibt die folgende Aufſtellung:

Geſamtwert des ſtatiſtiſch erfaßten Außenhandels im Jahre 1307:

RM 992 802 801.—

Verſichert wurden ſchätzungsweiſe 85%, alſo:

	RM 843 883 000.—
10% Überverſicherung . . .	RM 84 388 000.—
	RM 928 271 000.—
Prämie 0,3%	RM 2 785 000.—[14]

Es ergibt ſich alſo für die ausländiſchen Verſicherungsinſtitute eine Prämieneinnahme von knapp 3 Mill. RM.

Die für die perſiſche Zahlungsbilanz wirkſamen Inlandsverſicherungen beſchränken ſich, Sonderfälle ausgenommen, auf die Inlandstransport- und Feuerverſicherungen, ſind aber jeder noch ſo ungenauen Berechnung unzugänglich. Man darf jedenfalls annehmen, daß ſie an Bedeutung hinter den für den auswärtigen Warenverkehr genannten Zahlen zurücktreten.

3. Perſonale Dienſtleiſtungen.

Unter perſonalen Dienſtleiſtungen iſt der Verkauf körperlicher oder geiſtiger Arbeitsleiſtungen zu verſtehen, ſoweit ſie von außerhalb der betreffenden Volkswirtſchaft ſtehenden Perſonen angeboten werden. Für die Zahlungsbilanz eines Landes wird der Kauf ſolcher Dienſtleiſtungen in dem Augenblick wirkſam, wo der nicht verbrauchte Teil des Entgelts in das Ausland transferiert wird. Es fallen hierunter demnach die Wanderarbeiter, die nur vorübergehend im Lande bleiben, nicht jedoch eingewanderte Arbeiter, die ſich ſtändig niederlaſſen. Bei Prüfung der perſiſchen Verhältniſſe findet man, daß nur die letztere Kategorie einige Bedeutung hat, nämlich durch den Anteil der Ausländer (Araber und Inder) an der Belegſchaft der Anglo-Persian Oil Co., der 1307 ca. 5000 Arbeiter ausmachte. Im übrigen nahm Perſien keine ausländiſche körperliche Arbeitskraft in Anſpruch, dagegen ſchon ſeit mehreren Jahren die geiſtige Hilfe von Europäern bei den wirtſchaftlichen und kulturellen Reformen. Dabei iſt allerdings eine wertmäßige Abſchätzung der geleiſteten Dienſte bezw. ihrer Entgelte nicht möglich und auch, angeſichts der geringen Bedeutung für die Zahlungsbilanz, unnötig. Es ſei hier nur darauf hingewieſen, daß Perſien auch in dieſer Beziehung eine rein paſſive Stellung einnahm und daß es ſich in der Hauptſache um techniſche und wirtſchaftliche Sachverſtändige und um Lehrkräfte handelte. Am meiſten waren Deutſche, Franzoſen, Belgier und Amerikaner vertreten, eine ſehr intereſſante Tatſache, welche zeigt, daß man es in Perſien abſichtlich vermieden hatte, der Sowjetunion und Großbritannien in dieſer Beziehung einen Einfluß einzuräumen.

4. Der Reiſeverkehr.

Im Anhang der perſiſchen Außenhandelsſtatiſtik finden ſich genaue Zuſammenſtellungen des geſamten über die Grenzen gehenden Reiſeverkehrs, eingeteilt nach Nationalität und Beruf bezw. Reiſezweck der Perſonen. Jedoch läßt ſich daraus wenig für die volkswirtſchaftlichen Auswirkungen folgern, da die Zuverläſſigkeit dieſer Angaben ſehr zweifelhaft iſt. So ſollen z. B. im Jahre 1307 *2859 Touriſten* nach Perſien gekommen ſein, was auf keinen Fall für dieses für den Touristenverkehr bisher wenig einladende Land zutreffen kann. Dieser Zweifel wird noch dadurch bestätigt, daß sich darunter nur 851 Perser befunden haben sollen, so daß also auch die Annahme, es könnte sich um rückkehrende persische Auslandstouristen handeln, nicht berechtigt ist.

Ich ziehe deshalb vor, über den Reiseverkehr keine Zahlen zu geben, sondern nur auf das Grundsätzliche hinzuweisen, nämlich daß dieser Faktor in der weltwirtschaftlichen Verflechtung Persiens nur geringe Bedeutung hatte und daß sich per Saldo auch hierbei eine Passivität für die Zahlungsbilanz ergibt, hauptsächlich durch den großen Pilgerverkehr nach den mesopotamischen Wallfahrtsorten Kerbela und Nedjef sowie nach Mekka, die nur teilweise durch die Ausgaben der aus dem Osten, vor allem aus Afghanistan durchziehenden Pilger ausgeglichen wird. Auch den Europareisen wohlhabender Perser und dem vorübergehenden Aufenthalt der recht zahlreichen persischen Studenten im Auslande steht kein entsprechender Aktivposten gegenüber.

Zum Schluß dieses Teils der Untersuchung, der die weltwirtsachftliche Verflechtung Persiens vor der Krise mit Ausnahme des im Folgenden ausführlich behandelten Außenhandels betraf, möchte ich noch einmal auf die große Ungenauigkeit der dabei gemachten Zahlenangaben aufmerksam machen. Als Berechnungsgrundlage hatte einerseits die persische Außenhandelsstatistik mit ihren Angaben über Warenbewegung und Schiffsverkehr gedient, die den sehr umfangreichen Schmuggel nicht miterfaßt, andererseits private Auskünfte und eigene Berechnungen, soweit nicht andere Quellen genannt wurden. Wenn ich trotz dieser Vorbehalte für die einzelnen Posten soweit wie irgend möglich Größen- und Wertangaben gemacht habe, so geschah es in der Absicht, dem Leser wenigstens *Anhaltspunkte* für eine vergleichende Betrachtung der weltwirtschaftlichen Beziehungen Persiens zu geben, Anhaltspunkte, die man in der bisherigen, ohnehin kargen Literatur über diese Fragen vermißt, die aber notwendig sind, um gänzlich unzutreffenden Vorstellungen über die Größenverhältnisse vorzubeugen.

D. Die Grundlagen des persischen Außenhandels vor der Krise (1928/29).

1. Entwicklungstendenzen in der Aufschwungsperiode 1925—1928.

Umfang und Struktur des persischen Außenhandels im Jahre 1307 (21. III. 1928 bis 20. III. 1929) waren nicht das Ergebnis einer kontinuierlichen Entwicklung während der vorhergehenden Konjunkturperiode der Weltwirtschaft. Denn nachdem sich eine solche mit den ersten Auswirkungen der innenpolitischen Stabilisierung anzubahnen schien, brachten die Ereignisse des Iahres 1925 sehr empfindliche Störungen für die Gesamtwirtschaft des Landes und in besonderem Maße für den auswärtigen Handel. Eine außerordentlich schlechte Ernte, die für viele Städte Nordpersiens die Gefahr der Hungersnot heraufbeschwor, führte nicht nur zu einer unmittelbaren Schwächung der Kaufkraft, sondern daneben, durch die Inanspruchnahme aller verfügbaren Verkehrsmittel für die Kornbeschaffung, zu einer Transportkrise, die den gesamten Handel im Norden des Landes zeitweilig lahmlegte. Diese Situation, die trotz ihres Ernstes doch nur als eine vorübergehende Störung anzusehen war, hatte aber insofern eine Dauerwirkung für den Außenhandel, als die dadurch verursachten Transport- und Absatzschwierigkeiten für den russischen Export entscheidend zu den rigorosen handelspolitischen Maßnahmen der Sowjetunion beitrugen.

Die Passivität der russischen Handelsbilanz belief sich 1925 im Verkehr mit Europa auf 135½ Mill. Rubel, im Verkehr mit den asiatischen Nachbarn auf 15½ Mill. Rubel[16], und die Sicherung der Währung ließ eine Beschränkung der Einfuhr notwendig erscheinen, besonders gegenüber einem Lande wie Persien, das im gleichen Jahre infolge seiner inneren Krise nicht die erwartete Aufnahmefähigkeit für russische Waren gezeigt hatte. So weigerte sich die Banque Russo-Persane im Dezember 1925, die Chernovetz-Guthaben der persischen Exporteure auszuzahlen, und bald darauf, im Februar 1926, wurde die bereits in der Einleitung erwähnte Einfuhrsperre für sämtliche persischen Waren, mit Ausnahme der für Rußland lebenswichtigen nordpersischen Baumwolle, verhängt. Damit wurde der Außenhandel Persiens in eine wirtschaftsgeographisch nicht gerechtfertigte Richtung gedrängt. Die nachstehend zusammengestellten Ziffern veranschaulichen diese Verlagerung.

Erst die gute Getreideernte 1927 und das nach großen Schwierigkeiten am 1. Oktober desselben Jahres zustandegekommene Handelsprovisorium mit Rußland führten schließlich wieder zu halbwegs normalen Handelsbeziehungen und leiteten eine Periode von einigermaßen stetiger Entwicklung ein, die ebenfalls aus der nachstehenden Tabelle erkennbar ist. In dieser mußte die Erdölausfuhr der Anglo-Persian Oil Co. unberücksichtigt bleiben, da für ihre Größe und Absatzorientierung besondere Bestimmungsgründe maßgebend waren, die in keinem Zusammenhang mit der Handelspolitik oder der Gesamtwirtschaft Persiens standen.

Gesamtaußenhandel Persiens exkl. Ölausfuhr, in 1000 Kran

	1303 (1924/25)	1304 (1925/26)	1305 (1926/27)	1306 (1927/28)	1307 (1928/29)
	1 256 807	1 395 727	1 237 159	1 270 571	1 299 920
Anteil:					
a) Rußlands					
	370 339	492 906	348 396	408 231	457 350
In %:	29½	35	28	32	35
b) des Brit. Weltreichs inkl. Indien					
	531 201	547 612	511 139	488 485	419 060
In %:	42	39	41½	38½	32½

Diese Zahlen zeigen, daß sich die handelspolitische Maßnahme Rußlands vor allem 1305 (1926/27) auswirkte, also in dem Jahre, in dem sie ununterbrochen in Kraft war. Dabei erklärt sich die Tatsache, daß der russische Anteil nicht noch stärker fiel, daraus, daß einerseits die russische Ausfuhr nach Persien nur wenig zurückging, und daß ferner die Einfuhrsperre nie vollständig durchgeführt wurde, indem Rußland die nordpersischen Produkte wieder kaufte, sobald sie mangels rentabler Ausfuhrmöglichkeit nach anderen Märkten stark im Preise gefallen waren.

Der Rückgang des Gesamtaußenhandels in diesem Jahr, das in der Weltwirtschaft allgemein eine Periode steigender Umsätze war, zeigt sich erst in vollem Umfange, wenn man die gleichzeitige Kranentwertung berücksichtigt:

Londoner Durchschnittskurse:

	1303	1304	1305	1306	1307
1 £ = Kran	42,00	43,50	48,60	49,25	48,03

In £-Sterling war also der Außenhandel (exkl. Ölexport):

£	29,92	32,09	25,46	25,79	27,07 Mill.

Die Verlagerung in der regionalen Verteilung ist an den prozentualen Anteilen Rußlands bezw. des Britischen Weltreiches zu ersehen. Die folgende graphische Darstellung soll zeigen, wie der britische Handel durch die russischen Maßnahmen gewann, d. h. wie dem Rückgang des russischen Anteils ein Ansteigen desjenigen des Britischen Weltreiches entsprach. Die Bedeutung dieser Veränderung tritt aber erst voll in Erscheinung, wenn man berücksichtigt, daß sie der Entwicklung der übrigen Jahre entgegenläuft. Denn seit 1923 zeigte der russische Anteil eine dauernde Zunahme, gegenüber einem ebenso gleichmäßigen Rückgang des britischen. Um dies zu veranschaulichen, wurde das Jahr 1302 miteinbezogen und für beide Länder der *Trend* für die Gesamtperiode berechnet. Ein längerer Zeitraum konnte allerdings nicht benutzt werden, da in den ersten Nachkriegsjahren in keiner Weise normale Außenhandelsbeziehungen bestanden und das Jahr 1308 als Krisenjahr ebenso wenig charakteristisch ist.

Nach Ausschaltung des Jahres 1305 wegen seiner oben beschriebenen Sonderstellung ergibt sich für das Britische Weltreich in dieser Periode ein durchschnittlicher jährlicher Anteilsrückgang von 4,625% des persischen Gesamtaußenhandels (exkl. Ölausfuhr), und für die Sowjetunion ein jährlicher Zuwachs von 4,375%, und damit die Neigung der beiden Trendlinien. Ihre Höhe errechnet sich aus dem Anteilsdurchschnitt aller sechs Jahre, der für das Britische Weltreich 40,33% und für die Sowjetunion 31,33% beträgt, womit die Ordinaten für die Mittelpunkte der beiden Trendlinien gegeben sind.

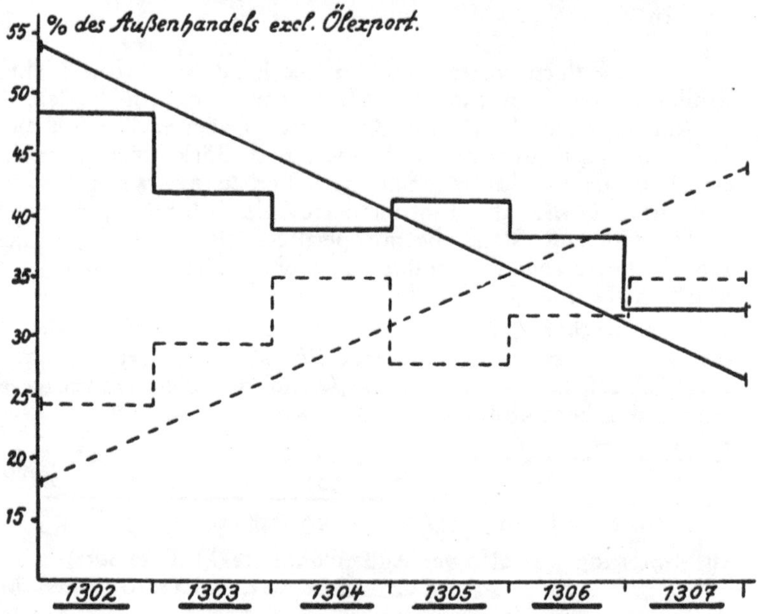

	1302	1303	1304	1305	1306	1307
Brit. Anteil: (———)	48½%	42%	39%	41½%	38½%	32½%
Russ. Anteil: (– – – –)	24½%	29½%	35%	28%	32%	35%

↑ Russ. Einfuhrsperre.

Für die vorliegende Unterſuchung geht aus dieſer Zeichnung hervor, daß ſich bei Beginn der Weltwirtſchaftskriſe die in dieſen beiden Trendlinien ausgedrückte urſprüngliche Entwicklung nach der Unterbrechung durch die ruſſiſche Handelspolitik wieder fortgeſetzt hatte und daß die Rückentwicklung im Jahre 1305 bei beiden Ländern bereits 1—2 Jahre ſpäter wieder aufgeholt worden war. Entſprechend den Trendlinien, die ſich ſchon 1305—06 überſchneiden, zeigt ſich denn auch für das letzte Jahr vor der Kriſe ein Plus für den ruſſiſchen Anteil gegenüber dem britiſchen.

Für die Situation im Jahre 1307 ergibt ſich alſo zunächſt, daß dieſe empfindliche Störung in der Entwicklung des perſiſchen Außenhandels die Verſchiebung zugunſten des ruſſiſchen Anteils hinausgezögert hatte, und außerdem, daß die nachteiligen Folgen für die Geſamtwirtſchaft des Landes noch nicht ganz beſeitigt waren. Dies drückt ſich darin aus, daß der Außenhandel (exkl. Ölexporte der Anglo-Persian Oil Co.) im Jahre 1307, in Goldwährung gerechnet, noch immer um 15% kleiner war als im Jahre 1304.

Zum Verſtändnis der ſich in den Trendlinien ausdrückenden Grundtendenz muß darauf aufmerkſam gemacht werden, daß dieſe nur eine natürliche Rückentwicklung zu den Vorkriegsverhältniſſen bedeutete. Im Jahre 1913/14 betrug der ruſſiſche Anteil am Geſamtaußenhandel Perſiens 60%. Durch die Revolution ging er 1918/19 auf faſt 0 zurück und ſtieg ſeit 1922 parallel mit der Konſolidierung des Sowjetſtaates langſam wieder an (1922/23 ca. 10%, 1923/24 ca. 18%). Dies mußte zu einem gleichzeitigen Rückgang des britiſchen Anteils führen, welcher nur dank dem vorübergehenden Ausfall Rußlands anormal geſtiegen war (1921/22 ca. 68%, exkl. Ölexport).

Aus dem in der Einleitung kurz ſkizzierten Verlauf der wirtſachftlichen Erſchließung Perſiens durch die Großmächte und aus dem zuletzt Geſagten kann auf eine Tatſache mit Sicherheit geſchloſſen werden: Die Struktur des perſiſchen Außenhandels vor der Weltwirtſchaftskriſe war nur teilweiſe ökonomiſch begründet. Handelspolitiſche Maßnahmen des Auslandes, Einflußnahme der beiden großen Nachbarn durch politiſchen Druck und durch Ausnutzung ihrer wirtſchaftlichen Machtpoſition im Innern des Landes haben es immer verhindert, daß der perſiſche Außenhandel in ſeiner Zuſammenſetzung und regionalen Verteilung automatiſch auf das wirtſchaftliche Optimum tendierte, das ſich aus den natürlichen Bedingungen ergab. Und ebenſo deutlich ließ ſich bereits erkennen, daß ein rein ökonomiſches Moment, die dem Außenhandel zur Verfügung ſtehenden Transportmöglichkeiten, ſehr viel zu ſeiner einſeitigen Orientierung und mangelhaften Elaſtizität beigetragen haben. Deshalb iſt es erforderlich, zunächſt das Wichtigſte in den Verkehrsverhältniſſen herauszuſtellen und im Anſchluß daran die handelspolitiſche Situation im Jahre 1307 ausführlich zu behandeln.

2. Die Technik des Warentransports im Jahre 1307 (1928/29).

Da der Bau der erſten Teilſtrecken der transperſiſchen Bahn im Jahre 1307 noch nicht vollendet war, beſchränkte ſich die Rolle des Eiſenbahnverkehrs für den Außenhandel auf den Dienſt der wenig leiſtungsfähigen Linie Täbris—Djulfa (ruſſiſche Grenze) und deren 53 km lange Zweiglinie von Täbris zum Urmia-See, ſowie auf den der Indian North-Western Railway, die eine kurze Strecke in perſiſches Staatsgebiet vorſtößt und in der Stadt Zahedan (früher Dusdab) endet.

Sieht man von dieſen kurzen Bahnſtrecken ab, und auch von dem Luftverkehr der Junkers-Geſellſchaft, der nur für ſehr eilige und beſonders wertvolle Frachten in Frage kam (Frachtkoſten z. B. von Teheran nach Baku RM 2.75 per kg), ſo war der Außenhandelsverkehr innerhalb Perſiens ganz auf die Landſtraßen angewieſen, auf denen früher die Kamel- und Maultierkarawanen und bisweilen Fuhrwerke alle Transporte beſorgten, denen aber ſeit 1924/25 in den Laſtautomobilen eine neue, ernſthafte Konkurrenz erſtanden war. Die Verbeſſerung des Straßennetzes im Rahmen der öffentlichen Reformarbeiten, die Bereitwilligkeit der amerikaniſchen Automobilinduſtrie, die Wagen auf Teilzahlungen zu verkaufen, und nicht zuletzt die niedrigen Benzinpreiſe infolge der ſcharfen Konkurrenz zwiſchen der Anglo-Persian Oil Co. und der ruſſiſchen Ölinduſtrie auf dem perſiſchen Markt, zu der noch die Senkung des Benzinzolls im November 1927 von 10 auf 2 Schahis[16] per Man (2,97 kg) beitrug, alles das führte zu einer ſchnell ſteigenden Einfuhr von Laſtwagen, Autobuſſen und Perſonenwagen, für die folgende Ziffern zur Verfügung ſtehen[17]:

	1303 1924/5	1304 1925/6	1305 1926/7	1306 1927/8	1307 1928/9
Einfuhr von:					
Perſonenwagen	529	1111	1330	1112	1369
Laſtwagen u. Omnibuſſen	103	492	967	977	1783

Rechnet man von der zweiten Kategorie 100 Omnibuſſe ab (es ſollen am 1. I. 1929 ca. 70 im Verkehr geſtanden haben) und nimmt man an, daß von den dann verbleibenden importierten Laſtwagen Ende 1307 ca. 1200 unbrauchbar geworden waren, ſo errechnet ſich ein Beſtand von über 3000 Stück. Obwohl es ſich dabei größtenteils um leichte amerikaniſche Laſtwagen handelte (1½—5 tons), bedeutete dies doch eine Überkapazität, angeſichts der Tatſache, daß im gleichen Zeitpunkt dem Motorverkehr nur ca. 9000 km fahrbare Straßen zur Verfügung ſtanden, während ſich auf den Nebenſtraßen, vor allem während der feuchten Jahreszeit, die Karawanen noch in vollem Umfange behaupteten. Daß dieſe dagegen auf den Hauptſtraßen ſchnell an Bedeutung verloren, erklärt ſich eben aus dieſem Überangebot an Motortransportgelegenheit, das die Frachtſätze auf ein Niveau herunterdrückte, das oft nur noch die direkten Koſten deckte, während Abſchreibungen kaum noch einkalkuliert werden konnten. So kam es, daß auf vielen Strecken die Differenz zwiſchen Motor- und Karawanentransport mehr und mehr verſchwand, obwohl bei einem mäßigen Unterſchied der Frachtſätze zugunſten der Karawanen die Automobile noch immer bevorzugt werden, hauptſächlich wegen des Zeitgewinns. Während die Laſtautomobile von Teheran bis zum Perſiſchen Golf durchſchnittlich 4—5 Tage benötigen, nimmt der Karawanentransport auf der gleichen Strecke 5 bis 6 Wochen in Anſpruch.

An dieſer Stelle muß noch darauf hingewieſen werden, daß der geſamte Karawanen- und Motorverkehr in privaten Händen liegt und daß neben einigen größeren Transportgeſellſchaften eine Unzahl kleiner Unternehmer beſtehen, ſo daß *eine einheitliche Tarifpolitik nie möglich geweſen iſt.* Vielmehr regelt ſich der Frachtſatz für jede einzelne Beförderung nach Angebot und Nachfrage, ſo daß die Raten ſtändig ſchwanken und im Folgenden nur der ungefähre Durchſchnitt im Jahre 1307 angegeben werden kann[18].

Was die Qualität der Hauptſtraßen anbelangt, ſo ſind darunter natürlich nicht Autoſtraßen im europäiſchen Sinne zu verſtehen, ſondern Schotterſtraßen von 7—8 m Breite, die ſehr ſtark unter Witterungseinflüſſen leiden und ſtändig repariert werden müſſen. Immerhin iſt es ſelten, daß ſie dadurch für Automobile unpaſſierbar werden, während jedoch Schneeverwehungen in den Gebirgen häufig vorkommen und oft zu vollſtändiger Unterbindung des Verkehrs führen.

Was den Transport über das durch die Gebirge und die großen Entfernungen naturbedingte Minimum hinaus verteuert, ſind vor allem der Mangel an fahrbaren Zubringerſtraßen und die ſchlechte Beſchaffenheit der Hauptſtraßen, die ſich in einem ſehr ſchnellen Verſchleiß der Fahrzeuge und in einem anormalen Benzin- und Reifenverbrauch auswirkt. Wieviel Erſparnis in dieſer Beziehung die Anlage erſtklaſſiger Straßen bringen würde, läßt ſich nicht zuverläſſig feſtſtellen, aber es wird von niemand bezweifelt, daß ſich die Koſten volkswirtſchaftlich auf jeden Fall bezahlt machen würden. Dies iſt zu berückſichtigen, wenn ich an anderer Stelle auf die Problematik des Eiſenbahnbaus eingehe.

3. Die Verkehrswege für den Außenhandel im Jahre 1307.

Während man in vielen, beſonders in überſeeiſchen Ländern von einer Zentraliſation des Außenhandels ſprechen kann, der dort zu faſt 100% in einem oder wenigen Häfen konzentriert iſt, iſt für Perſien — vor der Kriſe noch mehr als heute — eine ausgeſprochene

Dezentraliſation feſtzuſtellen, da ſich jedes der verkehrsgeographiſch einheitlichen Teilgebiete des Landes wegen der ſchwierigen Transportverhältniſſe im Innern eigene Außenhandelswege ſuchen mußte. Eine Unterſuchung dieſer Transportmöglichkeiten und ihrer Wirkung auf die Struktur des Außenhandels macht es notwendig, jedes dieſer einzelnen Wirtſchaftsgebiete geſondert zu behandeln, die ihm zur Verfügung ſtehenden Verbindungen mit dem Ausland zu prüfen und ſeine relative Bedeutung im Geſamtaußenhandel ungefähr feſtzuſtellen.

Unter dieſem Geſichtspunkt bin ich zu der folgenden Aufteilung des perſiſchen Wirtſchaftsraums gekommen, bei der die Provinzen in Gruppen zuſammengefaßt werden, die in ſich nicht nur verkehrsgeographiſch einheitlich orientiert ſind, ſondern auch größtenteils klimatiſch zuſammengehören und dementſprechend eine gemeinſame Produktionsgrundlage haben:

1. Die Provinz Aſerbeidjan (im Nordweſten des Landes).
2. Die Nordprovinzen, am Kaſpiſchen Meer (Gilan, Maſanderan, Aſtarabad).
3. Die Zentralprovinzen (Teheran, Hamadan, Isfahan, Jezd, Kaswin etc.).
4. Die Weſtprovinzen (Luriſtan, Kermanſchah, Kurdiſtan).
5. Die Südprovinzen (Khuſiſtan, Fars, Kirman, Belutſchiſtan).
6. Die Oſtprovinzen (Khoraſſan, Seiſtan).

Vor einer Unterſuchung der Außenhandelswege dieſer ſechs Teilgebiete muß auf folgende Tatſachen hingewieſen werden:

Wegen der durch die Koſtſpieligkeit langer Inlandstransporte bedingten Dezentraliſierung des Außenhandels iſt jedes der genannten Teilgebiete ziemlich gleichmäßig an der Ausfuhr und an der Einfuhr beteiligt, ſo daß die von ihm ausgehenden Außenhandelswege in beiden Richtungen faſt gleich ſtark benutzt werden. Außerdem kann man ſagen, daß die Einſeitigkeit der Produktion und damit die Abhängigkeit von Ausfuhr und Einfuhr in allen Gebietsteilen faſt gleich ſtark iſt und daß deshalb der Umfang des Warenaustauſchs mit dem Auslande in erſter Linie von der Bevölkerungszahl und daneben von der Ergiebigkeit ihrer Produktion, d. h. ihrer Ausfuhrkapazität, die wiederum Kaufkraft für Einfuhrwaren bedeutet, abhängig iſt. Dabei iſt unter Ergiebigkeit der Produktion nicht nur der Ertrag bei der Erzeugung ſelbſt zu verſtehen, ſondern auch der Grad der Belaſtung der Ausfuhr durch die Transportkoſten.

Dieſe Überlegungen machen es möglich, bei Unterſuchung der Verkehrsbedingungen für die ſechs Teilgebiete des Landes die prozentuale Bedeutung im Gesamtaußenhandel mit Hilfe der Bevölkerungszahlen ungefähr zu erkennen, was wegen des Fehlens statistischer Unterlagen auf andere Weise nicht geschehen kann. Zwar sind die Zolleinnahmen für die einzelnen Grenzbezirke bekannt, bieten aber in diesem Zusammenhang keinen Maßstab, weil die unterschiedliche Zollbelastung der einzelnen Waren das Bild verschiebt, und ferner, weil die Ziffern für die Grenzprovinzen auch die inneren Gebietsteile einschließen.

Im Folgenden wird also für jede Provinzgruppe die Bevölkerungszahl genannt, die ungefähr als Anteilziffer am Gesamtaußenhandel gelten kann, wenn man sie zu der Gesamtbevölkerung von 10—11 Millionen in Beziehung setzt. Auch hierbei schließt der Gesamtaußenhandel natürlich nicht die Ölausfuhr der englischen Gesellschaft ein.

Allerdings werden bei dieser Methode noch die verschiedenen Grade der Produktivität vernachlässigt, die zahlenmäßig nicht erfaßbar sind. Nur um die größten Unterschiede zu berücksichtigen, sei hier hervorgehoben, daß die Provinzen am Kaspischen Meer und Aserbeidjan an der Spitze stehen und dort das Außenhandelsvolumen also im Verhältnis zu den Bevölkerungszahlen besonders groß ist, während bei den Süd- und Westprovinzen das Gegenteil der Fall ist. Außerdem nehmen die Zentralprovinzen insofern eine Sonderstellung ein, als ihr Anteil an der Einfuhr größer ist, als es der Bevölkerungsziffer entsprechen würde. Auf die Gründe wird an anderer Stelle eingegangen werden.

Die Bevölkerungsziffern für die einzelnen Gebietsteile sind der Schätzung eines persischen Beamten entnommen. Dieser bezifferte zwar die Gesamtbevölkerung mit ca. 17 Mill., was gegenüber der Mehrzahl der anderen Angaben zu hoch erscheint, aber seine Ziffern für den *prozentualen* Anteil der einzelnen Provinzen werden allgemein für zutreffend gehalten, so daß ich sie nach Reduzierung der absoluten Zahlen um 40% hier benutzt habe. Dadurch ergibt sich also eine Gesamtbevölkerung von 10,2 Millionen.

1. *Die Provinz Aserbeidjan.* Die Einwohnerzahl beträgt etwa 1 800 000, also 17½% der Gesamtbevölkerung des Landes. Die Hauptausfuhrartikel dieses wichtigen Gebietes sind getrocknete Früchte, ferner Viehprodukte (Därme, Häute und etwas Wolle) und Teppiche. Für den Außenhandel standen im Jahre 1307 folgende Verkehrswege zur Verfügung:

a) Die Eisenbahn Täbris—Djulfa (130 km), die während des Weltkrieges aus strategischen Gründen von den Russen gebaut worden war. Von dort mit der russischen Bahn über Tiflis nach dem Schwarzmeerhafen Batum und damit Anschluß an die Levanteschifffahrt. Die Strecke Täbris—Djulfa, bei der es sich um eine sehr primitive und schlecht instandgehaltene Bahn handelt, nimmt 10—12 Stunden in Anspruch. Die Tarife sind gestaffelt und bewegen sich zwischen Kran —.80 und 1.95 per Pud, also ca. RM 27.— bis 51.— per Tonne bis zur russischen Grenze. Dazu kamen bei Transit nach Europa ca. RM 320.— per Tonne für die Strecke Djulfa—Batum und ca. RM 30.— bis 40.— per Tonne für Verladung nach Nordeuropa oder umgekehrt, einschließlich der Umladungsspesen in Batum. Für den Transit von und nach Europa hatte allerdings diese kostenmäßig günstige Strecke nur beschränkte Bedeutung wegen der später zu behandelnden Durchfuhrerschwerungen durch die Sowjetunion. Dasselbe gilt für die Chaussee von Täbris nach Djulfa, auf welcher Karawanen und Lastautotransporte der Eisenbahn starke Konkurrenz machten.

b) Die alte Karawanenstraße Täbris—Trapezunt, die während der vollständigen Durchfuhrsperre seitens Rußlands wieder einige Bedeutung erlangt hatte, trotzdem sie nur teilweise für Autoverkehr geeignet war und auch als sehr unsicher galt. Seit Abschluß des provisorischen Handelsvertrages zwischen Persien und Rußland am 1. Oktober 1927 hat sie aus letzteren Gründen wieder mehr und mehr an Bedeutung verloren. Der Karawanentransport nimmt auf dieser Strecke im Winter ca. 35 Tage, im Sommer (wenn die Lasttiere wegen der hohen Temperatur am Tage ruhen müssen) ca. 65 Tage in Anspruch und kostete 1307 ca. 425—455 RM per Tonne, also bedeutend mehr als der Transport Täbris—Batum, so daß er nur für diejenigen Waren benutzt wurde, deren Durchfuhr durch russisches Gebiet nicht gestattet war. (Die Frachtraten zwischen den europäischen Häfen und Trapezunt sind die gleichen wie für Batum.)

c) Die Straße Täbris—Hamadan—Kermanschah—Kasr-i-Schirin (irakische Grenze), dann von Khanekin per Bahn nach Bagdad, von dort per Bahn oder Tigrisdampfer nach dem Golfhafen Basra, ein kostspieler Weg, der hauptsächlich für Importe britischer Waren benutzt wurde, welche im Jahre 1307 keine Durchfuhrerlaubnis durch Rußland hatten.

Aus dem Gesagten geht hervor, daß die natürliche Verbindung der Provinz Aserbeidjan mit Europa durch russisches Gebiet führte und daß dieser wichtige Teil Persiens deshalb in starkem Maße von der Handelspolitik des nördlichen Nachbarn abhängig war. Aus diesem Grunde wurde im Jahre 1928 der Bau einer Autostraße in Angriff genommen, die Täbris mit den irakisch-syrischen Bahnlinien und so mit dem Mittelmeer (Alexandretta) verbinden sollte. Für das Jahr 1307 kommt ihr jedoch noch keine Bedeutung zu.

2. *Die Nordprovinzen am Kaspischen Meer.* Mit einer Einwohnerzahl von ca. 1 200 000, also 12% der Gesamtbevölkerung, haben sie einen beträchtlichen Anteil am Außenhandel Persiens, vor allem in Anbetracht der oben erwähnten Tatsache, daß hier ebenso wie in Aserbeidjan die Ein- und Ausfuhrziffern pro Kopf bedeutend über dem Durchschnitt des Landes liegen. Die Hauptausfuhrartikel sind Baumwolle, Reis, frische Früchte, Tabak und Seide.

Da es sich um ausgesprochene Küstengebiete handelt, die von dem übrigen Persien durch das hohe Elburs-Gebirge getrennt sind, ist der natürliche und einzige Außenhandelsweg das Kaspische Meer, d. h. die Dampfer der Sowjetflotte „Kaspar", deren Tarife sich zwischen dem wichtigsten persischen Hafen Paehlevi und dem russischen Baku auf durchschnittlich RM 21.— per Tonne stellten. Soweit Rußland den Verkehr mit anderen Ländern gestattete, diente diesem die Eisenbahnlinie Baku—Batum, von wo die Dampfer der Levanteschiffahrt die Weiterbeförderung nach Europa zu den bereits erwähnten Raten übernahmen. Die Strecke Baku—Batum kostete etwa RM 300.— per Tonne, was ebenso wie der für die Linie Djulfa—Batum genannte Frachtsatz eine Überteuerung und damit eine zusätzliche Durchfuhrerschwerung durch Rußland bedeutete.

Der Warenaustausch mit Rußland selbst, der für diese Gebiete im Vordergrund steht, vollzog sich zwischen den persischen Häfen Paehlevi und Bender Gez und den russischen Häfen Baku, Astrachan und Krasnovdsk.

3. *Die Ostprovinzen.* Die Bedeutung dieser beiden Provinzen Khorassan und Seistan ist trotz des großen Flächenraums der ersteren verhältnismäßig gering. Die Bevölkerung beträgt nur ca. 840 000 Einwohner, deren Lebensstandard noch dazu bedeutend niedriger ist als der der erstgenannten beiden Bezirke. Die wichtigsten Exportartikel sind Wolle, Därme, Häute, Teppiche und getrocknete Früchte. Für den Außenhandel kommen hauptsächlich folgende vier Wege in Frage:

Von Mesched, dem Handelszentrum dieses Gebietes, über Kutschan nach Asskabad, der Eisenbahnstation in Russisch-Turkestan (237 km). Hier ist im Sommer Autoverkehr möglich, der im Jahre 1307 ca. RM 150.— per Tonne kostete, gegenüber ca. RM 95.— für Karawanentransporte. Dieser Weg spielte nur für den Warenaustausch mit Rußland eine Rolle, mit dem der westliche Teil dieses Gebietes noch durch die Autostraße Charud—Bender Gez, also zum Kaspischen Meer, eine günstige Verbindung besaß, von wo auch etwas Transitverkehr mit Europa, über Baku—Batum, bestand. Der übrige Teil der Ostprovinzen ist im Verkehr mit Europa auf zwei Wege angewiesen. Erstens südwärts die Autostraße Mesched—Birjand—Zahedan (911 km) und von dort mit der Indian North Western Railway nach Karachi (Indischer Ozean). Dieser Weg vermittelt den gesamten Warenaustausch Britisch-Indiens mit den Ostprovinzen und auch anderen Teilen Persiens, dient aber daneben, begünstigt durch die Tarifpolitik der britischen Bahn, dem Transitverkehr mit Europa. Hierfür steht jedoch der Weg nach Westen in Konkurrenz, der die gute Autostraße Mesched—Teheran (939 km) benutzt, um von dort einen der Außenhandelswege der Zentralprovinzen (s. unten) zu benutzen.

Schließlich ist noch die Straße von Mesched nach Herat zu erwähnen, die ausschließlich den Transporten aus und nach Afghanistan dient.

4. *Die Südprovinzen.* Auch hier ſteht die Bevölkerung von nur ca. 1 650 000 Einwohnern im Gegenſatz zu einer außerordentlichen Flächenausdehnung. Immerhin haben dieſe Gebiete, die ſich aus dem Küſtenſtrafen am Perſiſchen Golf, den Randgebirgen des Hochlandes und den ſüdlichen Teilen des letzteren zuſammenſetzen, einen nicht unweſentlichen Anteil am Außenhandel, abgeſehen von der Öl-ausfuhr der Anglo-Persian Oil Co. aus Khuſiſtan. Die Hauptexportprodukte der Südprovinzen ſind Opium, getrocknete und friſche Früchte, Gummitragant, tieriſche Produkte (Häute, Felle, Därme) und Teppiche. Der natürlichen Lage längs der Golfküſte entſprechend konzentriert ſich der Warenverkehr jedoch nicht auf einen oder wenige Handelswege, ſondern ſucht jeweils den bequemſten Weg von und nach den Golfhäfen, deren wichtigſte Mohammerah, Buſchir, Bender Abbas und Jask ſind. In der Provinz Fars bildet die Stadt Schiras ein wichtiges Handelszentrum, das mit dem Hafen Buſchir durch eine ſchwierige Gebirgsſtraße verbunden iſt (284 km), auf der im Jahre 1307 die Autofracht RM 260.— bis 360.— pro Tonne koſtete, die der Karawanen RM 215.— bis 235.—. Der Transport zwiſchen den Haupthäfen des Perſiſchen Golfs und den Nordſeehäfen koſtete bei direkter Verladung durchſchnittlich sh. 55/— per longton oder 40 cbft (geſtaffelte Tarife), derjenige nach den europäiſchen Mittelmeerhäfen ca. sh. 40/—.

In dieſem Zuſammenhang muß noch auf die Straße Kirman—Zahedan (587 km) hingewieſen werden, auf der die Teppichexporte der Provinz Kirman über Karachi nach Europa gelangten (ab Zahedan die indiſche Eiſenbahn), ferner auf den ſchiffbaren Karunfluß als Hauptverkehrsader der Provinz Khuſiſtan.

5. *Die Weſtprovinzen.* Dieſe gebirgigen Gebiete an der irakiſchen Grenze werden zum großen Teil von Halbnomaden bewohnt, deren Ausfuhrprodukte vor allem Teppiche, Gummitragant und die Erzeugniſſe der Viehwirtſchaft (Häute, Därme, Wolle) ſind. Dazu kommt eine nicht unbedeutende Opiumausfuhr. Die Geſamteinwohnerzahl dieſer drei Provinzen beträgt ca. 1 320 000. Für den Außenhandel mit überſeeiſchen Ländern kommen ausſchließlich die Häfen Basra und Mohammerah am Perſiſchen Golf in Betracht. Der wichtigſte Weg war im Jahre 1307 die Autoſtraße von Kermanſchah über die irakiſche Grenze nach Khanekin (212 km), von dort mit der Eiſenbahn nach Bagdad, von wo die Waren auf dem Tigris oder mit der Bagdadbahn den Hafen Basra erreichten. Dieſer Verbindung mit dem Golf verdanken die Weſtprovinzen, vor allem die Stadt Kermanſchah, ihre Bedeutung für den Durchgangsverkehr aus dem Innern Perſiens.

Noch im Jahre 1307 entſtand jedoch in der Nationalſtraße, der neuen Verbindung zwiſchen Teheran und Mohammerah über Khorramabad—Kum (970 km) ein zweiter Außenhandelsweg für die Weſtprovinzen, der ſchnell an Bedeutung gewann. Der Transport auf dieſer Strecke (Khorramabad—Ahwaz—Mohammerah) koſtete Anfang 1929 RM 120.— bis 160.— per Tonne, während die Beförderung über Bagdad—Basra die folgenden Koſten verurſachte:

Kermanſchah—Kasr-i-Schirin	RM	85.— bis 140.— per Tonne
Kasr-i-Schirin—Basra (Durchfr.)	RM	95.— bis 100.— per Tonne
	RM	180.— bis 240.— per Tonne

Damit war für alle diejenigen Teile der Weſtprovinzen, von denen Khorramabad ohne große Mehrkoſten erreicht werden konnte, der Weg über Ahwaz—Mohammerah vorteilhafter. (Die Frachtkoſten von Basra bezw. Mohammerah nach Europa wurden bereits unter 4 genannt.)

6. *Die Zentralprovinzen.* In dieſer Gruppe ſind alle inneren Provinzen Perſiens zuſammengefaßt, während es ſich bei den fünf erſtgenannten immer um Grenzgebiete handelte. Die Stellung der Zentralprovinzen im Außenhandel geht ſchon aus der Einwohnerzahl von ca. 3 390 000, alſo ungefähr 33% der Geſamtbevölkernug, hervor. Dabei iſt der Anteil an der Einfuhr pro Kopf beſonders hoch wegen des Bedarfs der Hauptſtadt Teheran als Reſidenz, als Zentrum der Verwaltung und des Militärweſens, ſowie als Sitz der ausländiſchen diplomatiſchen Vertretungen und Wohnſitz vieler Großgrundbeſitzer. Außerdem konnte man bereits 1307 bei Teheran von einer teilweiſen Zentraliſation des perſiſchen Einfuhrhandels ſprechen, wenigſtens für weniger frachtempfindliche Waren, bei denen die Transportkoſten die direkte Verladung nach den Konſumgebieten nicht unbedingt erforderlich machten. Dieſe Stellung der Hauptſtadt iſt heute durch die bürokratiſche Erſchwerung des Imports bedeutend verſtärkt worden, worauf ich an anderer Stelle zurückkomme.

Die Ausfuhrproduktion dieſer inneren Provinzen iſt trotz ihrer geographiſchen und klimatiſchen Einheitlichkeit (innerperſiſches Hochland) in den einzelnen Teilen recht verſchiedenartig. Während neben den faſt überall erzeugten Teppichen im nördlichen Teil dieſes Gebietes getrocknete Früchte, vor allem Roſinen, große Bedeutung haben, tritt in den Provinzen Isfahan und Hamadan die Opiumausfuhr in den Vordergrund, während Jezd in der Hauptſache Seide und Seidenwaren exportiert.

Als Verkehrswege für die Ein- und Ausfuhr kamen im Jahre 1307 die folgenden Straßen in Betracht, die größtenteils ſchon bei Behandlung der Randgebiete, welche ſie durchqueren, genannt wurden:

Die Straße Teheran—Isfahan—Schiras—Buſchir, eine wichtige Verbindung ſämtlicher Zentralprovinzen mit dem Perſiſchen Golf, von 1256 km Länge. Obwohl die Unſicherheit und Unwegſamkeit der in der Provinz Fars verlaufenden Teilſtrecke oft zur völligen Unterbindung des Verkehrs führte, erreichte früher faſt die geſamte Ausfuhr der Zentralprovinzen den Golf auf dieſem Wege, wobei die

Frachtkosten für Autotransporte zwischen RM 360.— und 570.— pro Tonne schwankten (von Teheran bis Buschir). Dagegen bediente sich die für den nördlichen Teil der Zentralprovinzen, also auch für Teheran, bestimmte *Einfuhr* teilweise des Weges über Bagdad—Kermanschah. Besonders die Zuckerlieferungen aus Holland und der Tschechoslowakei wählten diese Strecke, da für diese Ware im Irak besondere Frachtverbilligungen gewährt wurden. Auch trug die größere Sicherheit und die entsprechend niedrigeren Versicherungsprämien dazu bei, daß vor allem die Importe hochwertiger Waren diese Straße vorzogen.

Diese Situation in der ersten Hälfte des Jahres 1307 änderte sich vollständig, als am 8. Aban desselben Jahres (28. Oktober 1928) die bereits bei den Westprovinzen erwähnte Nationalstraße dem Verkehr übergeben wurde, die Teheran über Kum—Khorramabad—Disful mit Ahwaz verbindet, von wo die Karunschiffahrt den Weitertransport nach Mohammerah übernimmt. Anfang 1929 kostete die Autofracht von Ahwaz bis Teheran (970 km) zwischen RM 430.— und 570.—, und in umgekehrter Richtung, für Exporte, RM 290.— bis 430.—. Dazu kommen noch RM 18.— bis 20.— für den Wasserweg Mohammerah—Ahwaz. Der größtenteils gute Zustand dieser Straße und die Sicherung durch militärischen Schutz auf ihrem durch die gefährlichen Nomadengebiete Luristans führenden Teil haben sie schnell zum wichtigsten Außenhandelsweg Persiens gemacht, und bereits bei Beginn der Krise hatte Mohammerah einen großen Teil des früher über Schiras—Buschir und über Bagdad—Basra geleiteten Güterverkehrs übernommen.

Dies betrifft den Warenaustausch der Zentralprovinzen mit Europa, Nordamerika und Britisch-Indien, während für den Irak natürlich die Straße Kermanschah—Kasr-i-Schirin weiter benutzt wurde. Der Verkehr der Zentralprovinzen mit der Sowjetunion, der trotz ihrer verkehrsgeographischen Unabhängigkeit gegenüber letzterer beträchtlichen Umfang hatte, bediente sich 1307 in der Hauptsache der Autostraße Teheran—Kaswin—Paehlevi (376 km), der qualitativ besten Chaussee in Persien. In der zweiten Hälfte des Jahres erfuhr sie durch die Vollendung der Straße Teheran—Aliabad—Bener Gez (368 km) eine Entlastung. Außerdem bestand bereits eine Straße von Teheran zum Hafen Meschhed-i-Sar (Masanderan), die jedoch nur in der trockenen Jahreszeit für den Autoverkehr geeignet war. Der Autotransport auf der Strecke Teheran—Paehlevi kostete 1307 ca. RM 100.— bis 115.— per Tonne.

Damit ist das Wichtigste über die Transportmöglichkeiten zwischen den einzelnen persischen Produktionsgebieten und den wichtigsten Bezugs- und Absatzländern gesagt. Dieser Gegenstand mußte so ausführlich behandelt werden, weil sich daraus folgende für den Außenhandel wichtige Konsequenzen ergeben.

Zunächst ging daraus hervor, daß die Transportkosten von den Häfen bis zu den ausländischen Märkten oft kaum ins Gewicht fallen gegenüber den Beförderungskosten innerhalb des Landes selbst;

ferner, daß letztere in sehr vielen Fällen einen größeren Kostenfaktor bei der Ausfuhrkalkulation darstellen als die Produktionskosten selbst, so z. B. vom Innern des Landes zur Küste RM —.30 bis —.40 per kg! Dabei sind nur die Frachtsätze von den Handelszentren aus berücksichtigt, wozu noch die Beförderung auf den Zubringerwegen kommen. Zieht man außerdem die großen Schwankungen in den Frachtraten in Betracht, so erklärt es sich, daß weder für die Einfuhr noch für die Ausfuhr dem persischen Kaufmann eine scharfe Kalkulation möglich ist und daß deshalb die Verdienstspannen in normalen Zeiten durchschnittlich höher liegen müssen als in anderen Ländern mit festen Eisenbahntarifen. *Der Begriff rationeller Güterverteilung ist schon deshalb in Persien nur mit großen Einschränkungen anwendbar.*

Außerdem zeigen die erwähnten Tatsachen, wie außerordentlich unterschiedlich die Frachtkosten und damit die gesamten Verteilungskosten für die verschiedenen Produktions- und Konsumgebiete sind, und daß sie für viele Bezirke tatsächlich prohibitiv wirken. Dies trifft z. B. für Teile der Zentralprovinzen und Khorassans und für den nördlichen Teil Kirmans zu, wo Exportüberschüsse von frachtempfindlichen Waren, d. h. von Produkten, deren spezifischer Wert niedrig ist, aus diesem Grunde unverwertbar sind. Auch bestätigen diese Zahlen die bereits erwähnte Tatsache der Abhängigkeit großer und wichtiger Gebietsteile von dem russischen Markt und die mangelhafte Elastizität des Außenhandels, der sich in seiner geographischen Orientierung nur selten nach der Gunst der Marktlage in den verschiedenen Ländern richten kann, weil die Differenzen zwischen den Beförderungskosten auf den verschiedenen Außenhandelswegen die Preisunterschiede im Ausland meist überkompensieren. So steht in vielen Teilen Persiens der *technischen* Möglichkeit, die für die Erzeugung wichtiger Welthandelsartikel und deren Beförderung nach den Verbrauchsländern besteht, die Unmöglichkeit einer *wirtschaftlichen* Verwertung infolge der Transportkosten gegenüber.

4. Die handelspolitischen Grundlagen des Außenhandels im Jahre 1307.

Während bereits aus der Beschreibung der Verkehrsverhältnisse hervorging, wie wenig es dem persischen Außenhandel möglich war, sich nach den günstigsten Absatzmärkten und den billigsten Lieferländern zu orientieren, so handelte es sich dabei immerhin noch um ökonomische Gründe, nämlich um die Transportkosten. Dagegen sind gleichzeitig die handelspolitischen Maßnahmen Persiens selbst sowie der hauptbeteiligten Staaten richtunggebend gewesen, und die Lage vor und während der Weltwirtschaftskrise kann nur verstanden werden, wenn man diese rechtlichen Grundlagen ebenfalls berücksichtigt.

Am 10. Mai 1927 hatte Perſien alle Verträge mit fremden Staaten gekündigt, welche Beſtimmungen über die damals noch beſtehenden Kapitulationen und gleichzeitig, nämlich gegenüber England und Rußland, handelspolitiſche Bindungen enthielten. Denn mit dieſer Kündigung war nicht nur die Abſchaffung der Kapitulationen beabſichtigt, ſondern auch die Wiederherſtellung der vor hundert Jahren (1828) verlorenen Zollautonomie, verbunden mit der Einführung eines neuen Zolltarifs. Dieſer autonome Tarif, der grundſätzlich freihändleriſch iſt, trat am 3. Mai 1928 in Kraft und galt alſo für den größten Teil des Jahres 1307, ſo daß er dieſer Unterſuchung ohne weiteres zugrundegelegt werden kann. Er enthält einen Maximal- und einen Minimaltarif, deren letzterer für alle Vertragsſtaaten angewandt wird. Obwohl die neuen Handelsverträge mit den meiſten Staaten erſt im Jahre 1929 abgeſchloſſen wurden, beeilten ſich alle Beteiligten, proviſoriſche Vereinbarungen unter Anwendung der Meiſtbegünſtigungsklauſel zu treffen, ſo England am 10. Mai 1928, Deutſchland am 15. Mai, worin die Gültigkeit des neuen Zolltarifs anerkannt wurde und die betreffenden Staaten ſich die Anwendung des Minimaltarifs ſicherten.

Für die Sowjetunion war dies bereits in dem mehrfach erwähnten *Perſiſch-Ruſſiſchen Handelsproviſorium vom 1. X. 1927* vorgeſehen, das dem faſt zweijährigen Handelskrieg zwiſchen beiden Ländern ein Ende ſetzte. Jedoch blieben die übrigen, darin getroffenen Abmachungen beſtehen, ſo daß der Außenhandel im Jahre 1307 ſeine handelspolitiſche Grundlage nicht nur in dem neuen Zolltarif und der Anwendung der gegenſeitigen, unbedingten Meiſtbegünſtigung auf alle Hauptbeteiligten hatte, ſondern außerdem in dieſen Sonderregelungen für den Verkehr mit Rußland. Es waren dies kurz folgende[19]:

Kontingentierung der perſiſchen Ausfuhr nach Rußland auf zunächſt 50 Mill. Rubel jährlich, auf die verſchiedenen Warengattungen wie folgt verteilt:

Gruppe I, Rohſtoffe	Mill. Rubel
Baumwolle	14,20
Wolle	5,46
Hanf	1,05
Gummitragant . . .	1,20
Schaf- und Ziegenfelle .	0,70
Lammfelle u. Perſianer	3,50
Seſamſaat	0,16
Rizinusſaat	0,10
Därme (800 000 Stück)	0,10
Seide, Gallnüſſe etc. .	0,53
	27,00

Gruppe II, Nahrungsmittel etc.	Mill. Rubel
Geſchälter Reis . . .	11,50
Getrocknete Früchte .	5,50
Mandeln, Piſtazien . .	1,40
Orangen	0,80
Getr. u. geſalz. Felle .	3,00
Lebende Tiere . . .	0,40
Andere Waren . . .	0,40
	23,00

Dabei wurde die Abänderung der einzelnen Kontingente vorbehalten. Von dieser Ausfuhr sollten 50% für die persischen Kaufleute frei sein, während die andere Hälfte von vornherein für die staatlichen Sowjethandelsgesellschaften reserviert worden war. Eine Bezahlung dieser Ausfuhr in bar sollte nur zu 10% erfolgen. Für 90% des Wertes waren russische Produkte einzuführen, so daß fast der gesamte Warenaustausch geldlos, durch Verrechnung bei den Sowjetorganisationen, vermittelt werden sollte.

Die Einfuhr aus der Sowjetunion wurde nicht kontingentiert und auch nicht auf bestimmte Waren beschränkt. Es wurde jedoch vereinbart, daß bei Anwachsen der russischen Exporte auf über 90% der für Persien bestimmten Ausfuhrkontingente sich diese automatisch entsprechend erhöhen sollten.

Wichtiger als diese und andere formale Bestimmungen war ihre tatsächliche Anwendung für die Entwicklung des persisch-russischen Warenaustauschs. Denn die Wirklichkeit zeigte, daß diese Regelungen ihren eigentlichen Zweck, die Ausbalancierung des Handels zwischen beiden Ländern, nicht erfüllt haben. Die Ausfuhr persischer Produkte, die mehr und mehr in die Hände der in Nordpersien gegründeten Sowjethandelsgesellschaften überging, richtete sich mehr nach der jeweiligen Situation von Angebot und Nachfrage, als nach den vereinbarten Kontingenten. Während dies jedoch nur eine wirtschaftlich vorteilhafte Elastizität gegenüber den formalen bürokratischen Bestimmungen bedeutet hätte, benutzten die Sowjetgesellschaften diese Bestimmungen zur Verbesserung ihrer Absatzmöglichkeiten für russische Ausfuhrwaren auf folgende Weise: Im Rahmen der vertraglichen Vereinbarung bezahlten sie 90% der persischen Ausfuhr bargeldlos, d. h. durch Verrechnung mit den russischen Lieferungen, wobei sie den persischen Käufern oft minderwertige und überteuerte Erzeugnisse aufdrängten. Vor allem aber errechneten sie auf Grund des Zwangskurses von 5 Kran = 1 Rubel einen in Wirklichkeit nicht vorhandenen Aktivsaldo für Persien, um daraus das formale Recht abzuleiten, ihren eigenen Export zu steigern. Auf diese Berechnungsmethode komme ich noch bei Erörterung der Währungsfragen zurück. Hier ist jedenfalls festzustellen, daß sich der Handel zwischen beiden Ländern freier gestaltete, als es nach den Vereinbarungen des Vertrages vom 1. Oktober 1927 möglich zu sein schien, und daß sich 1307 bereits ein tatsächlicher Aktivsaldo *zugunsten Rußlands* von 125 Mill. Kran = 43% ergab.

Gleichzeitig wurde in diesem provisorischen Handelsvertrag ein neuer, nur für russische Waren anzuwendender Zolltarif vereinbart, der aber, wie bereits gesagt wurde, nur bis zur Einführung des autonomen persischen Tarifs am 3. Mai 1928 Gültigkeit hatte. Es ist aufschlußreich für den Grad der Unabhängigkeit, den Persien bei Aufstellung dieses neuen Tarifs besaß, wenn man findet, daß für die meisten Positionen des Minimaltarifs die Zollsätze des persisch-russischen Abkommens vom 1. X. 1927 übernommen wurden, und daß da, wo Abänderungen stattfanden, sich diese nur auf weitere Ermäßigungen beſchränkten, ſo für einzelne Textilien, Zigaretten etc., und bei den Ausfuhrzöllen für Gummitragant und unechtgefärbte Teppiche.

Ebenſo wichtig wie dieſe für den Warenaustauſch getroffenen Vereinbarungen zwiſchen Perſien und der Sowjetunion ſind die Beſtimmungen für den Tranſit durch ruſſiſches Staatsgebiet, die eine Kompromißlöſung dieſer Streitfrage bedeuteten. Die Durchfuhr perſiſcher Erzeugniſſe, die für Nordperſien eine Lebensfrage war, wurde grundſätzlich freigegeben, jedoch mit Ausnahme der Baumwolle, die Rußland für den eigenen Bedarf reſervieren wollte. Dagegen war der Einfuhrtranſit den folgenden, bedeutſamen Beſchränkungen unterworfen:

a) Die Durchfuhr aller Lieferungen für den Bedarf der perſiſchen Regierung, mit Ausnahme von Kriegsmaterial, wurde grundſätzlich geſtattet.

b) Die Einfuhren des perſiſchen Privathandels hatten nur dann Tranſiterlaubnis, wenn ſie aus Staaten kamen, welche mit Rußland einen Handelsvertrag abgeſchloſſen hatten, und auch dann nur, wenn ſie unter folgende Warenklaſſen fielen:
   1. Maſchinen und ſonſtige Fabrikationseinrichtungen.
   2. Arzneien und chirurgiſche Inſtrumente.
   3. Papier und Papierwaren.
   4. Kraftfahrzeuge und Zubehör.
   5. Seidenraupeneier.

Dabei muß jedoch ſchon an dieſer Stelle darauf aufmerkſam gemacht werden, daß die Tranſitlizenzen in der Praxis auch für verſchiedene andere Waren erteilt wurden, an deren Transport die Sowjetbahnen verdienen wollten, ſoweit die ruſſiſchen Handelsintereſſen dadurch nicht beeinträchtigt wurden. Andererſeits blieb es der Sowjetunion trotz dieſer vertraglichen Durchfuhrbeſtimmungen unbenommen, auch den Verkehr der ausdrücklich freigegebenen Waren durch eine entſprechende Tarifpolitik zu unterbinden, ſowie durch adminiſtrative Maßnahmen bei der Lizenzerteilung, Grenzabfertigung etc.

Eine Analyſe des neuen perſiſchen *Zolltarifs* iſt hier nicht möglich und auch nicht erforderlich. Denn die durchſchnittliche Belaſtung von 10—25% des Warenwertes, die ſich bei den größtenteils ſpezifiſchen Einfuhrzöllen ergibt, wenn man das Preisniveau und die Valuta des Jahres 1928/29 zugrundelegt, erlaubt es, den Tarif *freihändleriſch-fiſkaliſch* zu nennen. Eine ſolche Einfuhrbelaſtung ſtellt zwar in einem entwickelten Induſtrieſtaat mit relativ geringem Konkurrenzvorſprung des Auslandes in der Fertigwarenerzeugung einen wirkſamen Schutz der Inlandsproduktion dar, nicht aber in dem Agrarland Perſien, wo dieſe Zölle trotz dem hinzukommenden Frachtenſchutz nicht genügten, die Differenz zwiſchen inländiſchen und ausländiſchen Produktionskoſten zu überbrücken, ſo daß ſie keinen bedeutenden Einfluß auf die Gestaltung des Außenhandels gehabt haben. Jedoch müssen hier die folgenden Sonderbelastungen der Einfuhr und Ausfuhr behandelt werden, die teilweise deutlich sichtbare Wirkungen hatten:

Die Straßenabgabe (Taxe des Routes).

Am 8. Januar 1926 waren die meisten inneren Verkehrssteuern (Wegegelder etc.), Verbrauchssteuern und kommunalen Abgaben, die die Güterbewegungen im Inland belasteten, aufgehoben und durch eine einheitliche Straßensteuer ersetzt worden. Diese bestand in einer zusätzlichen Abgabe bei der Zollabfertigung, traf also nur die Ausfuhr und die Einfuhr, während der innere Verkehr frei war. Aus diesem Grunde kann sie trotz ihrer juristischen Sonderstellung als eine Sonderbelastung des Außenhandels angesprochen werden, die *in ihrer Wirkung durchaus Zollcharakter trägt.* Sie zeigt deutlich einen protektionistischen Einschlag, einmal weil sie den inländischen Verkehr und damit die einheimische Produktion im Gegensatz zur Einfuhr nicht trifft, und besonders durch die Ausgestaltung des Tarifs, durch die sie für viele Waren als zusätzlicher Schutzzoll wirkt und auf der anderen Seite die unerwünschte Ausfuhr heimischer Güter erschwert. Im übrigen stellt sie eine Belastung der Konsumeinfuhr dar, teilweise um des finanziellen Ertrages willen, teils mit dem Ziel, durch Einfuhrdrosselung entbehrlicher Konsumgüter die Handelsbilanz zu entlasten. Man darf wohl annehmen, daß die persische Regierung damit einen nicht erfolglosen Versuch gemacht hat, schon 1926 autonome Zollpolitik in Gestalt dieser „Straßensteuer“ zu treiben. Als Stützung dieser Behauptung und zur Veranschaulichung der relativen Höhe dieser Abgabe seien einige Beispiele herausgegriffen und den gleichzeitig erhobenen Zollsätzen gegenübergestellt. (Die Zollsätze sind dem neuen Minimaltarif vom 3. Mai 1928 entnommen, damit alle Angaben die Situation in dem hier zugrundeliegenden Jahr 1307 zeigen.)

1. Seidengewebe 2 Kran per Man (2,97 kg) (Einfuhrzoll 50 Kran per Man). *Durchschnittswert des Kran 1307 RM —.42.*
2. Bier 2 Kran per Man brutto (Einfuhrzoll 1,5 Kran).
3. Zucker 0,25 Kran per Man (Einfuhrzoll 1,55 Kran).
4. Alkoholische Getränke 5 Kran per Man (Einfuhrzoll 9—30 Kran, gestaffelt).
5. Kurzwaren 5 Kran per Man (Einfuhrzoll 5—15% ad valorem, gestaffelt).
6. Zigarren und Zigaretten 5 Kran per Man (Einfuhrzoll 60% ad valorem).
7. Lebende Schafe und Ziegen 1 Kran per Stück (Ausfuhrzoll 1 Kran).
8. Lämmer 1 Kran per Stück (Ausfuhrzoll 0,25 Kran).

9. Von der Straßensteuer befreit: Fahrzeuge, landwirtschaftliche und industrielle Maschinen, entsprechend der Zollfreiheit dieser Produktionsmittel, deren Einfuhr erleichtert werden sollte.

Das Zucker- und Teemonopol.

Dieses Monopol war am 30. Mai 1925 zur Finanzierung des Eisenbahnbaus eingeführt worden und hat gleichfalls den Charakter einer zusätzlichen Zollbelastung. Denn da eine Monopolisierung der gesamten Verteilung und der 1307 allerdings noch unbedeutenden inländischen Erzeugung dieser Waren technisch nicht durchführbar war, begnügte man sich mit der Erhebung einer Einfuhrabgabe bei der Zollabfertigung, die für Zucker bedeutend höher lag als der Einfuhrzoll, nämlich: Zucker und Zuckerwaren 2 Kran per Man (Einfuhrzoll 1,55 Kran), Tee 6 Kran per Man (Einfuhrzoll ebenfalls 6 Kran).

Die Höhe dieser Abgabe erhellt sich aus dem durchschnittlichen Einfuhrwert dieser Waren frei Grenze, der nach den Angaben der Zollstatistik 1307 für Zucker 3,60 Kran per Man, für Tee 28 Kran per Man betrug. Es ist also selbstverständlich, daß neben dem beabsichtigten finanziellen Ertrag auch eine Einfuhrerschwerung bewirkt wurde, was besonders wichtig ist, weil diese beiden Waren in Persien die wichtigsten „Massenluxusgüter" darstellen und in der Einfuhr eine hervorragende Stellung einnehmen. Da jedoch ihr Konsum seit 1922 dauernd stark anstieg, wurde nur das Wachstum der Einfuhr, nicht aber ihre absolute Größe gedrosselt.

Das Opiummonopol

wurde in der ersten Hälfte des Jahres 1307, am 1. VII. 1928, eingeführt und stellt neben der Belastung des Inlandskonsums hauptsächlich einen Finanz-Ausfuhrzoll dar, den diese *rentabelste Exportware Persiens* ohne fühlbare Erschwerung der Ausfuhrmöglichkeiten tragen zu können schien. Es war zunächst die Monopolisierung der gesamten Verarbeitung und der Ausfuhr geplant, aber wegen mangelnder staatlicher Einrichtungen begnügte man sich mit behördlicher Aufsicht des Anbaus und der Verarbeitung und mit einer Besteuerung des Inlands- und Auslandsabsatzes. Die Exportbelastung betrug bis Ende 1307 (20. III. 1929) 200 Toman pro Kiste à $24^1/_2$ Man (1 Toman = RM 4.25), ein Satz, welcher dann nach und nach erhöht werden sollte, bis auf 400 Toman im Jahre 1309. Wieweit sich diese Steuer auf das Volumen der Opiumausfuhr auswirkte, läßt sich nicht feststellen. Dieses, ebenso wie die nicht zuverlässig bekannte Anbaufläche in Persien, ist von einer Vielzahl innerer und äußerer Einflüsse abhängig, aus der sich der Einfluß der Besteuerung nicht isolieren läßt. Immerhin muß man annehmen, daß ein solcher

Einfluß bestand, denn bei einem aus der Zollstatistik errechneten Durchschnittspreis des im Jahre 1307 exportierten Opiums von RM 4200.— per Kiste machte die Monopolabgabe $20^{1}/_{4}$% des Wertes aus! Daneben wurde noch ein Ausfuhrzoll von 20 Kran per Man erhoben, der also eine weitere Belastung von ca. $7^{1}/_{2}$% darstellte.

Schließlich müssen in diesem Zusammenhang noch die *Ein- und Ausfuhrverbote* genannt werden, soweit sie die Gestaltung des Außenhandels merklich beeinflußt haben können:

Die *Einfuhr* folgender Waren war im Jahre 1307 nur mit besonderer behördlicher Genehmigung erlaubt:

Feuerwaffen, Pulver und Munition.
Ausländische Münzen, außer Gold- und Silbermünzen.
Synthetische Farben, soweit sie nicht in einer von der Zollverwaltung aufgestellten Liste ausdrücklich als echt anerkannt werden.
Opium.
Morphium, Kokain und andere Rauschgifte.
Unecht gefärbtes Garn.

Die *Ausfuhr* folgender Waren war ohne behördliche Genehmigung untersagt:

Feuerwaffen, Pulver und Munition.
Die behördlich klassifizierten antiken Kunstgegenstände.
Gold und persische Silbermünzen (außer Kran 200.— für Reisende).
Ungeschälter Reis, soweit er nicht zu weniger als 20% mit geschältem Reis vermischt war.
Alle übrigen Getreidearten (vorübergehendes Verbot).
Rauschgifte, außer Opium.
Saccharin.
Stinkasant (Assafoetida), wenn mehr als 10% ausländisches Material enthalten war.

Da bei den Edelmetallen und Münzen eine wirksame Grenzkontrolle nicht durchführbar war, kommt von diesen Ein- und Ausfuhrverboten hauptsächlich den Bestimmungen für ungeschälten Reis, unechte Farben und Waffen und Munition größere Bedeutung zu. In diesen Fällen ist anzunehmen, daß die Gesetzgebung den Außenhandel merklich beeinflußt hat.

E. Analyſe des Außenhandels im Jahre 1307.

In den letzten Abſchnitten wurde ſo ausführlich, wie es der Rahmen dieſer Arbeit irgend geſtattete, auf die Grundlagen des Außenhandels als des wichtigſten Faktors der weltwirtſchaftlichen Verflechtung Perſiens eingegangen und beſonders auf die ökonomiſchen und außerökonomiſchen Momente hingewieſen, die ſeine Geſtaltung vor und während der Weltwirtſchaftskriſe beeinflußt haben. Wenn nun im Folgenden die Unterſuchung der weltwirtſchaftlichen Beziehungen des Landes im letzten „Normaljahr" mit der Analyſe des auswärtigen Warenverkehrs und der Aufſtellung der Zahlungsbilanz abgeſchloſſen wird und anſchließend die wichtigſten Veränderungen im bisherigen Verlauf der Kriſe behandelt werden, ſo wird dabei immer die Berückſichtigung des oben Geſagten vorausgeſetzt, auch wenn nicht jedesmal ausdrücklich darauf Bezug genommen wird.

1. Größe und Bilanz des Außenhandels.

Der ſtatiſtiſch erfaßte Geſamtaußenhandel Perſiens im Jahre 1307 bezifferte ſich auf Kran 2 337 466 000.—. Wenn auch von dieſer Summe der Anteil der Ölexporte der Anglo-Persian Oil Co., der allein Kran 1 037 606 000.— ausmachte, für die perſiſche Wirtſchaft nur beſchränkte Bedeutung hatte, wie im nächſten Abſchnitt erläutert werden wird, ſo muß er doch in voller Höhe eingeſchloſſen werden, wenn es ſich darum handelt, die Bedeutung des Landes *für die Weltwirtſchaft* feſtzuſtellen. Denn in dieſem Zuſammenhang kommt es lediglich darauf an, den Umfang der Nachfrage und des Angebots auf dem Weltmarkt, die von Perſien als Konſumtions- und Produktionsgebiet ausgehen, zu unterſuchen, wobei es gleichgültig iſt, wie ſich beides auf die Zahlungsbilanz dieſer Volkswirtſchaft ſelbſt auswirkt.

In dieſem Sinne muß alſo der genannten Ziffer von Kran 2 337 466 000.— der Welthandelsumſatz in der entſprechenden Periode gegenübergeſtellt werden. Dieſer betrug im Jahre 1929: 282,7 Milliarden RM[20]. Legt man die jahresdurchſchnittliche Steigerung in der Periode 1925/29 von 4,85% zugrunde, ſo errechnet ſich für das Jahr 1307, alſo für die Zeit vom 21. März 1928 bis 20. März 1929 ein Welthandelsumſatz von . . . RM 271 930 000 000.—
Davon Außenhandel Perſiens
Kran 2 337 466 000.— à RM —.425: RM 993 400 000.—
Dies entſpricht einem *prozentualen Anteil von 0,365%*.

Zieht man in Betracht, daß die Bevölkerung des Landes etwa 0,55—0,60% der Gesamtbevölkerung der Erde ausmacht, so ergibt sich, daß der Außenhandelsanteil pro Kopf bedeutend unter dem Weltdurchschnitt liegt. Interessant ist ein Vergleich mit anderen orientalischen Staaten, z. B.:

Türkei: Außenhandel 1928 T£ 397 069 000.—[21]
à RM 2,134 = RM 847 347 000.—
Also *0,314% des Welthandels,* bei einem Bevölkerungsanteil von 0,758% (13 648 000 Einwohner).

Irak: Außenhandel 1928/29 Rps 153 200 000.—[22]
à RM 1,530 = RM 229 800 000.—
Also *0,085% des Welthandels,* bei einem Bevölkerungsanteil von 0,157% (2 849 000 Einwohner)[23].

Sämtliche Außenhandelsziffern verstehen sich ausschließlich des Durchfuhrhandels. Da dieser in der Handelsstatistik des Syrischen Mandatsgebiets nicht voll ausgesondert ist, konnte dieses nicht in den Vergleich miteinbezogen werden. Ebenso mußte die arabische Halbinsel ausgelassen werden, da sie weder politisch noch wirtschaftlich eine Einheit darstellt und auch für die Teilgebiete keine zuverlässigen Außenhandelsziffern zur Verfügung stehen.

Man findet also, daß Persien vor der Krise nur eine geringe Rolle im Welthandel spielte, obwohl der Anteil von 0,365% nicht ganz vernachlässigt werden darf und sowohl absolut als auch pro Kopf der Bevölkerung immerhin größer ist als der seiner wichtigsten orientalischen Nachbarn, die allerdings als Transitländer größere Bedeutung haben. Dabei taucht die Frage auf, ob der Anteil Persiens zu diesem Zeitpunkt eine steigende oder fallende Tendenz hatte. Um dies zu prüfen, stelle ich die folgenden Jahre einander gegenüber:

1292 (1913/14) als letztes Vorkriegsjahr,
1304 (1925/26) als Beginn der Nachkriegskonjunktur,
1307 (1928/29) als Abschluß der Nachkriegskonjunktur[24].

		1292	1304	1307
Gesamtwelthandel	Mill. RM	171 680	268 516	271 929
Außenhandel Persiens	1000 Kran:	1 103 003	1 940 415	2 337 466
Krankurs (Jahresdurchschnitt)	RM	—.371	—.469	—.425
Außenhandel in 1000 RM:		409 215	910 048	993 423
Demnach Anteil am Welthandel:		0,239%	0,335%	0,365%

Hieraus ist ersichtlich, daß der Anteil Persiens am Welthandel steigende Tendenz hatte. Aber es darf daraus nicht gefolgert werden, daß es sich um eine gleichmäßige Ausdehnung des Warenverkehrs in beiden Richtungen gehandelt hat, daß etwa dieses Wachstum in ungefähr gleichem Umfange Persiens Stellung als Verkäufer seiner typischen Exportprodukte und als Käufer ausländischer Erzeugnisse betroffen hat. Vielmehr ist die ständige Erhöhung des prozentualen Anteils am Welthandel *einzig und allein auf die Exportsteigerung der Anglo-Persian Oil Co.* zurückzuführen, steht also nicht in Widerspruch zu dem, was oben über die Stagnation der eigentlichen persischen Volkswirtschaft gesagt wurde. Die folgende Aufstellung beweist diese Tatsache:

		1292	1304	1307
Ölausfuhr der APOC.	(in 1000 Kran)	14 770	544 800	1 037 606
Übrige Ausfuhr	(in 1000 Kran)	441 073	514 590	479 095
	In 1000 RM:	163 638	241 343	203 615
Einfuhr	(in 1000 Kran)	647 165	881 025	819 865
	In 1000 RM:	240 098	413 201	348 443

Es zeigt sich also, daß die Ausfuhr exkl. Erdöl in der Periode 1292—1304 stark hinter dem Wachstum des Welthandels (wertmäßig, in Goldwährung) zurückgeblieben ist und in der Zeit von 1304 bis 1307 sogar einen absoluten Rückgang, bei gleichzeitig weiter wachsendem Wert der Welthandelsumsätze, aufweist. Bei der Einfuhr ist zwischen 1292 und 1304 absolut und auch relativ zum Welthandel ein Anwachsen zu verzeichnen, dagegen 1304—07 auch hier ein absoluter und relativer Rückgang. Zwar ist bei diesem Ergebnis zu beachten, daß 1307 die nachteiligen Wirkungen der russischen Einfuhrsperre, die 1305 den Außenhandel stark zusammenschrumpfen ließen, noch nicht vollständig überwunden waren. Aber dies kann nur den empfindlichen *absoluten* Rückgang des Handelsvolumens in der zweiten der hier untersuchten Perioden erklären, spricht aber nicht dagegen, daß die alleinige Ursache der Steigerung des *prozentualen* Anteils Persiens am Welthandel die Absatzsteigerung der britischen Ölgesellschaft war.

Diese kurze Skizzierung der Dynamik des persischen Außenhandels schien mir für das Verständnis der Lage im Jahre 1307 wichtig. Ich gebe nun die Hauptposten der *Handelsbilanz* dieses Jahres, deren weitere Aufgliederung in den folgenden Abschnitten erfolgen wird:

Handelsbilanz 1307 (1928/29).

	1 Kran = RM —.425 (In 1000 Kran)	(In 1000 RM)
Wareneinfuhr	756 555	322 136
Einfuhr von Edelmetallen und Münzen	63 310	26 906
	819 865	348 442
Warenausfuhr (exkl. Öl)	477 289	202 848
Erdölausfuhr der APOC.	1 037 606	440 982
Ausfuhr von Edelmetallen und Münzen	2 706	1 150
	1 510 595	644 980

Die Aufstellung der Handelsbilanz eines Landes hat dreifache Bedeutung. Einmal bildet sie den wesentlichsten Bestandteil der Zahlungsbilanz und dient damit der Beurteilung der Kredit- und Währungssituation des betreffenden Landes. Daneben zeigt sie, durch die Trennung von Einfuhr und Ausfuhr, in welchem Umfange die Volkswirtschaft einerseits als Käufer, andererseits als Verkäufer von Waren auf dem Weltmarkt eine Rolle spielt, und schließlich ist durch eine weitere Unterteilung dieser Einfuhr- und Ausfuhrwerte ersichtlich, wie sich beide zusammensetzen und in welcher Weise sie sich auf die verschiedenen Bezugs- und Absatzländer verteilen. Im Folgenden wird nun die Handelsbilanz Persiens für das Jahr 1307 auf diese dreifache Weise ausgewertet, zunächst für die Zahlungsbilanz, wobei eine weitere Aufgliederung noch nicht notwendig ist.

2. Die Zahlungsbilanz im Jahre 1307.

Bei Untersuchung der Zahlungsbilanz Persiens im letzten Jahr der Nachkriegskonjunkturperiode ergibt sich die Notwendigkeit, in unwesentlichen Einzelheiten von der allgemein üblichen Methode bei der Gegenüberstellung der einzelnen Posten abzugehen. Wegen der Unzuverlässigkeit der zur Verfügung stehenden Ziffern ist es empfehlenswert, in mehreren Fällen an Stelle der Bruttobeträge auf der Aktiv- und Passivseite der Bilanz nur den jeweiligen Saldo einzusetzen, wodurch die unvermeidlichen Ungenauigkeiten weniger irreführend wirken und sogar die Wahrscheinlichkeit besteht, daß sie sich teilweise aufheben. Außerdem macht die Sonderstellung des größten Produzenten auf persischem Boden, der Anglo-Persian Oil Co., eine separate Aufstellung der mit ihrer Tätigkeit verbundenen Posten der Zahlungsbilanz notwendig.

Wichtiger als diese formalen Fragen ist die Schwierigkeit, überhaupt eine einigermaßen zuverlässige Bilanz zu konstruieren. Unter den 32 Ländern, die dem Völkerbund jährlich die ihrige zur Verfügung stellen (veröffentlicht im „Memorandum sur le Commerce et sur les Balances de Paiement“, Soc. d. Nations, Genf), ist Persien natürlich nicht vertreten. Was diese Aufgabe für Persien gegenüber anderen Ländern besonders schwierig macht, ist einerseits das Fehlen statistischen Materials außer der Zollstatistik, welche selbst keinen Anspruch auf Zuverlässigkeit erhebt, andererseits die schwankende Valuta gegenüber den Goldwährungsländern, die es verbietet, den sich herausstellenden Saldo ausschließlich auf die Ungenauigkeiten bei der Bewertung der einzelnen Posten zurückzuführen. Angesichts dieser Situation muß ich vor der Aufstellung der Bilanz zunächst das Grundsätzliche über die von mir angewandten Berechnungsmethoden sagen.

Die verfügbaren Quellen beschränken sich auf die in der Außenhandelsstatistik angegebenen Werte für Einfuhr und Ausfuhr, die Veränderung der öffentlichen Auslandsverschuldung und der in ausländischer Währung gehaltenen Regierungsreserve, sowie auf mehr oder weniger genaue Schätzungen der Kapitaleinfuhr, Ausgaben der diplomatischen Vertretungen, Dienstleistungen und des Passivsaldos im Reiseverkehr. Außerdem liegen ziemlich genaue Zahlen für die Wertbewegungen vor, die sich aus der Tätigkeit der Anglo-Persian Oil Co. für die persische Zahlungsbilanz ergeben. Bei diesen handelt es sich um folgende Posten: Die Ausfuhr von Erdölprodukten, die kein Aktivum der Zahlungsbilanz darstellt, muß von der Gesamtausfuhr abgezogen werden. Demgegenüber begründet aber auch die Einfuhr dieser Gesellschaft, die in der Statistik miterfaßt wird, keine Forderungen des Auslandes gegenüber der persischen Volkswirtschaft, ist also von der Gesamteinfuhr abzusetzen. Damit ist der auf die Ölförderung entfallende Teil des Außenhandels, der lediglich in den Konten der Zentrale des Konzerns in London abgerechnet wird, ausgeschaltet. Es bleiben dann aber diejenigen Devisenbeträge zu berücksichtigen, welche in Verbindung mit der Ölproduktion ins Land fließen. Dies sind in erster Linie die Ausgaben des Konzerns in Persien für inländische Waren und für Löhne und Gehälter, ferner (formell) die jährliche Konzessionsabgabe an die Regierung. Diese wurde zwar 1307 direkt auf das £-Konto der Regierung für die Goldwährungsreserve überwiesen, war also gleichzeitig Aktiv- und Passivposten. Der Vollständigkeit halber führe ich sie jedoch auf beiden Seiten der Bilanz gesondert auf. Daß bei dieser Methode die Neuinvestierungen der Anglo-Persian Oil Co., die den weitaus größten Teil der Kapitaleinfuhr ausmachten, nicht noch als solche berücksichtigt werden können, ergibt sich aus der Überlegung, daß sie bereits in der Einfuhr der Gesellschaft und ihren im Inland gemachten Ausgaben erfaßt worden sind. Schließlich erfordert die Tatsache, daß so die Ölgesellschaft in jeder Beziehung als ein außerhalb der persischen Volkswirtschaft stehendes Unternehmen behandelt werden mußte, daß ihr Absatz an Ölderivaten innerhalb Persiens als Passivposten eingesetzt wird.

Bei der Aufstellung der Zahlungsbilanz unter diesen Gesichtspunkten ergibt sich ein Passivsaldo von 145 Mill. Kran. In einem Jahr stabiler Währungslage hätte die tatsächliche Bilanz ausgeglichen sein müssen, und der Saldo wäre in voller Höhe der Ungenauigkeit bei den einzelnen Posten, insbesondere der statistisch erfaßten Ein- und Ausfuhr, zuzuschreiben. Man käme dann also der Wirklichkeit ziemlich nahe, wenn man diese 145 Mill. Kran als Ausfuhrsaldo des der statistischen Erhebung entgangenen Außenhandels einsetzen würde. Dies ist aber im vorliegenden Fall nicht möglich, weil sich die persische Valuta im Laufe des Jahres 1307 in fast gleichmäßiger Abwärtsbewegung um ca. 12% entwertete, und zwar bei fast stabilem Silberpreis auf dem Weltmarkt. (Die Währungsfragen werden an anderer Stelle, Teil II, A, noch ausführlich behandelt werden.) In diesem Zusammenhang sei nur erwähnt, daß der Außenwert des Kran bei Beginn des Jahres 1307 (April 1928) ca. 13% über Parität lag und bei Jahresschluß dieses Agio fast vollständig eingebüßt hatte. Diese Bewegung war nicht auf eine Metallarbitrage zurückzuführen, da die Prägung zwar formell frei, praktisch aber gesperrt war. Während ein weiteres Absinken des Kurses unter Parität bei einem erheblichen Disagio durch Ausfuhr von Silber verhindert worden wäre, bestand deshalb keine wirksame Verknüpfung mit dem Preis des Währungsmetalls, solange die Valuta noch ein Agio bewahrte. Die Kursbewegung war also dann den gleichen Gesetzen unterworfen wie diejenige einer reinen Papierwährung, d. h. das Abgleiten der Valuta bedeutete einen tatsächlichen Passivsaldo in der Zahlungsbilanz.

Es bleibt nun die Frage offen, wie der sich zunächst ergebende Saldo von 145 Mill. Kran aufzuteilen ist, d. h. wieviel davon als Ursache der Währungsentwertung als solcher stehen bleibt, während der Rest dann als Ausfuhrsaldo des statistisch nicht erfaßten Außenhandels einzusetzen ist. Einen Anhaltspunkt gibt die Tatsache, daß die Verknappung der Devisen hauptsächlich auf die Ansprüche der Regierung zurückzuführen war, welche die Einkünfte aus dem Zucker- und Teemonopol in Höhe von 64,3 Mill. Kran, welche der Finanzierung des Bahnbaus dienen sollten, ohne Rücksicht auf die Devisenbilanz in ausländische Währung umwandelte. Es dürfte deshalb ungefähr den Tatsachen entsprechen, wenn ich diesen Betrag als den für die Kranentwertung verantwortlichen tatsächlichen Passivsaldo einsetze. Es verbleibt dann ein Rest von 80,7 Mill. Kran für die Korrektur der Außenhandelsziffern als der Hauptfehlerquelle des statistischen Materials. Auf diesem Wege bin ich zu dem folgenden Ergebnis gekommen:

Zahlungsbilanz für das Jahr 1307 (21. III. 1928 — 20. III. 1929).

A. *Aktiva:*		Mill. Kran
1. Statistisch erfaßte Warenausfuhr . . .	1 514,9	
Abzüglich Ölausfuhr der APOC. . .	1 037,6	477,3
2. Ausfuhr von Edelmetall und Münzen		2,7
3. Ausfuhrsaldo der statistisch nicht erfaßten Außenhandelswerte		80,7
4. Kapitaleinfuhr durch ausländische Unternehmungen[25]		15,0
5. Verminderung der Bahnbau-Devisenreserve[26] . . .		52,1
6. Geldsendungen aus dem Ausland[27]		15,0
7. Ausgaben der ausländ. diplomatischen Vertretungen		10,0
8. Ausgaben der Anglo-Persian Oil Co. in Persien[28] . .		75,0
9. Konzessionszahlung der Anglo-Persian Oil Co. für das Jahr 1306		28,9
10. Passiv-Saldo		64,3
		821,0

B. *Paſſiva:*

			Mill. Kran
1.	Statiſtiſch erfaßte Wareneinfuhr . . .	756,6	
	Abzüglich Einfuhr der APOC.[29] . .	80,0	676,6
2.	Einfuhr von Edelmetall und Münzen		63,3
3.	Dienſtleiſtungen		5,0
4.	Paſſivſaldo im Reiſeverkehr		3,0
5.	Anleihetilgung (vergl. S. 23, Anm. 5)		3,3
6.	Zinſen und transferierte Kapitalerträge (Saldo) . .		2,9
7.	Ausgaben der diplomatiſchen Vertretungen und der Studierenden im Ausland		13,0
8.	Abſatz der Anglo-Persian Oil Co. in Perſien[30] . . .		25,0
9.	Deponierung der Konzeſſionsabgabe der Anglo-Persian Oil Co. in London		28,9
			821,0

Hierzu müſſen noch einige Erläuterungen gegeben werden. Im allgemeinen iſt eine Korrektur der Außenhandelsſtatiſtik eines Landes auf der Paſſivſeite der Zahlungsbilanz notwendig, während es bei Perſien umgekehrt der Fall iſt. Dies erklärt ſich daraus, daß zwar auch ein ſehr bedeutender Teil der Einfuhr der Zollkontrolle entgeht, daß aber auch bei der Ausfuhr zahlreiche Erſchwerungen einen umfangreichen Schmuggel ins Leben gerufen haben, der wahrſcheinlich die illegitime Einfuhr noch an Umfang übertrifft. Dabei handelt es ſich teilweiſe um ausfuhrverbotene Waren, teils um ſolche mit einer fühlbaren Ausfuhrbelaſtung, wie z. B. Opium, Vieh etc. Noch wichtiger iſt aber die Tatſache, daß die Wertdeklarationen für die Zollſtatiſtik ein falſches Bild ergeben. Während es ſich bei der Mehrzahl der Importe um feſt beſtellte Waren handelt, deren Wert auf Grund der Faktura des ausländiſchen Lieferanten deklariert wird, handelt es ſich bei einem großen Teil der Ausfuhr um Sendungen, die durch einen Kommiſſionär im Beſtimmungshafen verkauft werden ſollen, deren Erlöſe alſo noch nicht feſtſtehen. Deshalb baſieren die Wertdeklarationen für die Ausfuhr teilweiſe auf den Selbſtkoſten des Exporteurs, ohne ſeinen erſt ſpäter entſtehenden Gewinn einzuſchließen, oder ſie werden ſogar noch niedriger deklariert, beſonders in den Fällen, wo Ausfuhrzölle ad valorem erhoben werden.

Bei dem Poſten A, 5 „Verminderung der Bahnbau-Deviſenreſerve" handelt es ſich um den teilweiſen Abbau des für dieſen Zweck beſtimmten £-Guthabens der Regierung durch Überweiſungen an das Deutſch-Amerikaniſche Bauſyndikat. Es ſtellt alſo die Rückziehung einer Auslandskapitalanlage zur Bezahlung von Einfuhren und Dienſtleiſtungen dar und damit ein Aktivum in der Zahlungsbilanz, allerdings nur ſoweit ſie die dem gleichen Konto zufließenden Einnahmen aus der Zucker- und Teebeſteuerung überſteigt:

Überweiſungen an das Syndikat	Kran 116,4 Mill.
Ertrag der Monopolſteuer	Kran 64,3 Mill.
	Kran 52,1 Mill.

Die Einfuhr von Silbermünzen und Edelmetall in Höhe von 63,3 Mill. Kran ſcheint zu der Annahme zu berechtigen, daß doch eine wenigſtens teilweiſe Metallarbitrage zu der Beſeitigung des Währungsagios beigetragen hat. Dieſer Betrag ſetzt ſich aber zu 96% aus Silbermünzen zuſammen, die die Regierung in Birmingham und Leningrad hatte prägen laſſen, als Erſatz der aus dem Verkehr gezogenen, zahlreichen ſchadhaften Geldſtücke.

Der Betrag von 5 Mill. Kran für Dienſtleiſtungen des Auslandes erſcheint ſehr niedrig. Es wurde aber bereits oben (S. 33) darauf hingewieſen, daß die Transport- und Verſicherungsleiſtungen außerhalb der Landesgrenzen keine zuſätzlichen Zahlungsverpflichtungen gegenüber dem Ausland begründen.

3. Die Struktur der Ausfuhr.

Die Aufgliederung der Ausfuhr eines Landes und die Gegenüberſtellung der Mengen und Wertſummen der einzelnen Ausfuhrprodukte kann nur dann zur Erkenntnis der weltwirtſchaftlichen Stellung der betreffenden Volkswirtſchaft beitragen, wenn dadurch zweierlei erſichtlich wird:

1. wie ſich die Ausfuhr auf die drei Warenklaſſen Rohſtoffe, Lebens- und Genußmittel und Fertigwaren verteilt, und welche charakteriſtiſche Stellung im Welthandel ſich danach für das Land ergibt;
2. welche Bedeutung die einzelnen Exportgüter im Verhältnis zu den Geſamtumſätzen im internationalen Warenaustauſch einnehmen.

Zur Beantwortung der erſten Frage ſoll hier die *perſiſche Ausfuhr im Jahre 1307* folgendermaßen aufgeteilt werden:

A. *Rohſtoffe*	Mill. Kran	
1. Erdöl und -derivate	1037,61	
2. Eiſenoxyd	0,85	
3. Türkiſe und andere Edelſteine	0,60	
4. Sonſtige Mineralien	0,07	
Mineraliſche Rohſtoffe:	1039,13	
= $68^1/_2$% der Geſamtwarenausfuhr		
5. Baumwolle	52,68	52,68
6. Gummitragant	15,85	
7. Andere Gummiarten	2,53	
8. Drogen und Pflanzenfarbſtoffe	3,14	
9. Hanf	1,35	
10. Sonſtige vegetabiliſche Rohſtoffe	2,05	
Vegetabiliſche Rohſtoffe:	77,60	
= $5^1/_8$% der Geſamtwarenausfuhr		

		Mill. Kran	
11.	Wolle	15,62	15,62
12.	Häute und Felle (exkl. Lammfelle)	14,40	
13.	Lammfelle	7,21	
14.	Pelze	5,74	
15.	Schafdärme	12,36	
16.	Seidenkokons	9,15	9,15
17.	Rohseide	2,85	2,85
18.	Ziegen- und Pferdehaare	2,29	
19.	Seidenabfälle	0,55	
	Animalische Rohstoffe:	70,17	
	= $4^{5}/_{8}$% der Gesamtwarenausfuhr		
	Textil-Rohstoffe:		80,85

B. *Lebens- und Genußmittel*

1.	Opium	65,04
2.	Reis	28,86
3.	Andere Getreidearten	0,82
4.	Mandeln	15,28
5.	Rosinen	13,84
6.	Pistazien, Nüsse	2,51
7.	Andere frische und getrocknete Früchte	17,99
8.	Tabak	2,62
9.	Gewürze	0,99
10.	Sonstige vegetabil. Lebens- und Genußmittel	0,82
	Vegetabilische Lebens- und Genußmittel:	148,77
	= $9^{3}/_{4}$% der Gesamtwarenausfuhr	
11.	Fische	3,80
12.	Kaviar	1,65
13.	Eier, Butter u. andere Veredelungsprodukte	0,24
	Animalische Lebens- und Genußmittel:	5,69
	= $^{3}/_{8}$% der Gesamtwarenausfuhr	

C. *Fertigwaren*

1.	Wollteppiche	159,35
2.	Seidenteppiche	0,09
3.	Kleidungsstücke	2,29
4.	Seidengewebe	1,83
5.	Sonstige Gewebe, Stickereien etc.	2,67
6.	Schmuck, kunstgewerbliche Gegenstände	2,33
7.	Sonstige Fertigwaren	0,28
	Fertigwaren:	168,84
	= $11^{1}/_{8}$% der Gesamtwarenausfuhr	

Von der Warenausfuhr Perſiens entfielen alſo:

auf Rohſtoffe	$78^1/_4$%	(1186,90 Mill. Kran)
auf Lebens- und Genußmittel .	$10^1/_8$%	(154,46 Mill. Kran)
auf Fertigwaren	$11^1/_8$%	(168,84 Mill. Kran)

Die reſtlichen $^1/_2$% (4,7 Mill. Kran) ſetzen ſich aus verſchiedenen kleinen Poſten zuſammen, die hier nicht eingeordnet werden konnten, darunter „Lebende Tiere“ mit 2,56 Mill., Tranſitwaren (Maſchinen) und Reexporte. Der allerdings nicht ſehr umfangreiche Tranſit aus Afghaniſtan iſt zum großen Teil in den obigen, der perſiſchen Außenhandelsſtatiſtik entnommenen Ziffern enthalten, kann jedoch nicht eine merkliche Verſchiebung in der Zuſammenſetzung der Ausfuhr bewirkt haben, da diejenige Afghaniſtans, abgeſehen vom Erdöl, der perſiſchen ſehr ähnlich iſt. Eine dadurch verurſachte Veränderung der abſoluten Ausfuhrgröße iſt aber erſt recht ohne Bedeutung, da die Ziffern der Außenhandelsſtatiſtik, wie bereits betont wurde, nur einen Teil der Ausfuhr erfaſſen und auch dafür nicht die tatſächlichen Werte angeben. Die Schätzungen des Schmuggels gehen ſtark auseinander. Sie bewegen ſich zwiſchen 15% und 45% der Ausfuhr bezw. der Einfuhr, ſo daß ich hier darauf verzichten muß, irgendwelche Anhaltspunkte für die Korrektur meiner aus der Statiſtik entnommenen Zahlen zu geben.

Mit der obigen Aufteilung der perſiſchen Ausfuhr im letzten Jahr vor der Kriſe iſt das Typiſche der Stellung des Landes als Anbieter auf dem Weltmarkt deutlich herausgeſtellt, das Übergewicht der Rohſtoffausfuhr und die Rolle der beiden anderen Warenklaſſen. Gleichzeitig wird erſichtlich, wie ſtark dabei einzelne Produkte in den Vordergrund treten: bei den Rohſtoffen das Erdöl und ſeine Derivate, die Textilrohſtoffe und der Gummitragant, bei den Lebens- und Genußmitteln das Opium und die Erzeugniſſe des Obſtbaus, und bei den Fertigwaren die Wollteppiche. Eine weitere Unterſuchung muß ſich alſo vor allem mit dieſen Waren beſchäftigen.

4. Die Hauptausfuhrprodukte.

a) Das Erdöl.

Die bis jetzt bekannten Mineralölvorkommen in Perſien verteilen ſich auf drei getrennte Gebiete:

1. die nördliche Zone, die ſich von Aſerbeidjan aus über die Küſtenprovinzen am Kaſpiſchen Meer erſtreckt;
2. der nördliche Teil der innerperſiſchen Hochebene zwiſchen Semnan und Charud;
3. die ſüdliche Zone, von der irakiſchen Grenze bei Khanekin in ſüdöſtlicher Richtung am Rand des Bakhtiarengebirges entlang zum Perſiſchen Golf laufend.

Eine Förderung des Öls findet nur in dem zuletzt genannten Gebiet statt, das durch seine Lage in der Nähe des Golfs besonders begünstigt ist. Die Anglo-Persian Oil Co. hat dort das ausschließliche Recht der Ausbeute auf Grund der am 28. V. 1901 an den Australier Knox d'Arcy erteilten Konzession. Die Bedingungen dieses Vertrages, der für die Dauer von 60 Jahren abgeschlossen wurde, zeigen, wie wenig Einfluß die inzwischen erfolgte starke Ausdehnung der Produktion auf die eigentliche persische Volkswirtschaft haben konnte, und seien deshalb hier kurz wiedergegeben[31]:

Bis 1961 beiderseitig unkündbare Konzession für die Ausbeute von Erdöl, Asphalt, Erdgas und Ozokerit in allen Teilen Persiens mit Ausnahme der Provinzen Gilan, Masanderan, Astarabad, Khorassan und Aserbeidjan. — Besondere Privilegien: Steuerfreiheit, Zollfreiheit für die Einfuhr von Produktionsmitteln, Zoll- und Abgabenfreiheit für die gesamte Ausfuhr, kostenloser Erwerb des erforderlichen Bodens für alle Anlagen, soweit es sich nicht um Kulturland handelt. Bei letzterem Ankaufsrecht gegen „angemessene" Entschädigung des Eigentümers.

Die Gegenleistungen der Ölgesellschaft an den persischen Staat beschränken sich auf: Einmalige Zahlung von £ 20 000.— in bar und £ 20 000.— Stammaktien, 16% des jährlichen in der Bilanz ausgewiesenen Reingewinns als Konzessionsabgabe, sowie £ 1000.— p. a. Gehalt für den Vertreter der persischen Regierung.

Hieraus geht deutlich hervor, daß die persische Wirtschaft, der Staatshaushalt und die Devisenbilanz an der schnellen Entwicklung dieses Unternehmens weder durch entsprechende Zoll- und Steuereinnahmen, noch durch Grundstücksspekulationen profitieren konnten.

Über die Entwicklung der Produktion ist zu sagen, daß nach langen erfolglosen Probebohrungen erst kurz vor dem Weltkriege eine nennenswerte Ausbeute erzielt werden konnte, nach Entdeckung der Quellen bei Mesjed-i-Suleiman, in der Nähe von Schuster in Khusistan. Am 15. April 1909 wurde die Anglo-Persian Oil Co. mit einem Anfangskapital von £ 2 000 000.— gegründet, das mit Beteiligung der britischen Regierung, welche an der Versorgung der inzwischen auf Ölheizung umgestellten Kriegsflotte im Indischen Ozean interessiert war, mehrmals erhöht wurde. Parallel damit wurde die Ausbeute der Quellen, die eine außerordentliche Ergiebigkeit zeigten, gesteigert und die Errichtung der großen Raffinieranlagen in Abadan, dem Ausfuhrhafen der Gesellschaft, in Angriff genommen, welche 1930 ca. 75% der Gesamtförderung verarbeiteten.

Es ist hier nicht möglich, näher auf die Produktionsbedingungen einzugehen. Ich verweise auf die interessanten Ausführungen über die Verhältnisse im Jahre 1926 in dem Buche „In A Persian Oilfield" von J. W. Williamson und auf die Jahresberichte der Anglo-Persian Oil Co. selbst.

Für diese Untersuchung ist vor allem wichtig festzustellen, in welchem Verhältnis zur Weltproduktion sich die Ölförderung in Persien entwickelt hat und welchen Anteil sie bei Beginn der Weltkrise innehatte. Dies ist aus der folgenden Gegenüberstellung ersichtlich:

	Weltproduktion[32]	Davon in Persien[33]		In %
	(1000 tons)			
1913	53 380	234	(1292)	0,44
1920	99 175	1 744	(1299)	1,76
1921	107 401	2 327	(1300)	2,17
1922	119 862	2 959	(1301)	2,47
1923	141 540	3 714	(1302)	2,66
1924	141 258	4 334	(1303)	3,07
1925	148 288	4 556	(1304)	3,07
1926	152 158	4 800	(1305)	3,15
1927	174 414	5 300	(1306)	3,04
1928	183 487	5 400	(1307)	3,00

Da das Geschäftsjahr der Anglo-Persian Oil Co. und damit auch ihre Angaben über die Produktionshöhe bis zum Jahre 1306 die persische Kalendereinteilung benutzten, konnten nicht die gleichen Zeiträume verglichen werden. Es ist aber wohl kaum anzunehmen, daß diese Verschiebung um 2 Monate 20 Tage das Ergebnis der Gegenüberstellung merklich beeinflußt hat. Im Jahre 1928 ging die Gesellschaft dazu über, mit dem 31. Dezember abzuschließen, so daß für 1307 nur die Angabe für die Periode vom 21. III. 1928 bis zum 31. XII. 1928 vorliegt. Die obige Produktionsziffer für 1307 wurde deshalb durch Hinzufügung des auf die Zeit vom 1. I. 1929 bis 20. III. 1929 entfallenden Anteils der Gesamtförderung des Jahres 1929 errechnet.

Die Tabelle zeigt also, daß die Erdölproduktion in Persien seit der Vorkriegszeit ununterbrochen anstieg und daß dieses Wachstum bis zum Jahre 1924 die gleichzeitige Ausdehnung der Weltproduktion übertraf, so daß sich der persische Anteil in der Nachkriegskonjunkturperiode auf ca. 3% hielt, eine Ziffer, deren Bedeutung erst dann hervortritt, wenn man berücksichtigt, daß es sich um eine *reine Ausfuhrproduktion* handelt. (Der Selbstverbrauch Persiens an Rohöl und Raffinierprodukten macht nur ca. 1% der inländischen Erzeugung aus. Dazu kommt die Einfuhr aus Rußland, die im Jahre 1307 etwa 44 000 Tonnen brutto betrug.) Da von der Ölproduktion anderer Länder, vor allem der Vereinigten Staaten, ein großer Teil im Inland verbraucht wird, liegt also der Anteil Persiens am Erdöl*außenhandel* der Welt bedeutend höher.

Im Jahre 1307 war die Kapazität der Raffinerie in Abadan bereits so weit erhöht worden, daß der größte Teil der Produktion dort destilliert werden konnte. Das läßt die Struktur der Ausfuhr erkennen:

	Rohöl	Destillate
(1000 Tonnen)	1600	3450
Ausfuhrwert in Kran	190,4	847,2 Mill.

Der Absatz verteilte sich 1307 zur Hauptsache auf folgende Länder:

	1000 Tonnen	Mill. Kran
Brit. Weltreich, inkl. Ägypten, exkl. Indien	3958	678,4
Britisch-Indien	637	103,6
Frankreich	295	74,3
Deutschland	113	31,6

Der Rest im Werte von 149,7 Mill. Kran ging in die Nachbarstaaten sowie nach Spanien, Italien etc. Das Wichtigste an dieser Verteilung der persischen Ölausfuhr ist jedenfalls das Übergewicht des Britischen Weltreiches als Abnehmer. Dabei handelt es sich teils um Verschiffungen nach Großbritannien und Australien als Verbrauchsgebiete, teils um solche nach Ägypten, Singapore etc. als Verteilungszentren, von denen auch die britische Marine versorgt wurde.

b) Die Textilrohstoffe.

Wie aus den Angaben auf S. 65/66 hervorgeht, war Persien im Jahre 1307 mit einer Ausfuhr von 80,85 Mill. Kran an der Textilrohstoffversorgung der Welt beteiligt. Dieser Betrag ist gegenüber den Welthandelsumsätzen in dieser Warengruppe natürlich verschwindend gering, spielt aber für Persien selbst eine große Rolle. Es verhält sich also hierbei umgekehrt wie bei der Ölausfuhr, der für die Weltwirtschaft große Bedeutung zukommt, für Persien selbst jedoch in viel kleinerem Maße. Aus diesem Grunde, und weil es den Anschein hat, daß die Erzeugung dieser Waren in Persien in absehbarer Zeit eine beträchtliche Steigerung erfahren wird, muß hier das Notwendigste über die drei wichtigsten, Baumwolle, Wolle und Seide, gesagt werden.

Die Ausfuhr von *Baumwolle* von insgesamt 20 300 Tonnen, das sind 0,35% der Welternte 1928/29, die sich auf 25,6 Mill. Ballen belief[34], ging zu ca. 92% nach Rußland, die restlichen 8% nach Britisch-Indien, da sich die Exportproduktion zum größten Teil auf die nördlichen Bezirke konzentriert, vor allem auf die Provinz Masanderan am Kaspischen Meer und den nördlichen Teil Khorassans. Der Baumwollanbau im Innern des Landes und an der Südküste diente, soweit nicht nach Indien exportiert wurde, dem geringen inländischen Bedarf. Hier, ebenso wie in den Haupterzeugungsgebieten an der Nordgrenze, handelt es sich fast ausschließlich um eine ziemlich kurzstapelige Ware, die ungefähr der ostindischen Baumwolle entspricht. Allerdings war schon mehrmals versucht worden, langstapelige amerikanische Sorten einzuführen, vorläufig jedoch mit geringem Erfolg. Nach den bisherigen Ergebnissen ist dafür besonders die Provinz Khusistan im Südwesten des Landes geeignet, wo allerdings bis jetzt die Bewässerungsmöglichkeiten fehlen. Sollte das Projekt der Aufstauung des Karunflusses oberhalb von Ahwaz einmal verwirklicht werden, so wäre mit einer bedeutenden mengenmäßigen und qualitativen Steigerung der persischen Baumwollausfuhr zu rechnen.

Daß den Persern der Gedanke, das Schwergewicht der Baumwollproduktion nach dem Süden des Landes zu verlegen, sympathisch ist, erklärt sich aus der bisherigen Absatzsituation. Die oben genannten Hauptproduktionsgebiete waren vor der Krise und sind noch heute infolge der Inlandstransportkosten auf den Verkauf über die Nordgrenze angewiesen, d. h. auf den russischen Markt. Und schon die Bestimmung im persisch-russischen Handelsprovisorium vom 1. X. 1927 (vergl. oben, S. 54), daß für die Durchfuhr persischer Baumwolle durch die Sowjetunion keine Lizenzen erteilt wurden, läßt deutlich erkennen, daß es Rußland darauf ankam, seine verkehrsgeographisch bedingte Monopolstellung in der Baumwollausfuhr Persiens zu behaupten und soweit wie möglich auszunutzen. Das geschieht noch heute in der Form, daß praktisch die gesamte Exportproduktion von der 1923 gegründeten Sowjetgesellschaft Persokhlop kontrolliert wird, welche die Belieferung der Bauern mit Samen übernimmt, eine systematische Schädlingsbekämpfung eingeführt hat und in großen Entkörnungsanlagen die Ernte exportfähig macht. Die vorteilhaften Wirkungen dieser Organisation auf die persische Wirtschaft werden jedoch durch die niedrigen Preise illusorisch, zu denen die Ware mangels anderer Absatzmöglichkeiten verkauft werden muß. Nach der Statistik hatten die Lieferungen nach Rußland 1307 (6 329 000 Man) einen Wert von 50,795 Mill. Kran. Da die russische Gesellschaft selbst in Persien einkaufte, also kein Exporteurgewinn hinzuzurechnen ist, können die Wertdeklarationen als richtig angesehen werden. Die Umrechnung ergibt einen Preis von 6,13 d per lb, während die ostindische Baumwolle im Jahre 1928 in London durchschnittlich 7,72 d per lb erzielte[35]. Selbst wenn man die Fracht- und Versicherungskosten für die Verladung über Batum mit $^1/_2$ d per lb veranschlagt, bleibt eine Differenz von 1,09 d als Verlust, der der persischen Volkswirtschaft durch die Durchfuhrsperre Rußlands entstand bezw. noch heute entsteht.

Die zweite Position unter den von Persien exportierten Textilrohstoffen nimmt die *Wolle* mit einem Gesamtausfuhrwert von 15,62 Millionen Kran ein. Die Hauptproduktionsgebiete sind die von Nomaden und Halbnomaden bewohnten Gebirgsgegenden, auf die gleichzeitig der größte Anteil an der Ausfuhr der übrigen Schafzuchtprodukte (Häute, Felle, Därme) entfällt. Eine hervorragende Stellung nimmt die Provinz Khorassan ein, deren Wolle, wenigstens im Vergleich zu den übrigen persischen Sorten, von sehr guter Qualität ist. Allerdings soll auch diese in den letzten Jahren geringwertiger geworden sein.

Die Ausfuhr von 1,86 Mill. Man (ca. 5,52 Mill. kg) stellte etwa 35% der Produktion dar, welche auf 15 Mill. kg geschätzt wird[36]. Der Rest der Erzeugung verteilte sich auf die inländische Textilproduktion und vor allem auf die Teppichknüpferei, die allerdings nicht nur einheimische Garne verwendete, sondern speziell die feineren Nummern aus dem Ausland (Großbritannien) einführte.

Ähnlich wie bei der Baumwolle, wenn auch weniger kraß ausgeprägt, bestand auch für die Wollausfuhr eine verkehrsgeographische Abhängigkeit von dem russischen Markt, besonders für die Erzeugung Khorassans. Die Durchfuhr nach Europa wurde von Rußland zwar grundsätzlich gestattet, aber durch die hohe Frachtbelastung beim Bahntransport praktisch unmöglich gemacht. Die nachstehenden Ziffern zeigen, daß außer dem Export nach Rußland nur nach Britisch-Indien und dem Irak (Transit) verkauft wurde und daß keine *direkte* Durchfuhr nach Europa über Baku—Batum stattfand.

	Wollausfuhr 1307	Mill. Kran
Nach:	Rußland	12,17
	Britisch-Indien	3,22
	Irak	2,16
	Übrige Länder	0,07
		15,62

Von etwas geringerer Bedeutung ist die *Seide* als dritter Textilrohstoff in der Ausfuhr Persiens. Da aber auch sie, ebenso wie die Baumwolle, voraussichtlich in naher Zukunft eine größere Rolle spielen wird, muß hier kurz das Wichtigste über sie gesagt werden.

Die Seidenproduktion hatte bereits im Mittelalter in Persien eine hohe Blüte erreicht. Im Jahre 1227 nach Chr. soll sie auf 1 020 000 kg angestiegen sein, wovon ungefähr die Hälfte ausgeführt wurde[37]. Als sich jedoch in den 60er Jahren des vorigen Jahrhunderts die Seidenraupenkrankheit in Persien verbreitete und das Land versäumte, sie wirksam zu bekämpfen, erlitt die Erzeugung einen solchen Rückgang, daß sie jede Bedeutung für die Volkswirtschaft verlor. Erst seit 1890 konnte man eine Wiederbelebung feststellen, allerdings nicht in der alten Form der Eigenproduktion von Raupeneiern und der inländischen Verarbeitung. Anstatt dessen wurden seit dieser Zeit die Eier (grains) importiert und die Kokons zum größten Teil in das Ausland verkauft, um dort versponnen zu werden. Immerhin erreichte die Produktion vor dem Kriege wieder etwa 550 000 kg. Der Weltkrieg brachte dann eine Unterbindung der Raupeneiereinfuhr, auf die Persien jetzt angewiesen war, und damit einen erneuten scharfen Produktionsrückgang, der aber schon in den ersten Nachkriegsjahren wieder aufgeholt wurde, ohne daß sich allerdings die Struktur dieses Wirtschaftszweiges (Raupeneierimport, Kokonexport) wesentlich änderte.

Den Hauptanteil an der Erzeugung hat die Provinz Gilan am Kaspischen Meer. Dazu kommt die Zentralprovinz Jezd, die weniger für den Export als für den Eigenverbrauch (Seidenschals, -teppiche, Krawatten, Stickereien) wichtig ist. Da statistische Angaben über die Gesamtproduktion nicht existieren, kann nicht mit Sicherheit festgestellt werden, wieviel davon auf den Inlandsverbrauch entfällt, aber es besteht kein Zweifel, daß der größere Teil exportiert wird. Die Ausfuhr bezifferte sich nach der Statistik für 1307 auf:

	Menge kg	Wert Kran
Seidenkokons	609 000	9 152 000
Rohseide	56 000	2 854 000
Abfälle	58 000	547 000
	723 000	12 553 000

Dem sei die Weltproduktion im Jahre 1928 (ohne Eigenverbrauch Japans und Chinas) gegenübergestellt, die sich auf 49 185 000 Kilogramm belief, so daß also Persien nur mit 1,8% beteiligt war, wenn man seinen Selbstverbrauch mit ca. 30% der Ausfuhr veranschlagt, gegenüber Syrien mit 6,5% (1928: 3,2 Mill. kg)[38], Japan mit 68% (33,6 Mill. kg) und China mit 19% (9,22 Mill. kg)[39].

Abnehmer der persischen Seide waren 1307 hauptsächlich Italien und Rußland:

	Kokons (Mill. Kran)	Rohseide (Mill. Kran)
Italien	6,73	—
U. d. S.S.R.	2,24	2,58

Die Frage, wie Persien seine Stellung als Seidenproduzent wieder verbessern kann, ist gerade deswegen so wichtig, weil bei dieser Ware ähnlich wie beim Opium die sonst ausschlaggebenden Transportkosten kaum ins Gewicht fallen, so daß auch aus dem Haupterzeugungsgebiet Gilan die Ausfuhr nach allen Richtungen möglich ist und eine Abhängigkeit von der russischen Handelspolitik nicht besteht. Es wird allgemein zugegeben, daß nicht nur dort, sondern in fast allen Teilen des Landes die natürlichen Produktionsbedingungen außerordentlich günstig sind. Kazemi[40] regt an, die Maulbeerbäume zunächst als Nebenkultur zu pflanzen, und zwar an den Bewässerungsgräben, die die Gärten und Felder durchlaufen und für die sie zugleich als Schattenspender dienen würden. Um den volkswirtschaftlichen Nutzen zu erhöhen, wäre es gleichzeitig erforderlich, wieder mit eigener Raupeneierzucht zu beginnen und die Verspinnung wieder in größerem Umfange im Inland vorzunehmen, wozu die gegenwärtige Kapazität der Spinnereien in Rescht und Jezd allerdings nicht ausreicht. Alles dies ist vor allem von der Anleitung der persischen Bauern abhängig, angesichts der hohen Anforderungen, die diese Kultur an Sorgfalt und Sachkenntnis stellt, und wieweit man sich von Bemühungen der Regierung in dieser Richtung schnellen Erfolg verspricht, hängt von der persönlichen Beurteilung der dortigen Landbevölkerung in dieser Beziehung ab.

c) Gummitragant.

Mit dem in der Statistik angegebenen Ausfuhrwert von 15,85 Millionen Kran nimmt dieses Produkt eine nicht unwichtige Stellung in der persischen Rohstoffausfuhr ein. Besondere Bedeutung kommt ihm jedoch dadurch zu, daß es praktisch eine Monopolstellung auf dem Weltmarkt hat. Von einer Konkurrenz kann man höchstens bei dem indischen und japanischen Agar-Agar und dem türkischen Smyrna-Tragant sprechen, aber auch hier nur mit großen Einschränkungen. Bei der Bezeichnung „Syrischer Tragant", die noch immer anzutreffen ist, handelt es sich meist um persische Ware. Der Name erklärt sich daraus, daß sie früher teilweise über die syrischen Häfen nach Europa verschifft wurde.

Der persische Tragant ist eine harzähnliche Absonderung des wildwachsenden Astralagus, wird hauptsächlich von den Nomaden und Bauern in den Westprovinzen, ferner in Fars, Isfahan, Kirman, Hamadan und Aserbeidjan gesammelt und findet als Bindemittel für Pharmazeutika und Zuckerwaren Verwendung sowie, als Tragantwasser gelöst, in der Appretur und Kattundruckerei. Für die erstgenannten Zwecke kommen die guten, hellfarbigen Qualitäten in Betracht (sogen. Gol-Tragant), während die minderwertigen, gelblichbraunen Stücke als Textiltragant gehandelt werden. Beide Klassen werden selbst wiederum in mehrere Qualitäten je nach Farbe und Reinheit sortiert, wobei allerdings bisher noch keine Standards aufgestellt werden konnten. Hierfür besteht auch vorläufig keine Aussicht, solange die Sortierung nicht in Persien in wenigen Händen konzentriert wird. Die Preisrelation zwischen Gol-Tragant und Textiltragant ist im Durchschnitt ca. 4 : 1.

Der Absatz verteilte sich 1307 auf die folgenden Länder, wobei die Lieferungen nach dem Irak nur Transitware nach den europäischen Märkten darstellten:

Irak	4,24 Mill. Kran
Britisches Weltreich . . .	3,62 Mill. Kran
U. d. S.S.R.	3,40 Mill. Kran
Britisch-Indien	2,79 Mill. Kran
Deutschland	1,00 Mill. Kran
Vereinigte Staaten . . .	0,61 Mill. Kran

Die Ausfuhr nach dem Britischen Weltreich ging zu fast 100% nach Großbritannien, wobei zu berücksichtigen ist, daß London als Umschlagsplatz auch z. T. den kontinentalen Bedarf versorgte, der außerdem, direkt und über London, mit der über Bagdad gehenden Transitware gedeckt wurde, sowie mit einem Teil der nach Rußland gelieferten Mengen.

Bei den auf Seite 65 unter A, 7 aufgeführten „anderen Gummiarten“ mit einem Gesamtausfuhrwert von 2,53 Mill. Kran handelte es sich um den Basra- oder Schiras-Gummi und um Saracolla (persisch Enserut). Diese Sorten gingen 1307 hauptsächlich nach Britisch-Indien (1,92 Mill. Kran). Der Rest verteilte sich ziemlich gleichmäßig auf Deutschland, Großbritannien, Frankreich und die Vereinigten Staaten. Auch hierbei muß darauf hingewiesen werden, daß die in der Statistik angegebenen Bestimmungsländer nur teilweise die Verbrauchsländer waren. So wird ein großer Teil der Lieferungen nach Indien über Karachi nach Europa gelangt sein.

d) Opium.

Während die wichtigste Rohstoffausfuhr, die des Erdöls und seiner Derivate, in vollem Umfange von der Statistik erfaßt wird, handelt es sich bei dem in der Gruppe „Lebens- und Genußmittel“ an erster Stelle stehenden Opium um dasjenige persische Exportprodukt, welches in besonders starkem Maße der Kontrolle der Zollbehörden entgehen mag. Dies sowohl wegen seines hohen spezifischen Wertes, der den Schmuggel technisch erleichtert, als auch wegen der steuerlichen Belastung der Ausfuhr durch Monopolabgabe, Ausfuhrzoll und Straßensteuer, die den illegitimen Export sehr lohnend macht. Ich muß mich jedoch mit diesem Hinweis begnügen und im übrigen die Ziffern der Zollstatistik zugrundelegen, da es absolut unmöglich ist, die tatsächlich exportierten Mengen auch nur annähernd abzuschätzen.

Die Mohnkultur fand in Persien bereits in der ersten Hälfte des 19. Jahrhunderts Verbreitung und diente zunächst der Deckung des schnell wachsenden inländischen Opiumkonsums. Jedoch wurden schon 1853 die ersten Auslandslieferungen gemacht, und besonders seit dem Rückgang der Seidenzucht im Jahre 1865 erfuhr der Mohnanbau eine starke Ausdehnung und wurde bald eine der wichtigsten Exportkulturen des Landes. Im Jahre 1928 war der Inlandsverbrauch bereits wieder stark zurückgegangen. Von persischer Seite wird behauptet, daß er für die jüngere Generation kaum noch eine Rolle spielt und der Anteil der Opiumraucher an der erwachsenen Bevölkerung Persiens nur noch etwa 5 % beträgt. Um so größer war aber die Bedeutung für die Ausfuhr geworden, wie die bereits oben (S. 66) genannte Ziffer der Ausfuhrstatistik (65,04 Mill. Kran) beweist. Für die Ausdehnung des Mohnanbaus, der sich über einen großen Teil des Landes erstreckt und besonders in den Provinzen Fars, Isfahan, Kaschan, Hamadan und Kermanschah eine hervorragende Stellung einnimmt, waren verschiedene Gründe bestimmend. Zunächst stellt diese Kultur nur geringe Anforderungen an Bewässerung und landwirtschaftliche Technik. Außerdem sind die klimatischen und Bodenverhältniſſe im perſiſchen Hochland hervorragend für dieſe Pflanze geeignet, und ſchließlich hat die Koſtſpieligkeit des Inlandstransports, die bei ſo vielen anderen Produkten einer techniſch möglichen Überſchußerzeugung hindernd im Wege ſteht, gerade bei Opium keinen nennenswerten Einfluß haben können, da ſeine Hochwertigkeit den Export auch aus den entlegenſten Gebieten rentabel bleiben läßt. Dies zeigt ſich, wenn man der ſtatiſtiſch erfaßten Ausfuhrmenge von 160 700 Man (480 000 kg) den Geſamtwert von 65,4 Mill. Kran gegenüberſtellt. Selbſt bei Transportkoſten von durchſchnittlich RM 300.— per Tonne bis zum Verſchiffungshafen würden dieſe nur 0,42% des Warenwertes ausmachen.

Alle dieſe Gründe haben bisher verhindert, daß eine planmäßige Einſchränkung der Erzeugung und der techniſch leicht mögliche Anbau von Erſatzpflanzen wie Tee, Baumwolle, Weizen etc. durchgeführt wurde, obwohl Perſien den Bemühungen des Völkerbundes um eine allgemeine Produktionsreſtriktion keinen prinzipiellen Widerſtand entgegenſetzt. Es nahm am 4. März 1927 die Vorſchläge der Studienkommiſſion des Völkerbundes an, welche nach einer „periode de préparation“ von drei Jahren eine jährliche Verringerung der Anbaufläche um 10% vorſahen. Allerdings machte die Regierung dabei den Vorbehalt, daß nach Ablauf der genannten Friſt die Wirtſchaftslage Perſiens und die vorausſichtlichen Wirkungen einer ſolchen Erzeugungseinſchränkung nochmals geprüft werden ſollten. Die inzwiſchen eingetretene Wirtſchaftskriſe hat das Ergebnis einer ſolchen Prüfung vorweggenommen, und von einer Durchführung der Reſtriktionspläne iſt jetzt kaum noch die Rede. Wieweit die indirekten Auswirkungen der Monopolbeſteuerung (Opiummonopolgeſetz vom 17. VII. 1928, vergl. oben, S. 56) im Jahre 1307 und in den Kriſenjahren zu einer Reduzierung der Produktion geführt haben, läßt ſich nicht ermitteln. Die ſtatiſtiſch erfaßte Ausfuhr belief ſich auf:

1000 Man	Mill. Kran	
245,3	96,12	im Jahre 1305 (vorſorgliche Käufe Chinas wegen der Reſtriktionspläne des Völkerbundes)
118,1	43,27	im Jahre 1306 (ſchlechte Ernte und Aufſtände in Südperſien)
160,7	65,04	im Jahre 1307 (Opiummonopol ſeit Mitte des Jahres)
164,9	70,21	im Jahre 1308 (Mißernte in der Türkei, Exporte nach Europa)
125,5	49,13	im Jahre 1309 (keine Lagerbeſtände aus dem Vorjahr)

Abgeſehen von den erwähnten Sonderbedingungen in den einzelnen Jahren, laſſen dieſe Zahlen ſchon deswegen keine Schlußfolgerungen für die Wirkung des Monopols zu, weil der illegitime

Exporthandel nach dem Inkrafttreten des Geſetzes wahrſcheinlich ſtark angewachſen iſt. Auch iſt anzunehmen, daß von der Erzeugungseinſchränkung in Britiſch-Indien (ſeit 1927 um jährlich 10% der Anbaufläche) eine Gegenwirkung ausging.

Die Ausfuhr im Jahre 1307 beſtand ausſchließlich aus Raucheropium von ca. 8—12% Morphingehalt und ging in die oſtaſiatiſchen Verbrauchsländer, während der europäiſche Bedarf für mediziniſche Zwecke größtenteils von der Türkei gedeckt wurde, deſſen Produkt einen höheren Morphingehalt aufweiſt. Wie ſich die Ausfuhr Perſiens verteilte, iſt aus der Statiſtik des perſiſchen Außenhandels nicht erſichtlich, da died ort gemachten Angaben zu unzuverläſſig ſind, als daß ſie hier zugrundegelegt werden könnten. So ſollen z. B. nach Rußland 30 000 Man (89 000 kg) geliefert worden ſein, wobei es ſich wahrſcheinlich um Konſignationen an Händler in Wladiwoſtok handelte, die größtenteils in die Mandſchurei weiterverkauft wurden. Auch die Ziffer von 27 800 Man für China iſt irreführend, denn durch den Beitritt zur Opiumkonvention 1927 hat ſich Perſien verpflichtet, China nicht zu beliefern, ſo daß zwar eine Umgehung dieſes Verbots durch den Privathandel möglich bleibt, was jedoch nicht die offizielle Angabe in der Zollſtatiſtik erklärt. Aus dieſen Gründen beſchränke ich mich auf den Hinweis, daß im Berichtsjahr der geſamte Opiumexport Perſiens als Raucheropium nach Oſtaſien ging, wo ihm eine relativ hohe Bedeutung zukommt. Dies zeigen folgende Ziffern:

Raucheropiumkonſum in Oſtaſien (ohne China)	703 000 kg[41]
Ausfuhr Perſiens (laut Statiſtik)	477 300 kg

In der obigen Konſumziffer iſt auch die von der Völkerbundskommiſſion geſchätzte Schmuggeleinfuhr enthalten. Hongkong, Macao und die japaniſche Zone in der Mandſchurei wurden miteinbezogen, während China nicht berückſichtigt werden konnte, da zuverläſſige Angaben fehlen.

e) Die Obſtausfuhr.

Das nächſtwichtigſte Ausfuhrprodukt in der Gruppe Lebens- und Genußmittel ſind die friſchen und getrockneten Früchte, die im Jahre 1307 einen Ausfuhrwert von insgeſamt 49,62 Mill. Kran hatten. Dies kennzeichnet jedoch noch nicht ihre volkswirtſchaftliche Bedeutung, da der Hauptteil der Produktion im Inland verbraucht wird und in vielen Landſtrichen das wichtigſte Nahrungsmittel für die Bauernbevölkerung darſtellt.

Die Ausfuhr ſetzt ſich in erſter Linie aus Mandeln, Roſinen, Piſtazien und anderen Nüſſen, getrockneten Aprikoſen und deren Kernen ſowie friſchen Früchten (Datteln, Feigen, Melonen, Orangen) zuſammen. Der Anteil der erſtgenannten Obſtſorten beträgt ca. 65%

(Einzelzahlen s. oben, S. 66). Von einer lokalen Konzentration des Anbaus kann man nicht sprechen, da die Obstgärten ein selbstverständlicher Bestandteil fast aller landwirtschaftlichen Grundstücke sind. Nur die klimatischen Unterschiede bedingen eine Differenzierung der einzelnen Sorten, und vor allem beeinflussen die Transportverhältnisse die Möglichkeiten einer Exportüberschußproduktion bei dieser besonders frachtempfindlichen Warengattung. Der Export ist allerdings außerdem von der qualitativen Nachfrage in den Absatzländern abhängig, weil gerade hier die primitiven Erzeugungsmethoden den Verkauf nach Ländern mit hohen Qualitätsansprüchen erschweren, was vor allem bei den Rosinen deutlich in Erscheinung tritt. Schlechte Sortenauslese, unvorteilhafte Trocknungsmethoden und mangelhafte Verpackung ließen die persischen Rosinen nur schwer auf den mittel- und westeuropäischen Märkten Eingang finden, wo die vorbildlichen Lieferungen aus Kalifornien trotz ihrer höheren Preise stets bevorzugt werden. Während diese, ebenso wie die Exporte aus Griechenland und der Türkei (Smyrna), in verkaufsfertigem Zustand in Europa ankommen, müssen die persischen Lieferungen im Ankunftshafen zunächst maschinell gereinigt, entstielt und neu verpackt werden, wobei oft ein Teil, der durch zu starke Pressung verzuckert ist, verlorengeht. Die nachstehende Verteilung der Rosinenausfuhr im Jahre 1307 ist hauptsächlich auf diese Gründe zurückzuführen, ein weiteres Beispiel für die Tatsache, die in dieser Untersuchung immer wieder betont werden muß, nämlich daß *die Struktur der weltwirtschaftlichen Verflechtung Persiens weniger durch die natürlichen Vorbedingungen bestimmt wird, als vielmehr, neben den historischen und handelspolitischen Gegebenheiten, auf die unökonomische, traditionsgebundene Einstellung seiner Bevölkerung in ihrer ganzen wirtschaftlichen Tätigkeit.*

Absatzrichtung der persischen Obstausfuhr
(Ausfuhrwerte in Mill. Kran)

	Mandeln	Rosinen	Sonstige Obstsorten
U. d. S.S.R.	1,84	13,00	7,27
Brit. Weltreich (ohne Indien)	0,67	—	1,32
Britisch-Indien	5,50	0,55	8,33*
Deutschland	0,67	0,02	0,10

*) davon Datteln 6,97

Von der restlichen Obstausfuhr ging der größte Teil nach dem Irak (Durchfuhr über Bagdad—Basra nach Europa), daneben unbedeutende Mengen nach verschiedenen anderen Ländern.

Da die beschriebenen Mängel, die bei dem Rosinenexport besonders kraß in Erscheinung treten (die Preisrelation zwischen persischen und Smyrna-Rosinen ist durchschnittlich etwa 3 : 5), bei den Mandeln eine weniger große Rolle spielen, gingen diese zu einem etwas größeren Teil nach Europa (hauptsächlich Hamburg und London). Trotzdem erzielten ſie im Durchſchnitt 7—8% niedrigere Preiſe als ihre Hauptkonkurrenz, die ſizilianiſchen Mandeln, obwohl die perſiſche Qualität an ſich beſſer iſt. Die Preisdifferenz iſt hauptſächlich auf die geringere Sauberkeit und weniger ſorgfältige Ausſortierung der bitteren Mandeln zurückzuführen. Es iſt bemerkenswert, daß dieſes Produkt, das vorwiegend aus Südperſien kommt, zum weitaus größten Teil nach Britiſch-Indien geht und dem italieniſchen Erzeugnis oft in Europa das Feld überläßt, wenn die indiſche Nachfrage genügend Abſatzmöglichkeiten bietet.

Bei der Obſtausfuhr und bei vielen anderen perſiſchen Exportgütern zeigt ſich die Schwierigkeit, die Angaben der Statiſtik zu korrigieren und die wirklichen Verbrauchsländer derjenigen Lieferungen feſtzuſtellen, die von Hamburg, London, Bagdad oder Konſtantinopel aus weiterverkauft wurden oder, bei Optionsverſchiffungen, dieſe Häfen nie erreichten. Dies betrifft auch in großem Umfang die für Rußland deklarierten Exporte, welche von den Sowjetorganiſationen nur teilweiſe für den inländiſchen Verbrauch gekauft wurden, im übrigen unter maximaler Ausnutzung des Frachtſchutzes mit guten Gewinnen nach Mitteleuropa reexportiert wurden. Durch hohe Frachttarife und ſonſtige Erſchwerungen konnten ſie die perſiſchen Exporteure im Norden des Landes trotz des Abkommens vom 1. X. 1927 leicht an der direkten Durchfuhr über Batum hindern und ſo dazu zwingen, die Ware zu einem verbilligten Preiſe anzubieten, der nur wenig über demjenigen lag, den man bei eigener Ausfuhr auf dem koſtſpieligen Wege über Trapezunt erzielt hätte.

So wenig alſo die perſiſche Außenhandelsſtatiſtik ein wahrheitsgetreues Bild von der Abſatzrichtung vieler Erzeugniſſe gibt, muß doch dieſer Hinweis genügen, da zuverläſſige Zahlen über die Durchfuhrlieferungen nicht zu ermitteln ſind. In beſonders kraſſen Fällen wird immer wieder im einzelnen darauf aufmerkſam gemacht werden.

f) Wollteppiche.

Aus der Zuſammenſtellung auf S. 66 ging hervor, daß die Wollteppiche mit einem Ausfuhrwert von 159,35 Mill. Kran im Jahre 1307 nächſt dem Mineralöl die wichtigſte Exportware Perſiens darſtellten und zugleich das einzige nennenswerte Fertigfabrikat, das das Land für den Weltmarkt lieferte. Dieſe Tatſache, daß ein ausgeſprochenes Agrar- und Rohſtoffland mit dieſer einen Fertigware eine hervorragende Stellung im Welthandel einnehmen konnte, läßt ſich, wie bereits in der Einleitung betont wurde, nur durch die beſonderen Grundlagen ſeiner Konkurrenzfähigkeit erklären. Dieſe ſind zwar auf der einen Seite die ungewöhnlich niedrigen Arbeitslöhne (vorwiegend Frauen- und Kinderarbeit), die wegen der arbeitsintenſiven Produktionsweiſe für die Herſtellungskoſten ausſchlaggebend ſind, aber andererſeits beruht die Weltgeltung der perſiſchen Teppiche auf einem zweiten, zahlenmäßig nicht faßbaren Moment, der Tradition. Unter dieſem Wort iſt zweierlei zu verſtehen: einmal die traditionellen Erzeugungsmethoden der Perſer ſelbſt, die für eine gewiſſe, nur ſchwer nachzuahmende Eigenart der Produkte ſorgen und in bezug auf Geſchmack und Qualität im allgemeinen ein hohes Niveau verbürgen, und ferner die traditionelle Einſtellung der ausländiſchen Käufer, bei denen die Bezeichnung „Echter Perſerteppich“ oft genügt, ſie auf jede Kritik an Preis, Qualität oder Deſſin verzichten zu laſſen.

Dieſe menſchlich verſtändliche Schwäche europäiſcher und amerikaniſcher Käuferſchichten hat ihre Urſache in der tatſächlichen Führerſtellung in jeder Beziehung, die Perſien *früher* in dieſem Produktionszweig innehatte. Und ſie war es vor allem, die eine ſtändige Steigerung der perſiſchen Ausfuhr ermöglichte, obwohl die *durchſchnittliche* Qualität nach dem Kriege Jahr für Jahr ſchlechter wurde.

Dieſe Qualitätsverſchlechterung, die ſich ſchon vor dem Kriege bemerkbar machte, iſt hauptſächlich auf folgende Gründe zurückzuführen. In früheren Zeiten war die Teppichknüpferei in Perſien keine Produktion für den Markt, ſondern eine kunſtgewerbliche Nebenbeſchäftigung geweſen. Der größte Teil der Erzeugung war für den Eigenbedarf beſtimmt. Der ſelbſtgefertigte Teppich war meiſt der einzige Ausſtattungsgegenſtand, den die Bauern- und Nomadentöchter in die Ehe mitbrachten und an denen ſie oft jahrelang mit künſtleriſchem Ehrgeiz und auch mit bewundernswerten künſtleriſchen Fähigkeiten arbeiteten. Dies änderte ſich jedoch, ſobald der internationale Teppichhandel begann, ſyſtematiſch in Perſien aufzukaufen und zugleich einen Teil der Produktion zu organiſieren, teils durch bloße Materiallieferungen und Auftragsvergebung an die Heiminduſtrie (Verlagsſyſtem), teils in Form eigener mittelgroßer Werkſtätten, die hauptſächlich von engliſchen und amerikaniſchen Geſellſchaften eingerichtet wurden. Dies brachte inſofern eine grundſätzliche Wandlung mit ſich, als von da an zum erſten Male die Herſtellungskoſten kalkuliert wurden und gleich die Befriedigung eines Maſſenbedarfs den künſtleriſchen Ehrgeiz der Erzeuger, die ſich jetzt nach der Nachfrage zu richten hatten, ſtark beeinträchtigte. Vor allem führte die erſt jetzt auftretende Frage der Rentabilität zu einer Tendenz zur Koſtenſenkung, welche es vorteilhaft erſcheinen ließ, die deutſchen ſynthetiſchen Farben an Stelle der natürlichen Pflanzenfarbſtoffe zu verwenden, obwohl die erſteren meiſt nicht ſachgemäß benutzt wurden und ſo zu einer Verſchlechterung der Farbqualität führten, die mit ihrer Verwendung nicht immer notwendig verbunden wäre.

Dieſe Entwicklung hätte vermieden werden können, wenn ihr nicht eine weitere Urſache Vorſchub geleiſtet hätte, die Geſtaltung der Nachfrage. Während dieſe früher vorwiegend von Käuferſchichten ausging, denen es nicht nur darauf ankam, einen „echten Perſer“ zu beſitzen, ſondern die auch entſprechend hohe Qualitätsanſprüche hatten, führten die Kaufkraftſteigerung breiter Schichten in den Vereinigten Staaten und die Vermögensumſchichtung in Europa infolge des Weltkrieges und der Zerrüttung der Währungen zu einer Strukturwandlung der Nachfrage, die so weit ging, daß sie den persischen Erzeugern oft die Muster und Farben nach eigenem, nicht immer einwandfreiem Geschmack vorschrieb und so den Teppichen jede Originalität genommen wurde.

Man hatte in Persien die Gefahren dieser Entwicklung nicht verkannt, aber die Gegenmaßnahmen haben sie doch nicht aufhalten können, weil das volkswirtschaftliche Interesse eine gewisse Anpassung dieser lebenswichtigen Ausfuhrproduktion an die veränderte Nachfragestruktur erforderte, auch wenn dadurch auf lange Sicht das Hauptaktivum in den Absatzmöglichkeiten, der alte Ruf als Qualitätsprodukt, gefährdet wurde. Was von seiten der Regierung geschah, beschränkte sich vor allem auf eine Behinderung der Verwendung synthetischer Farbstoffe. Zwar war bereits 1911 das anfänglich für diese erlassene Einfuhrverbot aufgehoben worden, jedoch nur für die offiziell als echt anerkannten Sorten, die auf einer besonderen Liste der Zollverwaltung standen. Außerdem wurde die Ausfuhr anilingefärbter Teppiche mit einem Zoll von 12% ad. val. belastet, was tatsächlich dazu beigetragen hat, daß wieder in stärkerem Maße auf die Naturfarben zurückgegriffen wurde.

Dies war die Situation im Jahre vor der Weltwirtschaftskrise, d. h. zu einer Zeit, in der die Konjunkturwelle in Europa und Amerika eine außerordentliche Absatzsteigerung für die persische Teppichausfuhr gebracht hatte. Ehe ich aber auf diese näher eingehe, sei noch einiges über die Produktionsverhältnisse gesagt.

Wie schon erwähnt wurde, hatte sich eine Teilung zwischen reiner Heimindustrie und Manufakturbetrieben herausgebildet. Während sich die erstere in den Nomadengebieten und auch vielen Agrarbezirken voll behauptete (so vor allem in den Westprovinzen, in Khorassan und in Fars), konzentrierten sich die Werkstättenbetriebe hauptsächlich in Sultanabad (Aragh), Kirman und Täbris. Die Arbeit wurde dort fast ausschließlich von Kindern zwischen 6 und 12 Jahren geleistet, deren durchschnittlich vier bis fünf gleichzeitig an einem Teppich arbeiten. Man rechnet für Teppiche mittlerer Qualität (10 Knüpfreihen pro engl. Zoll) ca. 30 Stunden Arbeitszeit pro Quadratfuß[42]. Im Kirman-Distrikt war der Lohn für Kinderarbeit 1928 durchschnittlich 10 Schahis (RM —.21) pro Tag, bei mehr als 10 Stunden Arbeitszeit. Dies soll nicht nur zur Beurteilung der Produktionskosten im persischen Teppichgewerbe dienen, sondern gleichzeitig darauf aufmerksam machen, daß diese Ausfuhrindustrie ein ernstes soziales Problem einschließt, dessen befriedigende Lösung wahrscheinlich die Konkurrenzfähigkeit auf dem Weltmarkt stark beeinträchtigen würde.

Bei einer Untersuchung der Absatzverteilung der Teppichausfuhr sind es zwei Tatsachen, welche in erster Linie hervorgehoben werden müssen: die große Bedeutung der Vereinigten Staaten von Amerika als Abnehmer und die Konzentration des europäischen Absatzes in wenigen Umschlagsplätzen, vor allem in London und Konſtantinopel, neben denen in letzter Zeit in kleinerem Maßſtabe auch Wien einige Bedeutung erlangt hat. In der perſiſchen Ausfuhrſtatiſtik kommt dies in folgenden Ziffern für das Jahr 1307 zum Ausdruck:

	Mill. Kran
Vereinigte Staaten	75,43
Brit. Weltreich ohne Indien (davon Hauptanteil London) . . .	30,61
Britiſch-Indien (teils Tranſit)	8,46
Türkei (Tranſit Konſtantinopel) . . .	31,70
Öſterreich (teils Tranſit)	1,97
Irak (Tranſit über Bagdad)	3,92
Frankreich	4,16
Deutſchland	1,49

Dieſe Zuſammenſtellung läßt erkennen, wie ſchwierig der Anteil der endgültigen Abſatzländer feſtzuſtellen iſt. Auch bei den Vereinigten Staaten dürfte ein Umſchlag nach anderen amerikaniſchen Staaten in Frage kommen, während andererſeits London wieder an der Verſorgung der erſteren beteiligt iſt. Der europäiſche Kontinent kaufte, abgeſehen von direkter Einfuhr aus Perſien, die Täbristeppiche größtenteils aus Konſtantinopel, die übrigen Provenienzen aus London, wo in den großen Lagerhäuſern im öſtlichen Teil der City die Sortimente zuſammengeſtellt werden. In dieſer Aufgabe, die in Perſien ſehr verſtreute Produktion in verkaufsfähigen Kollektionen zu konzentrieren, liegt auch eine gewiſſe Daſeinsberechtigung des bei dieſer Ware beſonders umfangreichen Umſchlagshandels, ſo daß in abſehbarer Zeit nicht damit zu rechnen iſt, daß er vollſtändig durch direkte Bezüge der einzelnen Verbrauchsländer aus Perſien ausgeſchaltet werden wird.

Die Konkurrenzverhältniſſe für die perſiſchen Teppiche auf dem Weltmarkt beſtimmen ſich nach zwei verſchiedenen Faktoren: dem Wettbewerb der handgeknüpften Teppiche aus anderen, vorwiegend aſiatiſchen Ländern und demjenigen der maſchinellen Produktion in den Abſatzgebieten. Der letztere iſt weitgehend von der Zollpolitik dieſer Länder abhängig, was in Deutſchland beſonders deutlich in Erſcheinung trat, als am 24. Juli 1927 der prohibitive Einfuhrzoll von RM 24.— per kg auf RM 8.— geſenkt wurde. Andererſeits wurden die Abſatzmöglichkeiten für Perſien ſtark beeinträchtigt durch die ſeit 1925 ſchnell wachſende Ausfuhr handgefertigter Teppiche aus China und Britiſch-Indien, obwohl es ſich dabei um durchſchnittlich geringere Qualitäten handelte. Dazu kam die Konkurrenz der Türkei und Griechenlands auf den europäiſchen Märkten. Dem oben genannten Ausfuhrwert im Jahre 1307 von 159,35 Mill. Kran, d. ſ. 67,72 Mill. RM, ſtelle ich die Exporte der genannten Länder in den entſprechenden Zeiträumen gegenüber, wobei Durchfuhr und Umſchlagshandel ausgeſchloſſen wurden[43]:

China 1928: Hk. Taels 3,62 Mill. = RM 9,78 Mill.
Britisch-Indien 1928/29: Rps. 94,22 Laks = RM 14,42 Mill.
Türkei 1928: 6,57 Mill. T£ = RM 14,02 Mill.
Griechenland 1928: 8,90 Mill. Drachmen = RM 0,66 Mill.

Es ergibt sich daraus, daß Persien vor der Krise als Produzent handgeknüpfter Teppiche noch absolut führend war.

g) Die übrigen Ausfuhrerzeugnisse Persiens.

Die wertmäßig bedeutendsten unter den sonstigen Waren, die Persien im Jahre 1307 exportierte, sind *Schafdärme* und *Reis.* Die Gesamtausfuhr an Schafdärmen im Werte von 12,36 Mill. Kran (lt. Statistik) ging größtenteils nach Rußland, Deutschland, Großbritannien und den Vereinigten Staaten. Wegen ungenügender Konservierung vor dem Versand und oft mangelhafter Verpackung kommen die persischen Saitlinge häufig in einem Zustand in Europa an, der sie fast unverkäuflich macht. Auch muß jede Lieferung zunächst im Ankunftshafen gereinigt, sortiert und neu verpackt werden, so daß der Wert dieser Ausfuhr weit geringer ist, als es das Quantum des Ausfuhrüberschusses erwarten ließe. Allerdings liegen auch bei dieser Ware die Wertdeklarationen der Exporteure im Durchschnitt bedeutend unter den tatsächlichen Erlösen, da wegen der Ungewißheit über den Ausfall der Lieferungen vom Ausland nur selten Abladungsorders gegeben werden, die Verkaufspreise bei dem Versand also noch nicht feststehen. Die Produktionsgebiete sind naturgemäß die gleichen wie diejenigen der Schaf- und Lammfelle und der Wolle, die bereits oben genannt wurden.

Die Reisausfuhr, deren Erzeugung sich in den Provinzen am Kaspischen Meer konzentriert, da nur sie dank ihrer bevorzugten klimatischen Verhältnisse eine Ausdehnung dieser Kultur ermöglichen, ging zu fast 100% nach Rußland und kommt in absehbarer Zeit nicht für die Versorgung anderer Märkte in Frage. Das gleiche trifft für den Export von *Fischen* und *Kaviar* zu, da sich die Fischerei fast ausschließlich auf die Küste des Kaspischen Meeres beschränkt, wo sie früher in den Händen einer konzessionierten russischen Gesellschaft lag, welche seit dem Vertrage vom 1. Oktober 1927 in eine persisch-russische Monopolgesellschaft umgewandelt wurde, an der die persische Regierung mit 51% des Kapitals beteiligt ist. Dem Kaviar, dessen Ausfuhr sich 1307 auf 1,64 Mill. Kran belief, kommt insofern besondere Bedeutung zu, als seine Qualität als die beste der Welt angesehen wird. Er wird von Rußland zum größten Teil nach anderen europäischen Ländern weiterverkauft, meistens als russische Ware.

Auch die *Hanf*kultur ist nur in den Nordprovinzen in nennenswertem Umfange zu finden und liefert fast ihre gesamte Erzeugung für den Export nach Rußland, da für eine Verarbeitung im Inland die technischen Vorbedingungen fehlen und der Bedarf an Tauwerk, Bindfäden etc. durch Einfuhr gedeckt wird.

Ferner verdient die *Tabak*produktion Beachtung. Hauptsächlich versorgt sie den Eigenbedarf des Landes an Zigaretten und Wasserpfeifentabak. Der Überschuß wird vorwiegend nach Rußland exportiert und erzielte nach den Angaben der Statistik im Jahre 1307 2,62 Mill. Kran. Da es sich bei allen Sorten um hervorragende Qualitäten handelt, wäre die Tabakausfuhr Persiens noch steigerungsfähig. Nur die mangelhafte Sachkenntnis der Erzeuger bei Ernte, Trocknung und Sortierung haben sie bisher in diesen engen Grenzen gehalten.

Schließlich muß noch erwähnt werden, daß die Fertigwarenausfuhr, die 1307 zu 95% auf Wollteppiche entfiel, noch die Erzeugnisse des in den letzten Jahrzehnten stark zurückgegangenen Kunstgewerbes einschließt, dessen Reste in Schiras, Isfahan, Zanjan und Burujird zu finden sind, sowie die Seidenwaren aus Jezd und die in Isfahan, Schiras und Kermanschah hergestellten Leinenschuhe, die in ide Nachbarländer verkauft werden. Viele dieser Erzeugnisse zeichnen sich durch hervorragende Kleinarbeit und guten Geschmack aus und lassen den Schluß zu, daß das alte persische Handwerk wieder größere Bedeutung erlangen kann, wenn es sich die Technik der Neuzeit etwas mehr zunutze macht.

5. Die Struktur der Einfuhr.

Die vorhergehenden Kapitel dieser Untersuchung haben bereits die Struktur der persischen Volkswirtschaft in ihren Grundzügen erkennen lassen und erlauben Schlußfolgerungen auf die Rolle des Landes als Käufer auf dem Weltmarkt. Um das Charakteristische in der Zusammensetzung der Einfuhrbedürfnisse zu formulieren, müssen die folgenden Tatsachen noch einmal isoliert hervorgehoben werden.

Die Ausdehnung des persischen Produktionsvolumens fand, abgesehen von der Teppichindustrie, nur in der Nahrungsmittel- und Rohstofferzeugung statt, teilweise aus wirtschaftsgeographischen, teils aus handelspolitischen und soziologischen Gründen. Der Produktionssteigerung in diesen Wirtschaftszweigen seit der Einbeziehung in den Weltverkehr stand eine stagnierende und zum Teil sogar absolut rückgängige gewerbliche Erzeugung gegenüber, so daß die Kaufkrafterhöhung pro Kopf der Bevölkerung einen ungefähr parallel wachsenden Einfuhrbedarf an gewerblichen Erzeugnissen herbeiführte. Da jedoch die durchschnittliche Kaufkrafterhöhung nur gering war und der Lebensstandard von mehr als 90% der Bevölkerung noch heute außerordentlich niedrig ist, war dieser Einfuhrbedarf vorwiegend auf *billige Massenkonsumgüter* gerichtet. Die unzulängliche technische Ausrüstung der persischen Wirtschaft, die sich in einem starken Einfuhrbedarf an Kapitalgütern hätte äußern können, wurde bis zum Beginn der Weltwirtschaftskrise nur wenig verbessert, mit Ausnahme der Transportmittel. So beschränkte sich die Nachfrage nach Kapitalgütern fast ausschließlich auf Automobile und Zubehör und das Material für den Bau der transpersischen Eisenbahn, welches jedoch erst im Jahre 1308 in größeren Mengen in Persien ankam. Dazu kam natürlich der Bezug der Anglo-Persian Oil Co. an Maschinen und Baumaterial für die Förderung des Erdöls, der in der Außenhandelsstatistik nicht getrennt aufgeführt wird, der aber weder als Posten der Zahlungsbilanz berücksichtigt werden durfte, noch hier als Kapitalgüterbedarf der persischen Volkswirtschaft gewertet werden kann.

Das Gesagte läßt also darauf schließen, daß sich der Import Persiens zum weitaus größten Teil aus Industriewaren für den Massenkonsum zusammensetzte, neben den Transportmitteln und der Produktionsmitteleinfuhr der Ölgesellschaft. Die Statistik der Zollverwaltung zeigt, daß diese Annahme den Tatsachen entspricht, jedoch mit einer Einschränkung. Trotz des Übergewichts der agrarischen Produktion wurden nämlich zwei wichtige Waren der Gruppe „Lebens- und Genußmittel", Zucker und Tee, in sehr bedeutendem Umfange importiert. Der Grund war einerseits das Fehlen einer nennenswreten inländischen Erzeugung dieser Produkte trotz günstiger natürlicher Vorbedingungen, andererseits der relativ hohe Anteil, den sie am Massenkonsum haben, da sie für die Mehrzahl der Bewohner ziemlich den einzigen Luxus darstellen.

Außerdem ist noch zu beachten, daß das wichtigste Exportprodukt Persiens, das Mineralöl und seine Raffiniererzeugnisse, auch in bedeutenden Mengen importiert wird, da wegen der hohen Inlandsfrachten das russische Petroleum aus Baku mit geringeren Kosten nach den nördlichen Teilen des Landes geliefert werden kann als das der südpersischen Ölquellen, und da obendrein die russische Ausfuhr durch direkte Verschiffungen nach dem Persischen Golf sogar im Süden versuchte, der Anglo-Persian Oil Co. Konkurrenz zu machen.

Um alle diese Zusammenhänge zu veranschaulichen, muß also die Gesamteinfuhr in der Weise aufgeteilt werden, daß der Anteil der industriell erzeugten Konsumgüter, der Lebens- und Genußmittel und der Produktionsmittel getrennt ersichtlich wird, und bei einer Wertung dieser Anteile muß dann berücksichtigt werden, daß die Einfuhr von Maschinen und Baumaterial größtenteils auf die Investierungen der britischen Ölgesellschaft entfällt.

In der nachstehenden Übersicht ist eine Aufgliederung unter diesen Gesichtspunkten versucht worden. Die Trennung von Konsumgütern und Kapitalgütern konnte allerdings nicht ganz einwandfrei durchgeführt werden, da sich viele Warengattungen auf beide Kategorien verteilen. Immerhin ist das Grundsätzliche in der Struktur der Einfuhr deutlich zu erkennen, so vor allem der hohe Anteil der billigen Textilien und der Massenkonsumgüter überhaupt, und der geringe Prozentsatz der Kapitalgütereinfuhr trotz des darin eingeschlossenen Bedarfs der Anglo-Persian Oil Co.

Wareneinfuhr Persiens 1307 (1928/29).

I. *Industrielle Konsumwaren*	Mill. Kran
1. Reine Baumwollgewebe	217,03
2. Reinwollene Gewebe	16,97
3. Halbwollene Gewebe	9,94
4. Gewebe aus Baumwolle/Kunstseide gemischt	12,63
5. Seidene und halbseidene Gewebe	4,58
6. Sonstige Gewebe (außer Verpackungsmaterial)	4,01
7. Fertige Kleidungsstücke	10,22
8. Kurzwaren, Spielwaren, Musikinstrumente etc.	23,47
9. Eisen- und Stahlwaren für den Konsumbedarf	13,24
10. Drogen, Pharmazeutika etc.	6,76
11. Galoschen und andere Gummiwaren	6,50
12. Glaswaren	4,92
13. Möbel und Einrichtungsgegenstände	4,68
14. Papier und Papierwaren	4,09
15. Zündhölzer	3,98
16. Garne für den Detailverkauf	2,46
17. Sonstige industrielle Konsumwaren	20,37
Sa.	365,85
= 48 1/2 % der Gesamteinfuhr	

II. *Lebens- und Genußmittel*	
18. Zucker und Zuckerwaren	98,12
19. Tee	68,81
20. Reis und andere Getreide	4,84
21. Gewürze	4,46
22. Mehl und Mehlprodukte	3,21
23. Alkoholische und andere Getränke	3,15
24. Tabakwaren	1,13
25. Konserven	1,45
26. Sonstige Lebens- und Genußmittel	4,72
Sa.	189,89
= 25 % der Gesamteinfuhr	

III. *Rohstoffe und Halbfabrikate*	Mill. Kran
27. Rohöl, Petroleum, Benzin, Autoöle u. Schmierfette	38,39
28. Holz	10,55
29. Schwerchemikalien	9,29
30. Zement	2,44
31. Kohle und Holzkohle	0,85
32. Baumwollgarn	16,97
33. Eisen- und Stahlhalbfabrikate	7,95
34. Sackleinen und anderes Verpackungsmaterial . .	6,17
35. Metallhalbfabrikate (außer Eisen und Stahl) . .	4,42
36. Synthetische Farben	3,88
37. Nägel, Nieten, Schrauben etc.	2,65
38. Wollgarn für Teppiche	1,85
39. Seidenraupeneier	1,05
40. Sonstige Rohstoffe und Halbfabrikate	2,89
IV. *Produktions- und Transportmittel*	
41. Maschinen und Werkzeuge	23,51
42. Fahrzeuge und Zubehör (Motor-, Eisenbahn- etc.)	50,46
43. Material für den Eisenbahnbau	4,46
44. Flugzeuge und Zubehör	1,70
45. Sonstige Produktions- und Transportmittel . . .	2,21
Kapitalgüter: Sa.	191,69
$= 25^1/_2$% der Gesamteinfuhr	

Diese Übersicht bestätigt also das oben Gesagte, nämlich daß $^3/_4$ der Gesamtwareneinfuhr auf Konsumgüter entfallen und davon wiederum fast 70% auf die typischen Massenkonsumartikel Baumwollgewebe, Zucker und Tee. Im Berichtsjahr bezifferte sich der *Einfuhrbedarf an Konsumwaren auf RM 24.— pro Kopf der Bevölkerung, was allein schon einen sehr niedrigen Lebensstandard beweist, wenn man in Betracht zieht, daß außer bei den Nahrungsmitteln (Getreide, Obst, Viehprodukte) dieser Einfuhr nur eine relativ geringe inländische Erzeugung zur Seite steht.* Leider gehen die Schätzungen der Eigenproduktion des Massenbedarfs stark auseinander, so daß ich es vorziehen muß, auf diesbezügliche Angaben zu verzichten. Dagegen möchte ich hervorheben, daß *schätzungsweise ein Drittel der Gesamtproduktion Persiens (exkl. Mineralöl) exportiert werden muß, um diese geringe Einfuhr zu bezahlen.* Das erklärt sich aus der mehrfach betonten Frachtbelastung des gesamten Außenhandels und der durch die Verhältnisse bedingten unwirtschaftlichen Verteilung, die sich in hohen Handelsspannen ausdrückt. Abgesehen davon wird der Nutzeffekt des Außenhandels natürlich stark durch die nachteiligen Wirkungen der handelspolitischen Maßnahmen, insbesondere der Sowjetunion, beeinträchtigt.

Bei einer Unterſuchung der Verteilung der Einfuhr im Jahre 1307 auf die einzelnen Bezugsländer iſt es zweckmäßig, nicht von den gleichen Geſichtspunkten auszugehen wie bei der Analyſe der Ausfuhr, weil ſie von anderen Momenten beſtimmt wird als die Abſatzrichtung der Exporte. Als Käufer perſiſcher Produkte hatte das Ausland zunächſt nur das Intereſſe, ſeinen mengenmäßig begrenzten Bedarf ſo billig wie möglich einzudecken. Neben der qualitativen Eignung der perſiſchen Waren waren deshalb vor allem die Transportmöglichkeiten und -koſten für ihre Abſatzrichtung maßgebend. Dazu kamen zwei weitere Momente: die künſtliche Behinderung und Verteuerung dieſes Transports durch das geographiſch bevorzugte Rußland und das Intereſſe einzelner anderer Länder an einer über den Eigenbedarf hinausgehenden Verſorgung, um am Tranſitgeſchäft zu verdienen. Wieweit hierdurch eine ökonomiſch nicht gerechtfertigte Verteilung der perſiſchen Ausfuhr bedingt wurde, ging aus den vorigen Abſchnitten hervor. Er ergab ſich, daß vor allem die ruſſiſche Politik die optimale Verteilung der nordperſiſchen Waren verhinderte und daß außerdem die Dezentraliſation der Erzeugung und des Ausfuhrhandels in Perſien ſowie die Geringfügigkeit der exportierten Mengen bei vielen Waren es ermöglicht hatten, daß ſich ausländiſche Handelszentren wie London, Hamburg und Konſtantinopel in großem Maßſtabe als Umſchlagsplätze behaupteten. Im übrigen konnte von einer Unwirtſchaftlichkeit der Abſatzverteilung nicht geſprochen werden, denn der auffallend hohe Anteil des Britiſchen Weltreichs iſt hauptſächlich auf die Ölverſchiffungen zurückzuführen, wobei es ſich um eine interne Frage der Anglo-Persian Oil Co. handelt, die mehr privatwirtſchaftliches Intereſſe hat.

Bei der *Einfuhr* iſt die Frage der Wirtſchaftlichkeit von viel größerer Bedeutung, denn während der Bedarf des Auslandes im allgemeinen feſt begrenzt iſt, ſind ſeine Abſatzintereſſen praktiſch unbegrenzt, wenigſtens ſoweit es ſich um einen kleinen Markt wie Perſien handelt. Mit anderen Worten: Der gegenſeitige Wettbewerb des Auslandes iſt bedeutend ſchärfer bei ſeiner Tätigkeit als Verkäufer in Perſien als bei der Deckung ſeiner Bedarfs an perſiſchen Produkten, eine Tatſache, die ſeit dem merkantiliſtiſchen Zeitalter faſt zu ſelbſtverſtändlich klingt, als daß ſie bei der Unterſuchung internationaler Handelsbeziehungen noch erwähnt zu werden brauchte.

Die Verteilung der perſiſchen Einfuhr auf die Lieferländer muß alſo in erſter Linie unter dem Geſichtspunkt geprüft werden, ob ſie, unter Berückſichtigung der Transportkoſten, als optimale Bedarfsdeckung angeſehen werden kann, oder ob ſie durch die Abſatzintereſſen einzelner Länder, die eine wirtſchaftliche Vormachtſtellung innehaben, in eine unökonomiſche Richtung gedrängt wurde. Um dieſe Frage zu beantworten, gebe ich nachſtehend die Ziffern für die wichtigſten importierten Waren:

Gewebe aus reiner Baumwolle.

	Roh (Greys)	Gebleicht (Whites)	Gefärbt u. bedruckt	Garn-gefärbt	Sonstige
			(In Millionen Kran)		
Gesamtimport .	10,69	20,65	133,15	27,79	24,75
Davon aus:					
U. d. S.S.R. . .	6,25	2,45	78,14	8,38	4,83
Großbritannien	0,49	16,06	34,47	3,30	5,19
Brit.-Indien .	3,48	1,94	17,96	13,76	0,53
Italien . . .	—	—	1,35	1,16	7,24
Belgien . . .	—	0,02	0,22	0,17	2,39
Japan . . .	0,44	0,13	0,47	0,62	0,18
Deutschland .	—	—	0,05	0,02	1,17

Unter „Sonstige Baumwollgewebe" fallen die höherwertigen Stoffe wie Plüsche, Phantasiestoffe, Gewebe aus merzerisierten und sonstwie bearbeiteten Garnen etc. Der Anteil Deutschland an dieser Kategorie entfiel vorwiegend auf Plüsche.

Es ist hervorzuheben, daß mehr als 75% des Einfuhrbedarfs an Baumwolltextilien aus geringwertigen Fabrikaten bestand, d. h. aus rohen, gebleichten, im Stück gefärbten Geweben und Drucks, ferner daß Rußland an der Spitze der Lieferländer stand, nachdem es diese Stellung während des persisch-russischen Handelskrieges 1926/27 an Großbritannien verloren hatte. Trotzdem ist die britische Position noch recht gut gewesen, zeigte allerdings fallende Tendenz, in Übereinstimmung mit der Entwicklung auf den meisten anderen Ostenmärkten, wo besonders die japanische Konkurrenz die Erzeugnisse Lancashires verdrängte. Wie die obigen Ziffern zeigen, machte sich der Wettbewerb Japans in Persien kaum bemerkbar, umsomehr aber derjenige Rußlands und bei besseren Geweben auch Italiens.

Ein vollkommen anderes Bild ergibt sich für die übrigen Textilien, die allerdings für Persien nur eine untergeordnete Rolle spielen:

Gewebe aus:	Reiner Wolle	Wolle-Baumwolle gemischt	Baumwolle-Kunstseide gemischt
		(Millionen Kran)	
Gesamtimport	16,97	9,94	12,63
Davon aus:			
Frankreich	5,69	2,20	—
Großbritannien . . .	2,94	3,14	2,83
Belgien	4,48	2,38	1,53
Italien	1,11	—	5,19
Deutschland	1,56	0,56	1,06
U. d. S.S.R.	—	—	—

Gegenüber dieſen Geweben war die Einfuhr von ſolchen aus reiner Kunſtſeide verſchwindend gering. Ihr Wert belief ſich 1307 auf nur 0,52 Mill. Kran, wovon 0,23 Mill. auf Frankreich entfielen.

Zucker und Zuckerwaren	Mill. Kran
Geſamteinfuhr 1307	98,12
Davon aus:	
U. d. S.S.R.	69,61
Belgien	15,91
Niederlande	6,36
Frankreich	3,88
Tſchecho-Slowakei	0,90
Deutſchland	0,09

Dabei handelt es ſich teils um Hutzucker, teils um Kriſtallzucker, während die Zuckerwaren praktiſch keine Rolle ſpielten. Der Verbrauch war in den vorhergehenden Jahren außerordentlich geſtiegen, was in erſter Linie dem ruſſiſchen Abſatz zugute kam, während der deutſche Anteil, der im Jahre 1303 (1924/25) noch 4,02 Mill. Kran betragen hatte, faſt auf 0 zuſammengeſchrumpft war. Noch im Jahre 1307 erſchienen ruſſiſche Schiffe mit großen Zuckerladungen im Perſiſchen Golf, um auch in Südperſien mit den anderen Ländern in Konkurrenz zu treten, ſo daß eine weitere Erhöhung der Quote Rußlands in den folgenden Jahren zu erwarten war.

Tee	Mill. Kran
Geſamteinfuhr 1307	68,81
Davon aus:	
Britiſch-Indien	67,63
China	1,18

Auch der Verbrauch dieſer Ware, der ebenfalls faſt zu 100% durch Einfuhr gedeckt werden mußte, hatte in den vorhergehenden Jahren eine beträchtliche Steigerung erfahren zugunſten der Bezüge aus Indien. Der Teeimport aus China war ſeit zehn Jahren mengenmäßig ungefähr gleichgeblieben, ſo daß ihm nur noch untergeordnete Bedeutung zukam.

Andere Konsumgüter

Fertige Kleidungsstücke	Mill. Kran
Gesamteinfuhr	10,22
Davon aus:	
Deutschland	3,28
Frankreich	2,22
Großbritannien	2,06

Kurzwaren, Spielwaren, Musikinstrumente etc.	
Gesamteinfuhr	23,47
Davon aus:	
Deutschland	8,05
Großbritannien	5,66
U. d. S.S.R.	3,59
Frankreich	1,87

Papier und Papierwaren	
Gesamteinfuhr	4,09
Davon aus:	
U. d. S.S.R.	1,88
Deutschland	1,09
Großbritannien	0,26
Britisch-Indien	0,24
Österreich	0,14

Kapitalgüter

Lastautomobile	Mill. Kran
Gesamteinfuhr	23,19
Davon aus:	
Vereinigte Staaten	15,15
Deutschland	3,02
Frankreich	2,90
Großbritannien	1,39

Omnibusse	
Gesamteinfuhr	0,49
Davon aus:	
Frankreich	0,33
Vereinigte Staaten	0,16

Personenwagen	Mill. Kran
Gesamteinfuhr	11,11
Davon aus:	
Vereinigte Staaten	8,02
Großbritannien	2,38

Auto- und Fahrradbereifung	
Gesamteinfuhr	5,75
Davon aus:	
Vereinigte Staaten	3,23
Frankreich	1,94
Großbritannien	0,39

Industrielle Maschinen	
Gesamteinfuhr	18,62
Davon aus:	
Großbritannien	13,38
Deutschland	3,67
U. d. S.S.R.	0,73

(Die Maschineneinfuhr entfällt zu ca. 80% auf den Bedarf der Anglo-Persian Oil Co., was auch den hohen Anteil Großbritanniens erklärt.)

Mechanische Werkzeuge	Mill. Kran
Gesamteinfuhr	0,58
Davon aus:	
Vereinigte Staaten	0,50

Erdöl und -derivate	
Petroleum und Benzin	31,68
100% aus U. d. S.S.R.	
Autoöl	2,92
Davon aus:	
Großbritannien	1,29
U. d. S.S.R.	1,00

Baumwollgarn	
Gesamteinfuhr	16,97
Davon aus:	
Britisch-Indien	15,51

Synthetische Farben	
Gesamteinfuhr	3,88
Davon aus:	
Deutschland	3,43

Die Position des Britischen Weltreiches einschließlich Indien, das auch im Jahre 1307 noch an erster Stelle in der persischen Einfuhr stand, beruhte demnach in erster Linie auf dem hohen Anteil an den Lieferungen der Massenkonsumwaren Baumwollgewebe und Tee sowie an den Kapitalgütern Baumwollgarn und Maschinen. letztere hauptsächlich für den Bedarf der Anglo-Persian Oil Co. Deshalb besteht kein Anlaß zu der naheliegenden Behauptung, daß Großbritannien seine politische und wirtschaftliche Machtstellung in Persien noch im Jahre 1928/29 in größerem Maße für seine Absatzinteressen ausgenutzt hätte. Denn die Konkurrenzfähigkeit Manchesters in billigen Baumwolltextilien auf einem noch nicht von Japan belieferten Markt, ebenso wie diejenige Britisch-Indiens in groben Garnen und in Tee, die noch durch die geographische Lage als Nachbarland begünstigt wurde, waren Tatsachen, die den britischen Anteil an der Einfuhr dieser Waren genügend rechtfertigten. Auch die Einkaufspolitik der Anglo-Persian Oil Co., die trotz aller britischen Freihandelsprinzipien ihren Bedarf an industriellen Maschinen soweit wie möglich in Großbritannien deckte, bedeutet keine Beeinträchtigung des volkswirtschaftlichen Nutzeffekts der persischen Einfuhr. Alles dies findet vor allem darin seine Bestätigung, daß in anderen Artikeln, in denen Großbritannien ebenfalls große Ausfuhrinteressen hatte, aber weniger leistungsfähig war, sein Anteil an der Einfuhr Persiens sehr klein war, so bei fertigen Kleidungsstücken, Kurzwaren etc., Papier, Automobilen und Bereifung, synthetischen Farben und auch bei allen nicht reinbaumwollenen Geweben. Alle diese Waren wurden vorwiegend aus denjenigen Ländern gekauft, die in Persien keine Machteinflüsse geltend machen können, die aber einen Konkurrenzvorsprung gegenüber den britischen Ländern hatten. Was neben der kostenmäßigen Wettbewerbsfähigkeit die Höhe des britischen Anteils außerdem bestimmte, war ebenfalls ein ökonomisches Moment, nämlich die guten Verkehrsverbindungen, insbesondere mit dem südpersischen Markt, und die hervorragende Absatzorganisation, unterstützt durch den überall vorbildlichen britischen Konsulatsdienst.

Während so die Frage, ob die britische Vormachtstellung Persien wesentlich daran gehindert hat, seinen Einfuhrbedarf auf die ökonomisch vorteilhafteste Weise zu decken, entschieden verneint werden muß, kommt man bei der Untersuchung der Beziehungen mit Rußland zu einem anderen Resultat. Zunächst lassen die Beschränkungen des Transits über Batum für die persische Einfuhr, vor allem die Durchfuhrsperre für Textilien und für alle Waren derjenigen Staaten, die zur Sowjetunion nicht in Vertragsbeziehungen standen, wozu Großbritannien gehörte, darauf schließen, daß diese Erschwerung der Konkurrenz in Nordpersien zum Schaden des Landes ausgenutzt wurde. Dies konnte um so wirkungsvoller geschehen, als der russische Außenhandel zentralisiert war, also innerhalb desselben keine Konkurrenz bestand.

Eine weitere Möglichkeit für die ruſſiſche Ausfuhr, ſelbſt bei geringerer Wettbewerbsfähigkeit den perſiſchen Markt zu beliefern, ergab ſich aus der im perſiſch-ruſſiſchen Handelsproviſorium vom 1. X. 1927 getroffenen Vereinbarung, daß die perſiſchen Exporte nicht in bar, ſondern mit ruſſiſchen Waren bezahlt werden ſollten. Es wurde bereits oben geſagt, daß ſich die Sowjetunion durch Feſtſetzung unrichtiger Wechſelkurſe das formale Recht ableitete, darüber hinaus bedeutende Mengen nach Perſien zu exportieren. Dies wurde nun in der Weiſe gehandhabt, daß im Austauſch gegen die perſiſchen Waren vorwiegend diejenigen ruſſiſchen Erzeugniſſe geliefert wurden, die im freien Wettbewerb nicht mit denjenigen anderer Länder hätten konkurrieren können, während die zuſätzlichen Exporte hauptſächlich aus ſolchen Waren beſtanden, die tatſächlich wettbewerbsfähig waren. Zu dieſen rechneten vor allem die Erdölprodukte für Nordperſien ſowie der Zucker, ferner billige Steingut- und Glaswaren dank ihrer Frachtempfindlichkeit und einige andere Artikel. Wieweit dies auch für den wichtigſten Poſten, die Baumwolltextilien, zutraf, läßt ſich nicht genau ermitteln. Die Ausſagen perſiſcher Kaufleute ebenſo wie die geringe Wettbewerbsfähigkeit der ruſſiſchen Textilien auf anderen Oſtenmärkten berechtigen zu der Annahme, daß gerade hierbei die Einfuhr Perſiens durch die ruſſiſchen Handelsmethoden und -politik in eine unökonomiſche Richtung gedrängt wurde. Das traf natürlich auch für ſehr viele andere Warengattungen zu, deren Export aus Rußland nach Ländern mit vollſtändig freiem Wettbewerb nicht rentabel iſt.

Hierzu ſteht die Tatſache, daß der ruſſiſche Anteil an der perſiſchen Einfuhr zahlreicher anderer Artikel praktiſch gleich Null war, nicht in Widerſpruch. Denn dabei handelt es ſich durchweg um ſolche, die in der Sowjetunion gar nicht oder in einer für den dringendſten Eigenbedarf noch unzureichenden Menge produziert werden.

Die Unterſuchung der Verteilung der perſiſchen Importe auf die verſchiedenen Bezugsländer ergibt alſo folgendes Bild: In erſter Linie war die Konkurrenzfähigkeit der Produktionsländer, in Verbindung mit den Transportkoſtendifferenzen und der unterſchiedlichen Intenſität der Abſatzorganiſierung maßgebend. Der hohe britiſche Anteil erklärt ſich, neben dem letzteren Moment, hauptſächlich aus der Struktur der Nachfrage, die gerade die typiſch britiſchen Exportwaren verlangte. Eine allmähliche Änderung dieſer Nachfrageſtruktur zugunſten der von dem europäiſchen Kontinent und den Vereinigten Staaten gelieferten Produkte mußte demnach die Verteilung in einem für dieſe Länder günſtigen Sinne verſchieben. Eine ſolche Änderung hing von einer allmählichen Steigerung des Lebensſtandards der perſiſchen Bevölkerung ab (Wolltextilien, Luxuswaren etc.) und von einem wachſenden Kapitalgüterbedarf für die Techniſierung der landwirtſchaftlichen und gewerblichen Produktion. Im Verkehrsweſen hatten ſich die erſten Anſätze dieſer Entwicklung bereits bemerkbar gemacht und zu einer beträchtlichen Automobileinfuhr aus Amerika geführt. Ebenſo wies die Zwangskapitalbildung für den Eisenbahnbau durch die Zucker- und Teebesteuerung in diese Richtung.

Auf der anderen Seite hing es von der Entwicklung der russischen Exportproduktion ab, in welchem Umfange sich diese unter normalen wirtschaftlichen Verhältnissen wahrscheinliche Wandlung der Nachfrage in einer gleichmäßigeren Verteilung der Einfuhr zugunsten der bis jetzt im Hintergrund stehenden Länder auswirken würde. Denn es war ebenso wahrscheinlich, daß die Sowjetunion soweit wie möglich durch Anwendung der alten Handelsmethoden versuchen würde, ihren Anteil auch bei verändertem Importbedarf Persiens zu behaupten oder weiter zu erhöhen, wenn auch diese Möglichkeiten in naher Zukunft eng begrenzt schienen.

Diese Erwägungen machen es verständlich, daß man sich in Deutschland vor der Krise und in ihrem ersten Stadium stark für Persien als Absatzmarkt zu interessieren begann, nachdem man durch die Betätigung deutscher Firmen beim Bahnbau und im innerpersischen Luftverkehr mehr als früher auf dieses Land aufmerksam gemacht worden war. Die Untersuchung der Verhältnisse in den letzten Jahren wird allerdings zeigen, daß die Auswirkungen der Weltwirtschaftskrise in Persien diesen Hoffnungen jede Berechtigung genommen haben.

6. Verteilung des Gesamtaußenhandels.

Im Anschluß an die Analyse der Ausfuhr und der Einfuhr und zugleich als Abschluß des ersten Teils dieser Untersuchung, der die auswärtigen Wirtschaftsbeziehungen vor der Krise behandelt, gebe ich nachstehend die Ziffern des Gesamtaußenhandels für das Jahr 1307 (1928/29) und die Anteile der wichtigsten Länder, mit denen Persien in Handelsbeziehungen steht. Um die Entwicklungstendenz zu zeigen, füge ich die entsprechenden Zahlen für 1304 und 1306 hinzu, während das Jahr 1305 wegen seiner anormalen Situation infolge des persisch-russischen Handelskrieges ausgelassen wird. Da vom Standpunkt der Weltwirtschaft aus die Produktion der Anglo-Persian Oil Co. den übrigen persischen Erzeugnissen gleichgestellt werden muß, ist sie in den Ausfuhrziffern eingeschlossen:

	1304 (1925/26)	1306 (1927/28)	1307 (1928/29)
Kurs 1 £ = Kran	45,00	49,25	48,03
		(In Millionen Kran)	
Einfuhr aus:			
Britisches Weltreich[44] . .	250,19	236,70	157,15
Britisch-Indien	217,77	163,35	158,14
U. d. S.S.R.	211,76	209,16	291,06
Deutschland	32,70	32,22	47,24
Frankreich	24,45	33,76	39,84
Vereinigte Staaten . . .	10,26	24,96	39,21
Belgien	35,03	22,02	28,94
Italien	20,37	32,40	20,84
Gesamteinfuhr . . .	881,03	807,43	819,87

	1304	1306	1307
Ausfuhr nach:			
Britisches Weltreich . . .	462,78	394,36	847,04
Britisch-Indien	139,35	133,35	145,79
U. d. S.S.R.	281,17	199,07	166,29
Vereinigte Staaten . . .	69,74	81,04	80,69
Frankreich	22,63	86,26	80,10
Deutschland	1,83	33,66	41,63
Belgien	0,26	28,15	34,23
Italien	2,63	11,59	11,05
Gesamtausfuhr . . .	1059,39	1060,41	1517,60
Außenhandel (Einfuhr plus Ausfuhr) mit:			
Britisches Weltreich . . .	712,97	631,06	1004,19
Britisch-Indien	357,12	296,70	303,93
U. d. S.S.R.	492,93	408,23	457,35
Frankreich	47,08	130,02	119,94
Vereinigte Staaten . . .	80,00	106,00	119,90
Deutschland	34,53	55,88	88,87
Belgien	35,29	50,17	63,17
Italien	23,00	43,99	31,89
Gesamtaußenhandel .	1940,42	1867,84	2337,47

F. Theoretiſche Formulierung der Stellung Perſiens in der Weltwirtſchaft vor der Kriſe.

In den vorangehenden Kapiteln wurden die konkreten Einzeltatſachen behandelt, die in ihrer Geſamtheit die weltwirtſchaftliche Verflechtung Perſiens im Jahre 1928/29 darſtellen. Teilweiſe Zuſammenfaſſungen wurden bereits vorgenommen in dem Abſchnitt über die Kapitalverflechtung und bei Aufſtellung der Handels- und Zahlungsbilanz. Es bleibt nun die Aufgabe, die Ergebniſſe theoretiſch auszuwerten und damit zu einem abſchließenden Urteil über das Charakteriſtiſche in der weltwirtſchaftlichen Stellung des Landes zu kommen, die auch während der Kriſe in ihren Grundzügen unverändert geblieben iſt.

Es wurde in der Einleitung geſagt, daß die Einbeziehung der perſiſchen Wirtſchaft in den Weltverkehr vorwiegend der Initiative des Auslandes zuzuſchreiben war und daß Perſien erſt nach dem Weltkriege aus ſeiner Paſſivität herausgetreten iſt. Es wurde gleichzeitig darauf hingewieſen, daß die Produktivität ſeiner Wirtſchaft und damit der Lebensſtandard der Bewohner nur langſam geſtiegen iſt. Dem iſt nun hinzuzufügen, daß, rein wirtſchaftlich geſehen, die zunehmende Verflechtung mit der Weltwirtſchaft trotzdem vorteilhaft für das Land ſelbſt geweſen ſein muß. Denn die Öffnung der Grenzen für die fremden Waren wurde zwar erzwungen, aber es war kaum jemals ein Zwang zum Außenhandel ſelbſt ausgeübt worden. Demnach hatte ſich dieſer nur durch die Wirkſamkeit des Geſetzes der komparativen Koſten ſo ſchnell entwickeln können. Es bliebe allerdings der Einwand, daß ein dauernder Protektionismus im vorigen Jahrhundert der inländiſchen Erzeugung dazu verholfen hätte, einigermaßen mit der Produktivitätsſteigerung in den europäiſchen Induſtrieländern Schritt zu halten. Im Hinblick auf die damaligen politiſchen und ſoziologiſchen Verhältniſſe erſcheint dieſe Annahme aber nicht berechtigt.

Andererſeits iſt aber auf Grund der Außenhandelsanalyſe für das Jahr 1307 feſtzuſtellen, daß für den Durchſchnitt der Warengattungen die Austauſchrelationen, in Arbeitseinheiten ausgedrückt, für Perſien außerordentlich ungünſtig waren, eben wegen der geringen Produktivität der Erzeugung auf der ganzen Linie und der

Belaſtung durch die hohen Transportkoſten und die Handelsſpannen. Daß aber trotz dieſer Ungunſt der Austauſchrelationen, die ſich in dem niedrigen Arbeitsentgelt in Perſien ausdrückt, der auswärtige Warenverkehr eine im Verhältnis zum Geſamtwirtſchaftsvolumen beträchtliche Höhe erreicht hatte, läßt auf die großen Unterſchiede bei den komparativen Koſten ſchließen.

Noch ausgeprägter als im Warenaustauſch zeigt ſich der wirtſchaftliche Vorſprung des Auslands gegenüber Perſien bei den Dienſtleiſtungen. Während die importierten Waren zwar nicht oder nur mit höheren Koſten im Inland hergeſtellt werden konnten, aber doch mit anderen Waren, für die in Perſien relativ günſtige Produktionsbedingungen beſtehen, bezahlt wurden, hat ſich bei den Dienſtleiſtungen gezeigt, daß keinerlei Austauſch ſtattfindet und von Perſien nur eine nicht unbedeutende Nachfrage ohne gleichzeitiges Angebot ausgeht, ſo daß die Bezahlung durch Warenausfuhr erfolgen muß.

Dieſer Stellung Perſiens im Rahmen der internationalen Arbeitsteilung entſpricht ſeine Rolle bei der internationalen Kapitalverteilung, dem zweiten Faktor zwiſchenſtaatlicher Wirtſchaftsbeziehungen. Auch hier dasſelbe Charakteriſtikum der Paſſivität. Eine Volkswirtſchaft ohne ein entwickeltes Kreditſyſtem, ohne nennenswerte induſtrielle Erzeugung und mit einer für viele Teile Aſiens typiſchen ſtatiſchen Lebenseinſtellung bei der großen Majorität der Bevölkerung konnte nicht einmal die Rolle eines Kredit*nehmers* auf den internationalen Kapitalmärkten ſpielen. Deshalb war die geſamte private Kapitaleinfuhr in Form eigener Inveſtierungen der ausländiſchen Unternehmungen erfolgt, was oben ausführlich erörtert wurde. Hier iſt nun der grundlegende Unterſchied dieſer Situation gegenüber derjenigen anderer Kapitaleinfuhrländer hervorzuheben. *Perſien iſt nicht Schuldnerland.* Das Fremdkapital wurde nicht an die nationale Wirtſchaft ausgeliehen, um ſie zu befruchten, ſondern diente faſt ausſchließlich der außerhalb derſelben ſtehenden Ölproduktion und den Handelsintereſſen des Auslands. Deshalb iſt es nicht möglich, bei Unterſuchung der Verbundenheit zwiſchen Kapitalbilanz und Handelsbilanz eine Parallele zu Neuländern zu ziehen, welche als „werdende Schuldnerländer" einen Paſſivſaldo im auswärtigen Warenverkehr haben, bis in der zweiten Stufe der Entwicklung ein organiſcher Abbau der Verſchuldung erfolgt, die Zins- und Tilgungsraten die Kreditbeträge im entſprechenden Zeitraum überſteigen und ſo zu einer automatiſchen Aktivierung der Handelsbilanz führen. Zwar zeigte auch die Zahlungsbilanz Perſiens für das Jahr 1307, daß die Kapitaleinfuhr und die Verminderung der Regierungsguthaben im Ausland einem Paſſivſaldo der Handels- und Leiſtungsbilanz gegenüberſtanden, und es beſteht kein Zweifel, daß ſich ohne dieſe Kapitalbewegung auch dieſe Bilanz anders geſtaltet hätte. Aber es war nicht ein beſtimmtes Stadium in der organiſchen Entwicklung einer ſich ausdehnenden, kapitalbedürftigen Volkswirtſchaft, deren normaler Verlauf unter gleichbleibenden Kreditverhältniſſen hätte vorausgeſagt werden können, etwa wie bei den Vereinigten Staaten von Amerika vor dem Weltkriege. Vielmehr war es lediglich eine *Überfremdung* der Bodenſchätze und des Handels, die keinen nennenswerten Einfluß auf die Produktivitätsſteigerung der Geſamtwirtſchaft hatte, die keine kontinuierliche Entwicklung garantierte und nicht auf eine allmähliche Kapitalſättigung und damit auf eine ſpätere natürliche Umkehrung der Zahlungsbilanz tendierte.

Zum Schluß ſei noch auf die Folgerungen hingewieſen, die ſich aus dieſer Situation für die Wirtſchaftspolitik ergeben. Letztere hat ſchon vor der Weltwirtſchaftskriſe und noch mehr in der jüngſten Vergangenheit eine ausgeſprochen protektioniſtiſche Tendenz hervortreten laſſen und iſt in vieler Beziehung der merkantiliſtiſchen ſehr ähnlich geweſen. Man beurteilt heute die Periode des Merkantilismus anders als im erſten Stadium des Liberalismus und hat inzwiſchen entdeckt, daß die europäiſche Handelspolitik im 17. und 18. Jahrhundert in ihren Grundzügen durchaus zweckmäßig war, wenn man die damaligen wirtſchaftlichen Gegebenheiten in Rechnung ſtellt. Es war der berechtigte ſtaatliche Wille, durch bewußte Eingriffe in das Wirtſchaftsleben erzieheriſch zu wirken und durch eine einſeitige Begünſtigung des Handels und der gewerblichen Produktion einen größeren Teil der Bevölkerung in dieſe Wirtſchaftszweige zu verweiſen, die mehr als die feudaliſtiſch gebundene Landwirtſchaft rationales, dynamiſches Denken und Handeln förderten und den Sinn für den Fortſchritt als Selbſtzweck weckten. Ebenſo war das Beſtreben, eine möglichſt aktive Handelsbilanz zu erzielen, durchaus verſtändlich in den Ländern ohne eigene Gold- oder Silberproduktion wegen des ſchnell wachſenden Bedarfs an Edelmetallen, der automatiſch nur auf dem Umweg über deflatoriſche Erſcheinungen gedeckt worden wäre, d. h. über eine Preisgeſtaltung, die den Erfolg der Wirtſchaftspolitik verlangſamt hätte.

Wenn man damit die Lage in Perſien vor der Weltwirtſchaftskriſe der Gegenwart vergleicht, ſo findet man viele Parallelen. Auch hier eine feudaliſtiſch gebundene, ſtagnierende Agrarwirtſchaft, auch hier eine ſtarke, zielbewußte Staatsführung innerhalb einer Volkswirtſchaft, die aus ſich heraus nicht imſtande geweſen war, ſich von dem ſtatiſchen, durch Religion und Tradition gehemmten Denken freizumachen, auch hier ein wachſender Edelmetallbedarf für die geplante Währungsreform und die Finanzierung großer öffentlicher Arbeiten, vor allem des Eiſenbahnbaus. Es war deshalb natürlich, daß die Wirtſchaftspolitik derjenigen im europäiſchen Merkantilismus immer ähnlicher werden mußte, um ſo mehr, als dieſe gleichzeitig in der übrigen Welt neu aufgelebt war und man in der benachbarten Sowjetunion das denkbar kraſſeſte Beiſpiel vor Augen hatte. Wenn an anderer Stelle betont werden wird, daß die ſpezielle Form und der Grad des perſiſchen Protektionismus hauptſächlich durch die kataſtrophale Währungslage beſtimmt wurden, ſo iſt dabei das zuletzt Geſagte im Auge zu behalten, nämlich daß der ſtaatliche Wille, auf die politiſche Sanierung eine wirtſchaftliche folgen zu laſſen, angeſichts der gegebenen Umſtände zu einer merkantiliſtiſchen Wirtſchaftspolitik führen mußte, auch wenn es keine Weltwirtſchaftskriſe gegeben hätte.

Über die Frage, ob der perſiſche Protektionismus unter rein ökonomiſchen Geſichtspunkten zweckmäßig erſcheint, ſoll hier nicht diskutiert werden. Es wurde bereits darauf hingewieſen, daß das Land angeſichts des niedrigen Entwicklungsſtadiums der Agrarwirtſchaft für eine allmähliche Induſtrialiſierung noch nicht reif erſcheint. Solche Erwägungen treten aber in der heutigen Wirtſchaftspolitik in den Hintergrund, da der neue Nationalismus in Perſien eine forcierte ſtatliche Wirtſchaftsförderung ſelbſt auf Koſten der Lebenshaltung fordert und eine langſame, organiſche Entwicklung nicht abwarten will. Das iſt eine abſolut feſtſtehende Tatſache, die alle wirtſchaftstheoretiſchen Einwände überflüſſig macht.

TEIL II.

Die weltwirtſchaftliche Verflechtung Perſiens im bisherigen Verlauf der Kriſe.

A. Die Beſtimmungsfaktoren der Entwicklung ſeit 1929.

Im erſten Teil dieſer Arbeit wurde bereits mehrmals auf die Entwicklungstendenzen bei Beginn der Weltwirtſchaftskriſe hingewieſen. Zuſammenfaſſend iſt zu ſagen, daß unter einigermaßen normalen Verhältniſſen die Fortſetzung der damaligen perſiſchen Wirtſchaftspolitik eine Steigerung der Ausfuhrkapazität erwarten ließ und damit eine Intenſivierung der geſamten weltwirtſchaftlichen Beziehungen einſchließlich der Kapitalverflechtung. Dies einmal durch die weitere Verbeſſerung der Verkehrsmittel und die dadurch geſchaffene Ausfuhrmöglichkeit für bisher unverwertbare Ernteüberſchüſſe, außerdem durch die unmittelbare ſtaatliche Produktionsförderung, die nicht nur auf eine inländiſche Erzeugung wichtiger Einfuhrartikel abzielte, ſondern auch auf eine Ausdehnung der Produktion typiſcher Exportprodukte, ſo z. B. Baumwolle, Seide, Tabak etc. und auf eine qualitative Verbeſſerung der Verarbeitung und Sortierung, u. a. bei Wolle, Roſinen, Därmen und Teppichen. Wenn auch dieſe Bemühungen der Regierung im Jahre 1307 noch keine praktiſchen Auswirkungen zeigten, ſo bewieſen doch die Inangriffnahme des Bahnbaus, die Verbeſſerung des Straßennetzes, die ſchon damals geplante Erweiterung des Aufgabenkreiſes der Nationalbank durch Angliederung einer Landwirtſchaftsabteilung uſw., daß man alles dies in die Tat umzuſetzen gedachte. Die günſtige Finanzlage des Staates, der ſtabile Silberpreis als Garantie gegen ein weiteres Abſinken der Valuta und die mit der zunehmenden Rentabilität der Anglo-Persian Oil Co. anſteigenden Konzeſſionszahlungen dieſer Geſellſchaft, die die Umſtellung auf Gold ermöglichen ſollten, alles das ſchien einen raſchen Erfolg der ſtaatlichen Wirtſchaftsförderung ſicherzuſtellen und damit eine Erweiterung des Produktionsumfanges, der Exportfähigkeit und der Kaufkraft der perſiſchen Volkswirtſchaft.

Es waren drei Momente, die dieſe Entwicklung in ihren Anfängen unterbrochen und Perſien zu einem derjenigen Länder gemacht haben, die von der Weltwirtſchaftskriſe beſonders ſchwer betroffen wurden: 1. der Preisſturz des Silbers und damit die Zerrüttung der perſiſchen Währung, 2. die Verſchärfung der nachteiligen Handelspolitik der Sowjetunion, 3. die allgemeinen Kriſenerſcheinungen auf dem Weltmarkt, insbeſondere die Abſatzſchwierigkeiten für die perſiſche Ausfuhr. Dieſe drei Haupturſachen der ſpeziellen perſiſchen Kriſe ſind eng miteinander verbunden und ſind andererſeits in ihrer Geſamtheit die Beweggründe für die geſetzgeberiſchen Maßnahmen, die eine grundſätzliche Schwenkung von relativ freier zu gebundener Wirtſchaft bedeuteten.

Um alle dieſe Kriſenſymptome trotz ihrer wechſelſeitigen Beziehungen unter möglichſt ſcharfer gegenſeitiger Abgrenzung darzuſtellen und ihre unmittelbaren Folgen zu unterſuchen, beſchreibe ich zunächſt die Entwicklung der Währungsverhältniſſe als den zeitlich und urſächlich primären Faktor. Danach werden, entſprechend der Gliederung im erſten Teil, die wichtigſten Wandlungen bei der Kapitalverflechtung und den Dienſtleiſtungen behandelt werden und danach der im Vordergrund des Intereſſes ſtehende Außenhandel mit ſeinen techniſchen und rechtlichen Grundlagen.

B. Die Währungskrise.

1. Die Währungssituation im Jahre 1307 (1928/29).

Die Währungseinheit in Persien war bei Beginn der Krise der Silberkran von 4,64 Gramm Gewicht bei 900/1000 Feingehalt. An Silbermünzen zirkulierten solche von 1, 2 und 5 Kran sowie 3, 5 und 10 Schahis (1 Kran = 20 Schahis), ferner Nickelmünzen zu 1 und 2 Schahis als Scheidemünzen. Außerdem wurden von der Imperial Bank of Persia auf Grund ihres Notenprivilegs Banknoten zu 1, 2, 5, 10, 20, 50 und 100 Toman ausgegeben (1 Toman = 10 Kran). Bei Gründung der Bank im Jahre 1889 war das Notenausgaberecht zunächst auf einen Höchstbetrag von £ 800 000.— beschränkt, jedoch zwang der Anleihebedarf die persische Regierung bald, das Emissionsrecht zu erweitern. Der Abschluß der Bank für das Jahr 1306 weist bereits eine Notenzirkulation von £ 2 527 000.— aus, ein Betrag, welcher noch immer verhältnismäßig unbedeutend war, da der Silbermünzenumlauf gleichzeitig auf 250 Mill. Kran (ca. 5 Mill. £) geschätzt wurde[45]. Für diese Noten bestand Einlösungspflicht in Silber, die auch jederzeit von der Bank erfüllt werden konnte, da immer ca. 80—90% Deckung gehalten wurde. Theoretisch hatte Persien also reine Silberwährung, und da auch nominell Prägefreiheit bestand, war zu erwarten, daß sich die Valuta nach dem Weltmarktpreis des Metalls richtete. Das war auch in den vorhergehenden Jahren mit geringen Abweichungen der Fall gewesen, wie die folgende Tabelle zeigt[46]:

	Standardsilber in London d. per oz.	Parität Kran : £	Kurs in London
1924	33,97	40,6	43,4
1925	32,09	42,9	42,5
1926	28,68	48,0	47,3
1927	26,05	52,9	50,1

Aus folgenden Gründen war jedoch die Verbindung zwischen dem Kran und seiner Metallgrundlage nur ziemlich lose, was bereits bei Erörterung der Zahlungsbilanz angedeutet werden mußte:

Die Nachfrage nach Geld war größtenteils Nachfrage nach Silbermünzen, da das Überwiegen kleiner und kleinster Umsätze im volkswirtschaftlichen Tauschverkehr der Verwendung der Banknoten enge Grenzen zog, wozu noch das bei einem sehr großen Teil der Bevölkerung herrschende Mißtrauen gegenüber dem Papiergeld kam. In Jahren aktiver Zahlungsbilanz mußte also der Außenwert des Kran über Pari steigen können, wenn sichtbare oder unsichtbare Edelmetalleinfuhr, d. h. Silbereinfuhr, nicht sofort ausgeprägt und in Münzform in Umlauf gesetzt werden konnte, um zu einer Erhöhung des Preisniveaus zu führen. Das letztere war wegen der formell bestehenden Prägefreiheit theoretisch möglich. Praktisch war jedoch die Kapazität der zentralen Teheraner Münze unzureichend, so daß in solchen Fällen die Knappheit an Zahlungsmitteln lange unverändert blieb und der Kran ein Agio über seinem Silberwert bewahrte. Das war die Situation bei Beginn des Jahres 1307 (1928/29). Der Durchschnittspreis pro Unze *Standardsilber* in London betrug im April 1928 *26,35 d.* Die Parität des Kran war demnach 1 £ = 52¹/₄ Kran, während der tatsächliche Kurs London auf Teheran durchschnittlich *46,0 Kran* war, was einem Agio von ca. 12% entspricht. Im Laufe desselben Jahres setzte nun eine gleichmäßige Entwertung der persischen Valuta bei ungefähr gleichbleibendem Silberweltmarktpreis ein, die ihre Ursache hauptsächlich in den großen Devisenansprüchen der Regierung für den Eisenbahnbau hatte, so daß sich Ende 1307 die folgende Position ergab:

Silberpreis (März 1929): 26,00 d.
Parität des Kran demnach: 53,0 :
Durchschnittskurs in London: 51³/₄

Das Agio betrug also nur noch etwas über 2%, womit, unter Berücksichtigung der technischen Gegebenheiten, welche den oberen Silberpunkt in beträchtlichem Abstand von der Parität halten, praktisch eine Wiederanpassung an den Preis des Währungsmetalls erfolgt war.

Man kann also die damalige Währung Persiens als eine Silberwährung bezeichnen, mit einem durch die Nachfragestruktur niedrig gehaltenen Umlauf an gedecktem Papiergeld und mit technisch bedingter *gesperrter Prägung,* woraus sich die Möglichkeit eines beträchtlichen Agios erklärt. Umgekehrt bestanden für die Anpassung an den Silberweltmarktpreis bei passiver Zahlungsbilanzgestaltung keine Hindernisse, solange die Silberausfuhr frei war. Allerdings waren es auch hier transporttechnische und sonstige Schwierigkeiten, die eine Differenz zwiſchen Parität und Kurs ermöglichten. Dazu trug auch die damalige Konzentration des auswärtigen Zahlungsverkehrs bei der Imperial Bank of Persia bei, die dadurch innerhalb gewiſſer Grenzen die Deviſenkurſe nach Belieben manipulieren konnte.

2. Die Währung ſeit 1929.

Im Jahre 1308 (1929/30) war die Situation kurz folgende: Dem Rückgang der Ausfuhrerlöſe ſtand keine gleich große Beſchränkung der Einfuhr gegenüber, vor allem infolge der durch die ruſſiſche Interpretation der handelsvertraglichen Vereinbarungen vom 1. X. 1927 verurſachten ſtarken Paſſivität im Warenaustauſch mit der Sowjetunion (vergl. oben S. 53). Da ſich gleichzeitig die Deviſenanſprüche der Regierung für die Durchführung des Bahnbauprojekts weiter erhöhten und auch die Konzeſſionsabgabe der Anglo-Persian Oil Co. nicht zur Stützung der Währung herangezogen, ſondern der Goldwährungsreſerve zugeführt wurde, erfuhr die Zahlungsbilanzlage eine weitere Verſchlechterung. Aus dieſem Grunde war es der Kranvaluta nicht möglich, ſich unabhängig von dem abgleitenden Silberpreis einigermaßen zu behaupten, was nach dem oben Geſagten durchaus denkbar geweſen wäre. Vielmehr iſt feſtzuſtellen, daß der Kurs mit geringen Differenzen der Metallentwertung folgte, ein Beweis dafür, daß legitime oder unſichtbare Silberexporte für den Ausgleich der im übrigen paſſiven Zahlungsbilanz ſorgten. Die nachſtehende Tabelle zeigt die Parallelität beider Bewegungen und zugleich das Ausmaß der Währungsverſchlechterung innerhalb der kurzen Periode von 11 Monaten, nach deren Ablauf die weiter unten erörterten ſtaatlichen Maßnahmen in die Entwicklung einzugreifen ſuchten[47].

		Standardſilber d. per oz.	Parität : £	Kurs : £
1929:	März	26,00	53	$51^{3}/_{4}$
	April	25,74	$53^{1}/_{2}$	$53^{5}/_{8}$
	Mai	25,09	$54^{7}/_{8}$	$53^{7}/_{8}$
	Juni	24,26	$56^{3}/_{4}$	$54^{1}/_{4}$
	Juli	24,34	$56^{1}/_{2}$	55
	Auguſt	24,29	$56^{3}/_{4}$	$55^{1}/_{4}$
	September	23,71	$58^{1}/_{8}$	$55^{5}/_{8}$
	Oktober	23,04	$59^{3}/_{4}$	$57^{7}/_{8}$
	November	22,69	$60^{3}/_{4}$	$60^{3}/_{8}$
	Dezember	22,26	$61^{7}/_{8}$	$59^{7}/_{8}$
1930:	Januar	20,90	66	65
	Februar	20,01	$68^{7}/_{8}$	$67^{1}/_{4}$

Als Ende Februar 1930 der Kurs schließlich auf 70 Kran für 1 £ gefallen war, entschloß sich die persische Regierung, durch einen Zwangseingriff die Verbindung der Währung mit dem Silberpreis aufzuheben, in der Hoffnung, durch amtliche Kursfestsetzung die Valuta bis zur Durchführung des jetzt akut gewordenen Goldwährungsprojekts stabilisieren zu können. Dies war der Sinn und Zweck des *Gesetzes zur Kontrolle der ausländischen Valuten* (Loi sur le contrôle des valeurs et titres étrangers, votée *le 25 février 1930*), dessen wichtigste Bestimmungen hier kurz wiedergegeben sind[48]:

I. Der gesamte Devisenhandel wird Regierungsmonopol. Seine Ausübung ist nur den ausdrücklich dazu ermächtigten Banken, und zwar der Banque Nationale, der Imperial Bank of Persia, der Banque Russo-Persane und den persischen Filialen der Ottoman Bank gestattet.

II. Die Ausfuhr von Gold und Silber in jeder Form und die Einfuhr von Silber (!) in Barren oder Münzen ist untersagt. Ebenso die Ausfuhr von persischen Banknoten.

III. Die zum Devisenhandel ermächtigten Banken sind verpflichtet, beim Ankauf und Verkauf die von der „Wechselkurskommission" festgesetzten Krankurse gegenüber den Golddevisen einzuhalten. Diese Kommission setzt sich zusammen aus:

1. *einem Vertreter des Finanzministeriums,*
2. *einem Vertreter des Wirtschaftsministeriums,*
3. *einem Vertreter der Zollverwaltung,*
4. *dem Regierungskontrolleur der Nationalbank,*
5. *je einem Vertreter der genannten Banken.*

IV. Die Käufer von Devisen haben in jedem Einzelfall die Genehmigung einer zu diesem Zweck eingesetzten „Kontrollkommission" einzuholen, soweit diese Devisen für die Bezahlung der Einfuhr bestimmter Warengruppen verlangt wurden, die im Interesse der Zahlungsbilanz eingeschränkt werden sollte. Es wurde eine Liste dieser Waren aufgestellt, deren wichtigste folgende sind:

Nahrungsmittel, Konfektion, Spitzen, Seidengewebe, Rohseide, Rohbaumwolle, Photoartikel, Schmuck, Porzellan- und Steingutwaren, Fahrzeuge etc.

Als Ergänzung zu diesem Gesetz wurde ferner am 10. III. 1930 die bis dahin formell bestehende Prägefreiheit aufgehoben, was allerdings wegen des inzwischen erlassenen Silbereinfuhrverbots keine Bedeutung mehr hatte, wenn man von illegitimen Importen absieht.

Am 27. Februar 1930 wurde von der Wechselkurskommission der Zwangskurs auf 63 : £ festgesetzt, während am gleichen Tage im freien Handel ca. 70 Kran für 1 £ bezahlt wurden. Einen Monat später wurde der offizielle Kurs sogar auf 60 : £ erhöht, während in der Zwischenzeit die Abwärtsbewegung des Silberpreises ihren Fortgang genommen hatte. Der Monatsdurchschnitt in London war für Februar 20,01 d., für März 19,30 d. per oz. Man glaubte also, durch die Monopolisierung des Devisenhandels in der oben beschriebenen Form eine vollständige Loslösung von der Metallgrundlage der Währung erreicht zu haben. Diese Hoffnung mußte aber schon deshalb unerfüllt bleiben, weil das neue Gesetz keine Devisenablieferungspflicht für die Exporteure vorgesehen hatte. Es war selbstverständlich, daß diese ihre Ausfuhrerlöse nur zu einem Bruchteil den Banken anboten. Die dadurch entstehende Devisenknappheit machte es diesen bald unmöglich, den Ansprüchen des Einfuhrhandels zu genügen, so daß sich ein ausgedehnter Schwarzhandel zwischen den Exporteuren und den Importeuren entwickelte, bei dem die Kursbewegung zwar stark durch die jeweilige Lage von Angebot und Nachfrage beeinflußt wurde, aber doch in ihrer Grundrichtung dem Silberpreis auf dem Weltmarkt folgte.

Um diesem Zustand entgegenzutreten, wurde in einem *Ergänzungsgesetz vom 22. Juli 1930* bestimmt, daß jeder Exporteur 90% seines Devisenerlöses innerhalb von 20 Tagen nach Eingang abzuliefern hatte. Die Tatsachen zeigten jedoch, daß sich diese Vorschrift in der Praxis nicht durchsetzen konnte. Die Banken waren auch jetzt nicht in der Lage, den dringendsten Bedarf des Einfuhrhandels, der natürlich von dem überhöhten offiziellen Kurs profitieren wollte, zu befriedigen, und soweit die Devisen nicht gehortet wurden, wurden sie weiterhin im Schwarzhandel zu Kursen umgesetzt, die ungefähr dem inneren Wert des Silberkran entsprachen.

Daß die Banken überhaupt Devisen erhielten, erklärt sich aus der Anwendung der folgenden Methode, die schnell populär wurde und die am besten den geringen praktischen Wert der Devisengesetzgebung kennzeichnet: Diejenigen Exporteure, die nicht gleichzeitig in entsprechendem Umfange importierten, die aber auch vermeiden wollten, ihre legale Devisenablieferungspflicht direkt zu umgehen, verkauften ihre Exporterlöse im voraus an die Banken zum Zwangskurs, jedoch unter der Bedingung, daß sie bei Eingang der Beträge nur 25% abzuliefern hätten, während die restlichen 75% formell zum Zwangskurs zurückgekauft wurden, tatsächlich aber gleich im Besitz der Exporteure blieben. Da die Banken darauf eingingen, um wenigstens diese 25% der Exportdevisen zu erhalten und am Gesamtumsatz ihre Provision zu verdienen, hatte der Exporteur formell seine Ablieferungspflicht erfüllt und konnte trotzdem 75% seiner Devisen im Schleichhandel zum Schwarzkurs in persische Währung umtauschen.

Abgesehen von der dauernd wachsenden Differenz zwischen dem staatlichen Zwangskurs und dem Metallwert des Geldes, trug ein psychologisches Moment dazu bei, die Währungspolitik der Regierung zu erschweren. Wie schon angedeutet wurde, sollten diese Maßnahmen nur die Periode bis zur Einführung des Goldstandards überbrücken, die zuerst für Mai 1931 vorgesehen war, dann aber bis zum 21. März 1932 aufgeschoben werden mußte. Es war nun verlautbar geworden, daß die Umstellung auf die neue Währung nicht zu dem gesetzlichen Zwangskurs von 60 Kran : 1 £, sondern zu 120 Kran : 1 £ erfolgen sollte. Dieses Gerücht, das sich auf die tatsächliche Absicht der Regierung stützte, der Währungsreform nur eine Geldzirkulation von £ 5 000 000.— zugrundezulegen, was dem oben genannten Umtauschkurs entsprochen haben würde, wirkte selbstverständlich als weitere Vertrauenserschütterung gegenüber der staatlichen Zwangswirtschaft und förderte den illegitimen Devisenhandel außerordentlich.

Bevor ich auf die Bemühungen um die Verwirklichung des Goldwährungsprojekts eingehe, denen, um es vorwegzunehmen, bis heute noch kein Erfolg beschieden gewesen ist, gebe ich nachstehend eine Aufstellung der Kursentwicklung bis zur *Aufhebung der Devisenzwangswirtschaft am 13. Februar 1932*, also ungefähr zwei Jahre nach dem Erlaß des Kontrollgesetzes. In dieser Tabelle sind die Monatsdurchschnitte des Silberpreises und die sich daraus errechnende Parität des Kran zum £ dem offiziellen Zwangskurs gegenübergestellt und außerdem den gleichzeitigen Kursen an den schwarzen Börsen, soweit diese bekannt geworden sind. Ich möchte darauf hinweisen, daß *diese Schwarzkurse für den weitaus größten Teil der Auslandszahlungen maßgebend gewesen sind und deshalb an Stelle der amtlichen Kurse einer Beurteilung der Währungslage zugrundegelegt werden müssen.*

Der amtliche Kurs wurde am 9. II. 1931 auf 90 : £ herabgesetzt, um ihn wenigstens teilweise der veränderten Situation anzupassen. Da jedoch die Parität und dementsprechend auch die Schwarzkurse sich bereits zwischen 100—110 Kran : £ bewegten, gelang es dadurch nicht, den Banken ein vermehrtes Devisenangebot zuzuführen.

Um eine bessere Vergleichsmöglichkeit zu schaffen, habe ich für die Zeit seit der Loslösung des englischen £ vom Gold (Sept. 1931) die Parität und die Kurse weiterhin in Goldpfunden ausgedrückt, wobei die Umrechnung auf Basis des jeweiligen Dollarkurses in London erfolgt ist. Aus dem gleichen Grunde wurde der Silberpreis für die Gesamtperiode in Goldpence per Unze Standardsilber London ausgedrückt. Um dabei die durch die £-Schwankungen hervorgerufene Beunruhigung des Londoner Silbermarktes auszuschalten, wurden ab September 1931 die New Yorker Preise für Feinsilber zugrundegelegt, unter Berücksichtigung der Preisdifferenz zwischen diesem und dem in London gehandelten Standardsilber:

	Silber d. per oz.	Parität Kran : £	Kurs Kran : £
Zum Vergleich:			
März 1929 (Ende 1307) .	26,00	53	51 3/4
1.—26. Februar 1930 . .	20,01	68 7/8	67 1/4

27. Februar 1930 Beginn der Devisenzwangsbewirtschaftung.

	Silber d. p. oz.	Parität : Gold-£	Amtlicher Kurs : G-£	Schwarzkurs : Gold-£
1930 März . . .	19,30	71 3/8	60	—
April . . .	19,55	70 1/2	60	80/85[49]
Mai	18,85	73	60	—
Juni . . .	16,05	85 3/4	60	—
Juli	15,93	86 1/2	60	—
August . . .	16,28	84 1/2	60	85/92[50]
September . .	16,74	82 1/4	60	—
Oktober . .	16,56	83 1/8	60	80/90[51]
November . .	16,62	83 3/8	60	—
Dezember . .	15,20	90 3/8	60	—
1931 Januar . . .	13,81	99 3/4	60	90/100[52]
Februar[53] . .	12,43	110 3/4	90	105[54]
März . . .	13,52	101 3/4	90	—
21. März 1931 Einführung des staatl. Außenhandelsmonopols. (Näheres s. unten, S. 137 ff.)				
April . . .	13,12	105	90	—
Mai	12,86	107 1/4	90	—
Juni	12,71	108 1/2	90	100/110[54a]
Juli	13,30	103 1/2	90	—
August . . .	12,80	107 3/4	90	—
September . .	13,25	103 3/4	90	115[55]
Aufhebung der Goldeinlösungspflicht in England.				
Oktober . .	13,85	99 1/2	88[56]	—
November . .	14,80	93	90	—
Dezember . .	14,22	96 3/4	90	112[57]
1932 Januar . . .	13,96	98 3/4	90	—
13. Febr. 1932 Aufhebung der Devisenzwangsbewirtschaftung.				

Bevor ich die Kurse seit Februar 1932 wiedergebe, die nun auch offiziell wieder den Gesetzen der freien Preisbildung unterlagen, muß ich kurz auf die Maßnahmen seitens der Regierung seit Einführung der Devisenkontrolle eingehen.

Wie schon gesagt wurde, sollte diese Monopolisierung des Devisenhandels lediglich die Kursstabilisierung bis zur Einführung der täglich wünschenswerter erscheinenden Goldwährung bezwecken. Für diese wurde am 10. März 1930 ein Rahmengesetz erlassen, das in seinen Einzelheiten nur historische Bedeutung hat und von dem hier nur interessiert, daß es Goldmünzenzirkulation und im übrigen 100%ige Golddeckung vorsah. Datum und Einzelheiten der Durchführung dieser Reform konnten jedoch erst festgelegt werden, nachdem man sich mit der Imperial Bank über die Entziehung des Notenprivilegs geeinigt hatte. Dies gelang im Mai 1930, wobei die Zahlung einer Entschädigung von £ 200 000.— an das britische Institut vereinbart wurde, sowie Befreiung von den Konzessionsabgaben. Damit waren die rechtlichen Vorbedingungen für die Reform gegeben, und als Zeitpunkt ihrer Durchführung wurde nun der 21. März 1931 (Beginn des Jahres 1310) bestimmt. Am 20. Juni 1931 sollte die Notenemission endgültig an die Banque Nationale übergegangen sein.

Die erfolgreiche Verwirklichung dieses Programms erschien von vornherein zweifelhaft, weil die Deckungsvorschriften eine beträchtliche Vermehrung der für diesen Zweck bestimmten Gold- und Devisenreserve der Regierung notwendig gemacht hätten und weil außerdem mit einer Gefährdung der Währung durch große Goldhortungen des mißtrauisch gewordenen Publikums gerechnet werden mußte. Sie wurde jedoch völlig undurchführbar durch die weitere Silberentwertung in der Zwischenperiode (März 1930 — März 1931, s. Tabelle) und die Gestaltung der Zahlungsbilanz, die schon seit Beginn des Jahres 1929 den Außenwert der alten Währung dem sinkenden Silberwert hatte folgen lassen.

Andererseits konnte die Währungsreform nicht in der Form durchgeführt werden, daß man sich mit einer Goldkernwährung, also mit dem Umlauf eines nur teilweise goldgedeckten Papiergeldes und unterwertiger Scheidemünzen begnügte, da die unentwickelte Kreditverfassung und das Mißtrauen der Bevölkerung die Zirkulation vollwertiger Münzen unentbehrlich machten und die Banknoten, wie schon einmal hervorgehoben wurde, wegen des Überwiegens kleiner Umsätze nur begrenzte Verwendungsmöglichkeit haben, was sich auch in der oben angegebenen Relation von ca. 2 : 1 zwischen Münzen- und Notenumlauf vor der Krise ausdrückte.

So wurde es unvermeidlich, daß die Umstellung auf Gold zunächst auf den 20. Juni 1931, dann auf den *21. März 1932* verschoben wurde. Gleichzeitig entschloß man sich, durch eine einschneidende Maßnahme die Entwicklung der Zahlungsbilanz und damit des Krankurses zu beeinflussen, indem man *am 21. März 1931 den gesamten Außenhandel monopolisierte.* Auf die Einzelheiten und Auswirkungen dieses Gesetzes, das die Entwicklung der Auslandsbeziehungen Persiens wesentlich beeinflußte, wird an anderer Stelle näher eingegangen werden. Hier sei nur gesagt, welche Motive die Regierung in erster Linie zu diesem Eingriff in den freien Wirtschaftsverkehr veranlaßt haben. Als größte Schwierigkeit bei den

Stabilisierungsversuchen des Kran wurde nicht nur die Entwertung des Silbers angesehen, sondern daneben die Passivität der Handelsbilanz, welche den effektiven Krankurs (und das war seit Februar 1930 der Schwarzkurs) unter seine Parität hatte sinken lassen, während er sich in früheren Jahren oft bedeutend über pari hatte halten können. Dieser Passivsaldo im auswärtigen Handel hatte in den beiden ersten Krisenjahren (1308—1309) außer der zusätzlichen Einfuhr für den Bau der transpersischen Bahn zwei Ursachen: 1. die ungenügende Anpassung der privaten Einfuhr an den rückgängigen Gesamtausfuhrwert, 2. die dauernd wachsende Passivität im Warenaustausch mit der Sowjetunion. Die erstgenannte Ursache erklärt sich aus der geringen Elastizität der Produktion, deren größter Teil auf die Landwirtschaft entfällt[58], und die schon deshalb nur schwerfällig auf den Anreiz zur Exportsteigerung, der von der Kranentwertung ausging, reagierte, sowie aus dem ebenfalls unelastischen Einfuhrbedarf, besonders bei der städtischen Bevölkerung. Der persisch-russische Warenaustausch sollte laut den Bestimmungen des provisorischen Handelsvertrages vom 1. Oktober 1927 (vergl. oben, S. 53) einen dauernden Aktivsaldo von 10% für Persien ergeben. Da jedoch von Rußland bei Feststellung der ausgetauschten Wertsummen an dem damals festgesetzten Zwangskurs von 5 Kran = 1 Rubel festgehalten wurde, während der tatsächliche Rubelkurs in Persien bald auf 2—2½ Kran sank, ergaben die persischen Exporte, denen bei der Nachprüfung die in Rußland erzielten Rubelpreise zugrundegelegt wurden, in Kran ausgedrückt, einen weit höheren Wert, als sie tatsächlich beim Verkauf an die russischen Handelsgesellschaften erzielt hatten, und gaben der Sowjetunion das formale Recht, ihr Kontingent für die Einfuhr nach Persien entsprechend zu erhöhen, wobei selbstverständlich die Bezahlung dieser zusätzlichen Mengen in bar verlangt wurde. Dank ihrer politischen und wirtschaftlichen Machtstellung konnten die Sowjetbehörden denn auch diese dem Sinn des Vertrages direkt zuwiderlaufende Methode durchsetzen, was sich in der persischen Außenhandelsstatistik ausdrückt, die sehr hohe Aktivsalden für Rußland ausweist.

Um nun diese beiden Ursachen zu beseitigen, hielt es die persische Regierung für erforderlich, den Außenhandel in der Weise auszubalancieren, daß sie ihn grundsätzlich zum Staatsmonopol erklärte, dabei zwar die Ausübung weiterhin der Privatwirtschaft überließ, aber jede Einfuhr von einer gleichwertigen Ausfuhr persischer Erzeugnisse abhängig machte, wobei die Ölausfuhr der Anglo-Persian Oil Co. natürlich nicht mitberücksichtigt wurde. Dies war der Sinn des persischen Außenhandelsmonopols, soweit es in diesem Zusammenhang interessiert. Die unbestreitbare Tatsache, daß es für die Währung nicht die erhoffte Wirkung gehabt hat, drückt sich in den inoffiziellen Kursen seit seiner Einführung aus (d. h. seit März 1931), die bis zur Freigabe des Devisenverkehrs (Februar 1932) ca. 10 bis

[58]) Die Ölproduktion der Anglo-Persian Oil Co. spielt in diesem Zusammenhang keine Rolle.

20% unter Parität lagen (vergl. Tabelle S. 109). Die Ursache war in erster Linie das außerordentlich starke Anwachsen des Schmuggelimports als natürliche Folge der Preissteigerung für alle diejenigen Waren, deren legitime Einfuhr durch die mit dem Handelsmonopol verbundene Kontingentierung besonders empfindlich eingeschränkt worden war.

Abgesehen davon hatte dieses Gesetz aber auch nicht wesentlich dazu beitragen können, daß der Devisenhandel an den schwarzen Börsen unterbunden wurde, obwohl die Erteilung der Einfuhrlizenzen von der Ablieferung der Exportdevisen zum offiziellen Kurs abhängig gemacht wurde. Denn soweit die Exporteure nicht ihre Devisenerlöse für eigene Einfuhrgeschäfte verwendeten, exportierten sie häufig im Namen der Importeure, denen sie sie im voraus zum Schwarzkurs verkauften, so daß diese also die Ablieferungspflicht übernahmen und dabei berechtigt waren, die für ihre Importe benötigten Devisenbeträge dabei aufzurechnen bezw. nachträglich zum offiziellen Kurs zurückzukaufen[50]. Für den größten Teil des Außenhandels waren also weiterhin die Schleichhandelskurse die Kalkulationsgrundlage, bis die Aufhebung der Devisenkontrolle auch die amtlichen Notierungen wieder den Gesetzen der freien Preisbildung unterwarf.

Angesichts dieser Tatsachen, und weil die Zuspitzung der allgemeinen Wirtschaftskrise keine rigorose Durchsetzung der Goldwährungspläne auf Kosten der Wirtschaft gestattete, ist es verständlich, daß die Verwirklichung dieser Pläne auf unbestimmte Zeit vertagt wurde, noch dazu, wo die Entwertung des Pfundes um damals ca. 25% die Regierungsreserve in London entsprechend verkleinert hatte. Trotzdem wollte man nicht ganz auf die Reform verzichten, nachdem das Recht zur Notenemission längst auf die Nationalbank übergegangen war und man die Bevölkerung bereits mit dem Gedanken einer neuen, unter nationaler Kontrolle stehenden Währung vertraut gemacht hatte. Deshalb entschloß man sich zu dem Kompromiß, zwar vorläufig beim Silberstandard zu bleiben, aber doch die neue Währungseinheit, den *Rial*, einzuführen und der Nationalbank die Inumlaufsetzung der neuen Münzen und die Emission der Banknoten zu übertragen. In diesem Sinne ist das *zweite Währungsgesetz vom 13. März 1932* zu verstehen, das am 22. März 1932 (Beginn des Jahres 1311) in Kraft getreten ist und die Grundlage der heutigen Währungsverhältnisse bildet. Sein Inhalt läßt erkennen, daß damit die Umstellung auf Gold nicht endgültig aufgegeben ist, sondern noch immer den Abschluß der ganzen Reform bilden soll. Die folgenden sind die wichtigsten Bestimmungen dieses Gesetzes:

1. Die gesetzliche Zahlungseinheit ist der Goldrial im Werte von 1/100 Gold-£, unterteilt in 100 Dinar.

2. Münzumlauf: Goldmünzen zu 1 und $^1/_2$ Paehlevi (1 Paehlevi = 100 Rial = 1 Gold-£). *Die Ausgabe von Goldmünzen wird auf unbestimmte Zeit suspendiert.*

Silbermünzen zu 5, 2, 1 und 1/2 Rial. 1 Rial = 4,14 Gramm bei 828/1000 Feingehalt.

Nickelmünzen zu 20, 10 und 5 Dinar. Keine Deckungsvorſchrift, aber Begrenzung des Umlaufs auf 3 Mill. Rial.

Banknoten zu 1000, 500, 100, 50, 20, 10 und 5 Rial.

Deckungsvorſchrift 60% in Silber, 40% in Gold oder Golddeviſen. *Die Einlöſung der Noten gegen Gold oder Golddeviſen wird auf unbeſtimmte Zeit ſuspendiert.*

3. Der Umtauſch gegen das alte Geld erfolgt auf Baſis *1 Kran = 1 Rial.*

4. Das Recht zur Goldausfuhr und zur Silbereinfuhr ſteht allein der Nationalbank zu, vorbehaltlich ausdrücklicher Genehmigung der Regierung.

Ungefähr 1 1/2 Monate vor dem Inkrafttreten des neuen Währungsgeſetzes, am 13. Februar 1932, hatte ſich die perſiſche Regierung, wie bereits erwähnt wurde, entſchloſſen, die Zwangsbewirtſchaftung der Deviſen, die wegen ihres mangelhaften Funktionierens der Durchführung der Münzreform nur hindernd im Wege geſtanden hätte, aufzugeben, um dadurch dem Schleichhandel ſeine Daſeinsberechtigung zu nehmen und den Banken wieder ihren normalen Anteil am Deviſenhandel zu geben.

Der Umſtellung auf die neue Währungseinheit ſeit Ende März 1932 ſtanden jedoch techniſche Schwierigkeiten im Wege. Die Einziehung der Noten der Imperial Bank of Persia ſollte bis zum 23. September durchgeführt werden, verzögerte ſich aber, ſo daß die Friſt noch einmal verlängert werden mußte. In ſeiner urſprünglichen Form hatte das neue Währungsgeſetz für die Nationalbanknoten einen Höchſtbetrag von 340 Millionen Rial feſtgeſetzt, der aber durch ein Ergänzungsgeſetz vom 2. Auguſt 1932 auf 465 Millionen erhöht wurde. Anfang September 1932 waren jedoch erſt für 80 Mill. Rial neue Noten emittiert, während im übrigen noch diejenigen der Imperial Bank zirkulierten[60].

Ebenſo konnte der Umtauſch der Kranmünzen in Rials nur langſam erfolgen, da zunächſt die Prägekapazität der Teheraner Münze durch Bezug neuer Maſchinen aus Deutſchland erhöht werden mußte. Sie ſoll heute ca. 200 000 Rial pro Tag betragen[61], iſt alſo für eine ſchnelle Umprägung des geſamten Silbermünzenumlaufs (vor der Kriſe ca. 250 Mill. Kran) völlig unzureichend. Die Ausprägung der kleinen Nickelſtücke wurde an das Ausland, größtenteils an Deutſchland und Belgien, vergeben.

Daß dieſe vorläufige Währungsreform für viele eine Enttäuſchung geweſen ſein muß, iſt ſelbſtverſtändlich, denn ſie hat das größte Übel, die Abhängigkeit von dem unſicheren Silbermarkt, nicht beſeitigen können. Man darf allerdings nicht verkennen, daß ein wichtiges Ziel, die Übertragung der Währungspolitik auf ein nationales Inſtitut, erreicht worden iſt. Was ſicherlich am meiſten enttäuſcht hat, iſt die Kursgeſtaltung dieſes „nationalen“ Geldes. In der nachstehenden Übersicht gebe ich diese nach den gleichen Berechnungsmethoden wieder, wie sie bei Aufstellung der Tabelle für die vorangehende Periode (S. 109) angewandt wurden, also Silberpreis in Goldpence, Parität und Kurs in Gold-£. Bei Gegenüberstellung mit jener Tabelle, deren Fortsetzung diese Aufstellung bildet, ist folgendes zu beachten: Seit Freigabe des Devisenhandels im Februar 1932 ist der offizielle Kurs wieder gleichzeitig effektiver Kurs als Ergebnis der freien Preisbildung. Deshalb konnte die Londoner Notierung auf Teheran (umgerechnet in Gold-£) zugrundegelegt werden. Die Parität wurde ab August 1932 auf Basis der neuen Währungseinheit, des Rials, berechnet, welcher 17,91% weniger Feinsilber enthält als der Kran, weil sich die Londoner Notierung seit dem 1. August für Rial (bis dahin für Kran) verstand. Da der Umtausch der alten Münzen gegen die Rialstücke im Verhältnis 1 : 1 stattfand, ist jedoch anzunehmen, daß sich der Kurs schon seit dem Inkrafttreten des Währungsgesetzes (März 1932) nach der niedrigeren Parität des neuen Geldes richtete. Deshalb wurde zu Vergleichszwecken auch für die Monate April—Juli die Rialparität den Kursen gegenübergestellt.

		Silber d. per oz.	Parität : Gold-£	Parität Rial : G-£	Kurs : Gold-£
1932	Februar . .	14,24	96¾ Kran		109¾ Kran
	März . . .	14,03	98¼ Kran		119 Kran
	April . . .	13,35	103 Kran	121½	121¾ Kran
	Mai . . .	13,05	105½ Kran	124½	130 Kran
	Juni . . .	13,00	105¾ Kran	124¾	134¼ Kran
	Juli . . .	12,55	109¾ Kran	130	142½ Kran
	August . .	13,11	124 Rial		149¾ Rial
	September .	13,16	123½ Rial		143 Rial
	Oktober . .	12,79	127 Rial		148½ Rial
	November .	12,58	129¼ Rial		151 Rial

Zusammenfassend ist also festzustellen, daß die persische Währung heute wie bei Beginn der Weltwirtschaftskrise eine Silberwährung ist und daß trotz aller staatlichen Gegenmaßnahmen in der Währungs- und Handelspolitik ihre Valuta im bisherigen Verlauf der Krise noch über die Entwertung des Metalls hinaus gesunken ist, was durch folgende Stichzahlen noch einmal veranschaulicht werden soll:

	Eff. Kurs 1 Gold-£ =	Parität
März 1929 (Ende 1307)	51¾ Kran	53
April 1930 (Anfang 1309)	80/85 Kran	70½
Februar 1931 (Ende 1309)	105 Kran	110¾
Februar 1932 (Ende 1310)	109¾ Kran	96¾
November 1932 (2. Hälfte 1311) .	151 Rial	129¼

Mit anderen Worten: *Während der $3^{1}/_{2}$ Kriſenjahre hat ſich die perſiſche Valuta um faſt 66% entwertet!* Es braucht nicht betont zu werden, daß dieſe kataſtrophale Entwicklung die perſiſche Wirtſchaft und ganz beſonders die weltwirtſchaftlichen Beziehungen des Landes maßgeblich beeinflußt hat, deren Geſtaltung ohne Berückſichtigung dieſer Tatſache nicht verſtanden werden kann. Das allein veranlaßte mich ſchon, die Währungsfrage ſo ausführlich darzuſtellen. Ich hielt es aber auch deshalb für erforderlich, weil nur ſo die ſtaatlichen Eingriffe in das Wirtſchaftsleben, die in den nächſten Abſchnitten noch ausführlich erörtert werden, richtig zu beurteilen ſind. Schließlich hoffe ich auch, mit dieſer Darſtellung ein klares Bild der gegenwärtigen Verhältniſſe gegeben zu haben und damit einem praktiſchen Bedürfnis zu genügen. Denn noch immer herrſcht über dieſe Frage ſehr viel Unklarheit, ſo daß ſelbſt europäiſche Zeitungen noch immer davon ſprechen, daß Perſien im Frühjahr dieſes Jahres zur Goldwährung übergegangen ſei.

Wann dieſes Ziel erreicht werden wird, kann natürlich nicht vorausgeſagt werden. Das Währungsgeſetz vom 13. März 1932 ſieht eine Parität von 100 Rial zum Gold-£ vor, während ſich heute (November 1932) die Parität auf $129^{1}/_{4}$ ſtellt. Neben einer Stabiliſierung der weltwirtſchaftlichen Lage wäre alſo eine bedeutende Aufbeſſerung des Silberpreiſes erſte Vorbedingung, wenn man dieſes Geſetz unverändert in vollem Umfange durchführen wollte.

C. Die Kapitalverflechtung Persiens mit dem Ausland seit 1929.

Während in den meisten europäischen Staaten der Konjunkturabstieg seit dem Herbst 1930 dadurch beschleunigt worden ist, daß die Rückziehungen kurzfristiger Auslandskredite die Kapitalbasis der davon betroffenen Volkswirtschaften zusammenschrumpfen ließen und ihre Währungen in Gefahr brachten, hatten diese Vorgänge, die die zweite Phase der Depressionsperiode einleiteten, für Persien keine unmittelbare Bedeutung. Dies erklärt sich aus der im ersten Teil erörterten Struktur seiner Kapitalverflechtung mit dem Ausland vor der Krise. Es hatte sich gezeigt, daß entsprechend dem Entwicklungsstadium der persischen Volkswirtschaft, das man *frühkapitalistisch* nennen könnte, die gesamte private Kapitaleinfuhr in Form von Eigeninvestitionen der ausländischen Kapitalgeber erfolgt war und daß auch die in ihrer Höhe unbedeutenden Verpflichtungen des persischen Staates gegenüber England langfristig waren. Deshalb konnte sich die Kreditkrise hier nur mittelbar auswirken, und zwar einmal durch die dadurch bedingte verstärkte Absatzschrumpfung für die persische Ausfuhr und ferner durch die Aufgabe des Goldstandards in England, die eine entsprechende Entwertung der in London deponierten Goldwährungsreserve der persischen Regierung bedeutete.

Es ist also festzustellen, daß gegenüber den sehr umfangreichen Kapitalverlagerungen zwischen anderen Ländern, die im Jahre 1931 ihren Höhepunkt erreichten, die Situation Persiens in dieser Beziehung durchaus normal blieb. Im einzelnen lassen sich folgende Veränderungen feststellen:

Die persische Staatsschuld gegenüber der Imperial Bank of Persia und dem britischen Schatzamt, die sich bei Beginn der Krise auf £ 1 683 164.— bezifferte (vergl. oben, S. 23), verminderte sich während der folgenden Jahre weiter um die jährliche Tilgungssumme von £ 68 750.—, beträgt also heute (Ende 1932) ca. £ 1 480 000.—. Demgegenüber erfuhr die Regierungsreserve in London dauernde Veränderungen. Der Bahnbaufonds wurde weiterhin aus den Erträgen des Zucker- und Teemonopols gespeist, gleichzeitig aber durch die schnell anwachsenden Ausgaben für die Fertigstellung der beiden ersten Teilstrecken der transpersischen Bahn vermindert und schließlich (1930/31) vollständig aufgebraucht. Die Monopoleinkünfte werden seitdem wieder in persischer Währung angesammelt und nur in Höhe der jeweils entstehenden Devisenverpflichtungen transferiert. Dagegen wuchs die Goldwährungsreserve in London, die aus den Konzessionszahlungen der Anglo-Persian Oil Co. gebildet worden war, weiter an, dank den hohen Reingewinnen dieser Gesellschaft in den Jahren 1929 und 1930, nach denen sich die Höhe dieser Abgaben bestimmt. Letztere betrugen für das Jahr 1929 £ 1 250 000.— und für 1930 £ 1 323 000.—. Dementsprechend war das Guthaben der persischen Regierung in London im Herbst 1931 auf £ 3 890 000.— gestiegen[62], so daß die £-Entwertung einen beträchtlichen Verlust darstellte, der nur teilweise durch die gleichzeitige Entwertung der oben angegebenen Regierungsschuld kompensiert wurde. Im letzten Jahr hat sich auch dieser Aktivposten in der öffentlichen Kapitalverflechtung wesentlich verringert infolge der Anforderungen, die die provisorische Währungsreform stellte. Genaue Zahlen über den jetzigen Status liegen nicht vor. Einen Anhaltspunkt gibt eine Parlamentsrede des Finanzministers Taghi-Zadeh am 13. September 1932, in der dieser die jetzt bei der Nationalbank in Teheran gehaltene Goldreserve für die neue Währung mit 17 Kharwar, d. i. 5050 kg, angibt, was bei einem Kurs von RM 14.— : £ einem Betrage von ca. £ 1 000 000.— entspricht.

Bei Untersuchung der volkswirtschaftlich wichtigeren *privaten Kapitalverflechtung* steht natürlich die Anglo-Persian Oil Co. wieder im Vordergrund des Interesses. Die in der persischen Außenhandelsstatistik ausgewiesenen großen zollfreien Importe von Produktionsmitteln, Baumaterial etc., die zum weitaus größten Teil für dieses Unternehmen bestimmt waren, lassen auf weitere umfangreiche Investitionen schließen, besonders in den Jahren 1308/09. Dies bestätigt auch die Tatsache, daß in dieser Periode (1929/30) die Kapazität der Raffinerie in Abadan bedeutend erhöht wurde, wo man auch für die Anwendung des Krack-Verfahrens zusätzliche Apparaturen einführen und umfangreiche Neubauten vornehmen mußte. Außerdem wurde 1930 die Ölförderung auf dem neuen Feld bei Haft Kel begonnen, wo 1931 bereits ca. 1,5 Mill. Tonnen produziert wurden. Dies hatte nicht nur neue Anlagen auf dem Bohrfeld selbst notwendig gemacht, sondern auch eine weitere Rohrleitung zur Küste, die allerdings wegen der noch günstigeren Lage dieses Feldes weniger kostspieliger war als diejenige, die von dem Hauptfeld bei Mesjed-i-Suleiman nach Abadan führt und bei einer Länge von 135 engl. Meilen zwei Gebirgspässe überqueren muß.

Die gesamte zusätzliche Kapitaleinfuhr der Anglo-Persian Oil Co. seit März 1929 wird auf ca. 1—1½ Mill. £ geschätzt.

Bei der Betrachtung der Auslandskapitalanlagen in Persien tritt alles dies heute an Bedeutung zurück hinter dem jüngsten Ereignis, nämlich der am 27. November 1932 erfolgten Kündigung dieser Ölkonzession durch die persische Regierung. Die Vorgeschichte dieser Maßnahme beginnt mit dem Abschluß der Anglo-Persian Oil Co.

für das Geschäftsjahr 1931, welcher, allerdings nach umfangreichen Abschreibungen, mit einem Reingewinn von nur £ 2 318 000.— weit hinter den Ergebnissen der Vorjahre zurückblieb. In Übereinstimmung mit dem Konzessionsvertrag wurde der persischen Regierung ein Betrag von £ 307 000.— als Royalty angeboten (im letzten Jahr £ 1 323 000.—), der jedoch nicht akzeptiert wurde. Gleichzeitig mit einer im Juni einsetzenden Pressekampagne gegen den Konzessionsvertrag, über dessen Nachteile man sich erst in diesem Jahre in vollem Umfange klar wurde, als sich die Weltmarktsituation für Ölprodukte in einem derart enttäuschenden Ergebnis für den persischen Haushalt äußerte, begannen inoffizielle Verhandlungen zwischen der Regierung und den Vertretern der Gesellschaft über eine Änderung der Berechnungsgrundlage für die Konzessionsabgabe. Am 13. September 1932 hieß es in der Frankfurter Zeitung wörtlich: „Wie soeben zuverlässig bekannt wird, ist nun die Anglo-Persian Oil Co. der Regierung insofern entgegengekommen, daß sie die Zahlung für das Jahr 1931 von £ 300 000.— auf £ 1 250 000.— erhöht hat. Allerdings ist noch nicht bekannt, ob es sich dabei um eine einmalige Prämie handelt oder um einen Vorschuß auf Grund einer bevorstehenden Neuregelung des Konzessionsvertrages, der für die persische Regierung vorteilhafter sein müßte als bisher."

Die Tatsachen zeigen jedenfalls, daß eine solche endgültige Einigung nicht erzielt worden ist, und als die Ölgesellschaft in letzter Zeit die Verhandlungen hinauszuzögern begann, bereitete ein neuer Presseangriff, besonders durch die offiziöse Zeitung „Iran", die öffentliche Meinung im Inland und Ausland auf das jetzige energische Vorgehen der Regierung vor,

Auch in der deutschen Presse wird dieser Fall heute genügend erörtert, wobei man sich zuweilen bemüht, ihn als Anlaß zu nachdenklichen Betrachtungen mehr geschichtsphilosophischer Natur über die Emanzipation des Ostens von dem westlichen Imperialismus zu nehmen. Ich habe in dieser Untersuchung immer absichtlich auf Formulierungen solcher Art verzichtet, weil sie allzu leicht um der schönen Phrase willen die Besonderheiten des Einzelfalls in den Hintergrund treten lassen. Deshalb beschränke ich mich auch hier auf den Hinweis, daß die Kündigung der Ölkonzession allerdings durchaus in einer Linie mit den übrigen Aeußerungen des neuen Nationalismus in Persien liegt, wie er in der Einleitung skizziert wurde, daß es sich letzten Endes aber doch nur um eine Geldfrage handelt und nicht um einen Versuch, die Ölfelder zu nationalisieren. Man ist sich in Persien darüber im klaren, daß man bei einer Mineralausbeute in so großem Stile noch lange auf das Ausland angewiesen sein wird und daß gerade die Ölproduktion mit ihrer in der ganzen Welt organisch ausgebauten Absatzorganisation in den Händen der Anglo-Persian Oil Co. am besten aufgehoben ist. Dies drückt sich schon darin aus, daß gleichzeitig mit der Kündigung dem alten Konzessionär die Aufsetzung eines neuen Kontraktes, der den persischen Interessen besser entspräche, angeboten wurde.

Was die Regierung veranlaßte, trotz der formalen Unkündbarkeit *bis 1961* den Konzessionsvertrag kurzerhand zu annullieren, war lediglich die Erwägung, daß eine Einnahme von £ 307 000.— für das Land, das Eigentümerin der Ölquellen ist, in keiner Weise der Bedeutung der Produktion entspricht, die sich 1931 auf 5 750 000 Tonnen Erdöl belief und die sich für Großbritannien und auch andere Länder, wo sie abgesetzt wurde, in hohen Zoll- und Steuereinnahmen auswirkte, während Persien selbst mit einem derartig minimalen Betrag abgespeist werden sollte. Denn wie bereits oben (S. 68) gesagt wurde, sieht der Konzessionsvertrag eine vollständige Befreiung der Anglo-Persian Oil Co. von allen Ein- und Ausfuhrzöllen, Steuern und sonstigen Abgaben vor, so daß also der persische Haushalt in keiner Weise von der Ausdehnung des Produktionsvolumens profitieren konnte und ganz von der Höhe des Reingewinns und auch der Abschreibungspolitik der Gesellschaft abhängig war.

Muß man also dem Wunsch nach einer grundlegenden Abänderung des Vertrages seine moralische Berechtigung zuerkennen, was auch in der liberalen englischen Presse geschehen ist, so ist die juristische Berechtigung der Kündigung sehr zweifelhaft, da das persische Argument, daß der Kontrakt von der alten Dynastie, ohne Zustimmung des Parlaments (das nämlich damals noch nicht existierte) und unter britischem Druck abgeschlossen worden sei, wahrscheinlich im Haag, wo die Entscheidung zuerst gefällt werden sollte, kaum als stichhaltig anerkannt worden wäre, da es der Ableugnung der Kontinuität von Vertragsverpflichtungen bei dem Sowjetregime ziemlich ähnlich sieht.

Wenn sich England inzwischen bereiterklärt hat, den Streitfall in Genf auszutragen, so entspricht das durchaus der Natur der Sache, denn es handelt sich nicht um eine Frage der Rechtsauslegung — in diesem Fall wäre die Stellung Persiens ohne Zweifel hoffnungslos —, sondern um die Frage einer *Rechtsänderung aus Gründen der Billigkeit.* Wieweit sich dabei die persischen Interessen durchsetzen werden, hängt einzig und allein von politischen Momenten ab, vor allem von der Bereitwilligkeit Englands, Nachgiebigkeit zu zeigen und dadurch einen verschärften Konflikt mit Persien auf lange Sicht zu vermeiden, an dem es gerade heute wenig Interesse hat, wo ihm die persisch-russischen handelspolitischen Gegensätze Gelegenheit geben, seinen Einfluß in diesem Lande erneut zu stärken.

Es sei hier an die ähnlichen Bestrebungen in Mexiko gegen die dortige Überfremdung der Petroleumwirtschaft durch die Vereinigten Staaten erinnert, die im Artikel 27 der mexikanischen Verfassung von 1917 Ausdruck fanden, sowie in dem Dekret des Präsidenten vom Dezember 1925, nach welchem der vor 1917 von ausländischen Ölgesellschaften erworbene Grundbesitz von der Regierung neu bestätigt werden mußte, was nur in einer auf 50 Jahre befristeten Konzession geschehen konnte. Das Urteil des Obersten Gerichtshofes und die daraufhin erfolgte Abänderung der Verfassung zugunsten der ausländischen Interessen hat in Mexiko gezeigt, wie schwierig es für einen schwachen Staat ist, durch einseitige Rechtsänderung die Herrschaft des Auslandes über seine Bodenschätze zu beschränken.

Für die vorliegende Untersuchung läßt sich jedenfalls ohne gewagte Prophezeiungen behaupten, daß dieser Konflikt, wie er auch auslaufen mag, auf keinen Fall zu einer wesentlichen Änderung der kapitalmäßigen Verbundenheit Persiens mit dem Ausland führen wird.

Über die übrigen Veränderungen bei den Auslandsinvestitionen im bisherigen Verlauf der Weltwirtschaftskrise ist wenig zu sagen. Die sonstigen britischen verminderten sich zu Beginn des Jahres 1931 um die Anlagen des Indo-European Telegraph Department, die ohne Entschädigung in das Eigentum des persischen Staates übergegangen sind, was immerhin einen wichtigen Fortschritt in der Nationalisierung des Nachrichtenverkehrs bedeutet, wenn auch die Verwaltung vorläufig weiter in britischen Händen bleibt.

Die russischen Kapitalanlagen haben in den Krisenjahren eine weitere Erhöhung erfahren. Dies war einerseits damit verbunden, daß die Sowjetgesellschaften allmählich den gesamten persisch-russischen Warenaustausch monopolisierten, was in den Bestimmungen des neuen Handelsvertrages vom 27. Oktober 1931 sanktioniert wurde, nachdem es bereits vollendete Tatsache geworden war. Vor allem aber stellte der systematische Aufkauf der noch in persischen Händen befindlichen Anteile an diesen Gesellschaften durch Rußland eine bedeutende Kapitaleinfuhr dar. Nur an der Fischereigesellschaft und der Kevirkurian (Ölgesellschaft) besitzt die Regierung noch heute ca. 50% der Aktien, während diejenigen, bei welchen für Ende 1307 ein Anteil Rußlands von 75% angenommen wurde (vergl. S. 27), heute zu 100% russisch sind. Die dabei erwähnte Schark-Gesellschaft ist inzwischen allerdings aufgelöst worden. Da aber ihre gesamten Aktiven auf die Sowjet-Handelsvertretung übergingen, bedeutete dies keine Veränderung in der Gesamthöhe der russischen Investitionen.

Bei den deutschen Kapitalanlagen ist zu erwähnen, daß der Luftverkehr der Junkers-Gesellschaft im Frühjahr 1932 (Ende 1310) eingestellt wurde, da die Regierung nicht bereit war, die noch notwendigen Subventionszahlungen fortzusetzen, wahrscheinlich beeinflußt durch die damals aufkommende deutschfeindliche Stimmung, an der eine für Deutschland außerordentlich unangenehme Presseaffäre die Hauptschuld trägt. Ebenso läßt sich bei den deutschen Handelsfirmen ein Rückgang der in Persien arbeitenden Kapitalsummen feststellen, entsprechend der starken Schrumpfung des deutschen Absatzes in Persien während der letzten Jahre. Andererseits ist die Beteiligung der deutschen Fabrikanten, die die Maschinen für die 1932 in Aliabad (Masanderan) errichtete Textilfabrik lieferten, in Höhe von 20% = 1 Mill. Rial an diesem Unternehmen zu erwähnen, ferner, daß der Betrieb der deutschen Zündholzfabrik in Täbris, der 1929 infolge russischen Dumpings vorübergehend stillgelegt werden mußte, wiederaufgenommen wurde.

Auch die weitere Kapitaleinfuhr aus den Vereinigten Staaten (Oppenheimer Casing Co. und eine Beteiligung an der neu gegründeten Société Commerciale, über die allerdings widersprechende Pressemeldungen vorliegen[63], hielt sich in engen Grenzen.

Interessant ist die Tatsache, daß sich in letzter Zeit die indischen Parsen für ihre alte Heimat interessieren. So übernahmen sie 30% der Aktien der 1932 in Betrieb genommenen Zuckerfabrik in Karisek, deren Stammkapital sich auf 3 Millionen Rial beläuft und zum größten Teil von der Regierung und der Nationalbank gezeichnet wurde.

Die schwedische Wirtschaft war durch die Betätigung der Gesellschaft Nidquist & Holm bei dem Eisenbahnbau (s. unten, S. 131) in Persien auf dieses Land aufmerksam geworden. Dies hat vor kurzem zur Gründung einer Ausfuhrgesellschaft „Perskomp" mit schwedischem Kapital geführt[64], die es unternommen hat, Teile der diesjährigen Ernte an Trauben und Aprikosen nach modernen Methoden, wie sie in Kalifornien angewandt werden, zu trocknen und in tadellosem Zustand und guter Verpackung zu exportieren.

Jedenfalls muß hervorgehoben werden, daß der Umfang aller dieser Investitionen volkswirtschaftlich unbedeutend war und gegenüber denjenigen der Anglo-Persian Oil Co. in den Hintergrund tritt. Abschließend ist zu sagen, daß sich die Struktur der privaten Kapitalverflechtung Persiens mit dem Ausland während der Krise nicht wesentlich geändert hat, *daß aber Ansätze zu einer solchen Strukturwandlung erkennbar sind.* Damit meine ich die Tatsache, daß heute bereits eine *Beteiligung ausländischen Kapitals an persischen Unternehmungen in Form einer Aktienübernahme* in Frage kommt. Als Beispiele wurden die deutsche Beteiligung an der Textilfabrik in Aliabad und die indische an der Zuckerfabrik in Karisek genannt. Daneben soll ein Kontrakt zwischen der Regierung und einer belgischen Gesellschaft für die Errichtung eines neuen Elektrizitätswerkes und den Bau einer Drahtseilbahn für den Transport der Kohle von den Schamscheck-Minen nach der Hauptstadt abgeschlossen worden sein, wobei eine Kapitalbeteiligung der Belgier in Höhe von 50% vereinbart wurde, während die andere Hälfte der Aktien von der Regierung bezw. der Nationalbank übernommen werden[65]. Es zeigt sich also, daß die Bereitwilligkeit des ausländischen Kapitals, sich an *persischen* industriellen Gründungen zu beteiligen, in dem Maße größer wird, in dem die beginnende Industrialisierung des Landes in Form staatlicher bezw. gemischtwirtschaftlicher Betriebe vor sich geht, bei denen man das Risiko selbstverständlich geringer veranschlagt. Vor allem zeigt sich diese Bereitwilligkeit dann, wenn sich der Kapitalgeber durch die Übernahme der Aktien den Auftrag für die Maschinen- und Materiallieferungen sichern kann. Es wird von den Erfolgen der staatlichen Industrialisierungsversuche abhängen, ob diese für Persien durchaus wünschenswerte Form der Kapitaleinfuhr größeren Umfang annimmt oder durch Enttäuschungen in ihren Anfängen stecken bleibt.

D. Die Dienſtleiſtungen des Auslands ſeit 1929.

Im Gegenſatz zu dem zuletzt über die Kapitaleinfuhr Geſagten laſſen ſich auf dem Gebiet der zwiſchenſtaatlichen Dienſtleiſtungen für Perſien keinerlei Anfänge von ſtrukturellen Wandlungen feſtſtellen. Was über die Entwicklung in den Kriſenjahren erwähnt werden muß, beſchränkt ſich auf die konjunkturell bedingten Verſchiebungen in der wertmäßigen Bedeutung der einzelnen Poſten, während im übrigen auf die Ausführungen in Teil I, Abſchnitt C, verwieſen werden kann, wo die rein paſſive Rolle, die das Land in dieſer Beziehung ſpielt, hervorgehoben wurde.

Über die durch die Konjunkturentwicklung und einige Einzelurſachen bewirkten Veränderungen der Größe der einzelnen Poſten iſt zuſammenfaſſend zu ſagen, daß ſie ungefähr mit denjenigen des Außenhandelsvolumens parallel liefen, da es ſich in erſter Linie um Transport- und Verſicherungsleiſtungen handelt, die im auswärtigen Warenverkehr in Anſpruch genommen werden. Nach einem hauptſächlich auf die Ausdehnung der Ölproduktion und den Bahnbau zurückzuführenden Anwachſen dieſes Außenhandelsvolumens im erſten Kriſenjahr (1308) iſt ein ſtändiger Rückgang zu verzeichnen. Dies betrifft die Seetransport- und Verſicherungsleiſtungen allerdings nicht in gleichem Verhältnis, da ſich bei den letzteren die Prämienbeträge automatiſch mit dem ſinkenden Warenpreisniveau ermäßigten, während die Frachtraten für den Seetransport, mit Ausnahme der Tankfrachten für die Ölexporte, bis zum September 1931 ziemlich ſtabil blieben und erſt durch die £-Entwertung eine allgemeine Senkung erfuhren. Deshalb war alſo dieſe Gattung Dienſtleiſtungen in ihrem Geſamtwert in erſter Linie von den verladenen Güter*mengen* abhängig. Die folgenden Zahlen zeigen die Veränderung in der von dem perſiſchen Außenhandel ausgehenden Tonnagenachfrage. Dabei iſt wieder nur der Dampferverkehr berückſichtigt, um die Küſtenſchiffahrt nach Möglichkeit auszuſchalten. Die bereits auf S. 33 wiedergegebenen Zahlen für das Jahr 1307 werden zum Vergleich noch einmal wiederholt:

Dampferverkehr in den perſiſchen Häfen am *Kaſpiſchen Meer*, ein- bezw. ausgeladene Warenmengen:

Einlaufend:	1307 (1928/29) . .	123 338 Tonnen
	1308 (1929/30) . .	141 585 Tonnen
	1309 (1930/31) . .	91 716 Tonnen
Auslaufend:	1307 . .	83 037 Tonnen
	1308 . .	87 939 Tonnen
	1309 . .	78 674 Tonnen

Für das Jahr 1310 liegen noch keine Angaben vor. Auf Grund der inzwiſchen veröffentlichten Ziffern für die Außenhandelswerte in dieſem Jahre iſt jedoch als ſicher anzunehmen, daß der ſeewärtige Warenverkehr weiter beträchtlich zuſammengeſchrumpft iſt. Während 1308 für die ruſſiſche Flotte allgemein mehr Ladeangebot vorlag als im letzten Jahr vor der Kriſe, iſt alſo ſeitdem eine rückläufige Bewegung eingetreten, die noch heute anhält. Die Steigerung im Jahre 1308 bei der eingehenden Fracht erklärt ſich hauptſächlich aus den großen Materiallieferungen für den Bau der Nordſtrecke der transperſiſchen Bahn, welches teilweiſe von Rußland ſelbſt geliefert wurde, teilweiſe über Batum—Baku im Tranſit nach Perſien kam.

Die entſprechenden Zahlen für die Häfen *am Perſiſchen Golf* ſind:

Einlaufend:	1307 . . .	129 234 Tonnen
	1308 . . .	254 093 Tonnen
	1309 . . .	214 634 Tonnen
Auslaufend:	1307 . . .	5 144 475 Tonnen
	1308 . . .	4 248 571 Tonnen
	1309 . . .	5 157 719 Tonnen

Die ausgehenden Warenmengen ſind in ihrer Höhe vor allem von den Ölverſchiffungen der Anglo-Persian Oil Co. abhängig und ſchwanken deshalb entſprechend der Produktions- und Marktpolitik dieſes Konzerns. Während für das Jahr 1307 (21. III. 1928 bis 20. III. 1929) eine Produktion von 5 400 000 Tonnen errechnet wurde (vergl. oben, S. 69), liegen die Ziffern für die Kalenderjahre 1929/1932 wie folgt:

1929	5 460 000 Tonnen
1930	5 940 000 Tonnen
1931	5 750 000 Tonnen
1932	6 500 000 Tonnen[65a]

Auch bei den gelöſchten Warenmengen iſt die Einfuhr der übrigen perſiſchen Wirtſchaft durchaus nicht ausſchlaggebend. Die hohe Ziffer für 1308 und diejenige für 1309, die ebenfalls gegenüber dem Jahre 1307 für die Einfuhr über die ſüdperſiſchen Häfen bedeutend größere Gewichtsmengen angibt, erklärt ſich aus der großen Produktionsmitteleinfuhr der Anglo-Persian Oil Co., die ſchon im vorigen Abſchnitt bei den Kapitalinveſtitionen erwähnt wurde, ferner aus den für den Bau der Südſtrecke der neuen Bahn eingetroffenen Baumaterialien. Da beide Poſten, ebenſo wie die ſonſtigen Importe, im Jahre 1310 ſtark zuſammenſchrumpften, muß für dieſes auf einen beträchtlichen Rückgang der über die Golfhäfen eingehenden Warenmengen geſchloſſen werden.

Was die *perſonalen Dienſtleiſtungen* anbetrifft, iſt hervorzuheben, daß dieſer Poſten in den letzten Jahren an Bedeutung gewonnen hat, nämlich durch die vermehrte Hinzuziehung ausländiſcher Sachverſtändiger in der Landwirtſchaft, den neu gegründeten Induſtriebetrieben und im Bankweſen, ferner durch die Beſchäftigung von Ingenieuren und Technikern bei der Fortſetzung des Eiſenbahnbaus, den die Regierung ſeit Juli 1931 in eigene Regie übernommen hat. Damals wurden für dieſen Zweck 67 ausländiſche Ingenieure und Mechaniker angeſtellt; ihr Gehalt ſollte insgeſamt 4 400 000 Kran jährlich betragen[66].

Noch im Jahre 1931 hatte man feſtſtellen können, daß in allen ſolchen Fällen weiterhin beſonders viele Deutſche herangezogen wurden. Dies hat ſich aber in letzter Zeit grundlegend geändert infolge der ſchon oben (S. 120) erwähnten Spannung in dem deutſch-perſiſchen Verhältnis. Da beide Länder keinerlei politiſche Reibungsflächen haben und ſich wirtſchaftlich in jeder Beziehung vorzüglich ergänzen, iſt zu hoffen, daß die beiderſeitigen Intereſſen bald zu einer Beſſerung der Beziehungen führen werden, da die augenblickliche Situation nicht ohne wirtſchaftliche Folgen bleiben kann, die für beide Länder nachteilig ſein müſſen.

E. Der persische Außenhandel in der Krise.

1. Die Transportverhältnisse.

Weder die Auswirkungen der 1929 einsetzenden Depression auf dem Weltmarkt, noch die Folgen der Währungskrise haben die persische Regierung von der Fortsetzung ihrer wirtschaftspolitischen Reformen Abstand nehmen lassen, und obwohl man zur Ausbalancierung der Handelsbilanz die im nächsten Abschnitt zu behandelnden Restriktionen des Außenhandels vornehmen zu müssen glaubte, war bis heute von eigentlichen Autarkiegedanken nie die Rede. Zwar bemühte man sich mehr und mehr, die Produktion wichtiger Einfuhrartikel im eigenen Lande zu fördern, aber angesichts der im ersten Teil dieser Untersuchung dargestellten starken weltwirtschaftlichen Verflechtung vor der Krise bestand darüber vollständige Einmütigkeit, daß für absehbare Zeit nur eine Intensivierung der Auslandsbeziehungen erstrebt werden mußte, wenn auch gleichzeitig eine Aktivierung der Handelsbilanz erreicht werden sollte. Auch das Außenhandelsmonopol hatte in erster Linie den Zweck, den Umfang der Einfuhr von demjenigen der Ausfuhr abhängig zu machen und gerade dadurch einen Anreiz zu geben, die letztere zu steigern, und es wäre deshalb falsch, diese Maßnahme der Handelspolitik anderer Länder gleichzusetzen, welche gegenwärtig eine Reduzierung der Einfuhr selbst auf Kosten der Ausfuhrchancen erstreben, die also die Tendenz haben, die Gesamtheit ihrer Handelsbeziehungen zum Ausland allmählich abzubauen.

So erklärt es sich, daß die persische Regierung trotz aller finanziellen Schwierigkeiten weiter an dem Ausbau der Verkehrswege für den Außenhandel arbeitete, wobei vor allem die folgenden Ziele angestrebt wurden: 1. Ausbau und qualitative Verbesserung des Straßennetzes, 2. Verminderung der verkehrsgeographischen Abhängigkeit der nördlichen Gebietsteile von der Sowjetunion, 3. Verwirklichung des Bahnbauprojekts.

Überblickt man heute die seit Beginn der Krise geleistete Arbeit für die Erleichterung des Motorverkehrs, so muß man allerdings feststellen, daß seitdem keine sehr großen Fortschritte gemacht worden sind. Einerseits wurde der durch die Krisenauswirkungen stark geſchwächte Haushalt durch die hohen Ausgaben für militäriſche Zwecke und den Eiſenbahnbau derart belaſtet, daß die Chauſſeeverwaltung ganz auf den für ſie beſtimmten Teilertrag der Straßenſteuer angewieſen war, andererſeits ſchrumpften die Einkünfte aus dieſer Steuer immer mehr zuſammen, da gerade die Ein- und Ausfuhr derjenigen Waren, die von ihr erfaßt werden, dauernd zurückging. Wertmäßig war die Ertragsminderung infolge der Kranentwertung natürlich noch weit größer, aber da weder die Arbeitslöhne noch die Preiſe für das größtenteils einheimiſche Straßenbaumaterial parallel mit den Deviſenkurſen ſtiegen, wirkte ſich dieſer Rückgang nur zu einem kleinen Prozentſatz auf die Finanzierungsmöglichkeiten aus. Wenn man trotz allem behaupten kann, daß in den verfloſſenen dreieinhalb Kriſenjahren die Transportverhältniſſe für den Außenhandel langſam beſſer geworden ſind, ſo iſt das hauptſächlich auf ſtändige Reparaturen der Hauptverkehrswege zurückzuführen und außerdem auf die immer ſtärkere Benutzung der im Sommer 1928 dem Verkehr übergebenen Straße Teheran—Ahwaz (Mohammera), die jetzt beginnt, auch für die Exporte aus den Nordprovinzen Bedeutung zu erlangen und dieſe ſomit, wenigſtens für hochwertige Waren, unabhängiger von dem ruſſiſchen Markt zu machen.

Daneben ſind allerdings noch zwei wichtige Neubauten zu erwähnen, obwohl ſie heute (Ende 1932) noch keine praktiſche Bedeutung haben. Dies iſt einmal die Straße von Täbris über Heidarabad (Urmia-See) nach Rewandus (Irak), deren Bau 1928 begonnen und im Mai 1930 vollendet wurde, ferner diejenige von Teheran nach Tſchalus (Maſanderan), deren erſte Teilſtrecke (bis Doab) Anfang 1932 fertiggeſtellt war und mit deren Vollendung 1933 gerechnet werden kann. Beſonders wichtig iſt dabei die erſtgenannte Straße Täbris—Rewandus, denn ſie ſoll auf meſopotamiſchem Boden bis Niſſibin verlängert werden und damit Anſchluß an die Bahnlinie finden, die über Aleppo zu dem Mittelmeerhafen Alexandretta führt. Leider iſt bis heute die Teilſtrecke Rewandus—Niſſibin für den Motorverkehr noch nicht benutzbar, ſo daß ſich kein Urteil über die Wirtſchaftlichkeit dieſes Außenhandelsweges bilden läßt. Sollten die urſprünglichen Schätzungen der Transportkoſten zutreffend ſein, ſo würde die Strecke nicht nur die Provinz Aſerbeidjan, ſondern auch andere Gebiete Nordperſiens von der Abhängigkeit gegenüber der Sowjetunion befreien, d. h. von den Durchfuhrbeſchränkungen und den oft prohibitiven ruſſiſchen Eiſenbahntarifen mit allen ihren im erſten Teil beſchriebenen Folgen für die unökonomiſche Orientierung des perſiſchen Außenhandels. In der gleichen Abſicht hatte man ſich auch weiterhin bemüht, die Transportmöglichkeiten nach dem türkiſchen Schwarzmeerhafen Trapezunt zu verbeſſern. Da aber ein großer Teil dieſer Strecke auf türkiſches Staatsgebiet entfällt, ſcheiterten die Bemühungen bis jetzt an der unzureichenden Mitarbeit ſeitens der Türkei, die politiſch begründet ſein ſoll. Trotzdem iſt festzustellen, daß dieser Weg trotz aller Schwierigkeiten in zunehmendem Maße benutzt wird, besonders für diejenigen europäischen Waren, die wegen der russischen Durchfuhrbeschränkungen nicht über Batum nach Täbris gelangen können (vergl. oben, S. 54).

Eine weitere Verbesserung der Transportmöglichkeiten bedeutet die Schotterung der 460 km langen Straße Kirman—Bender Abbas, die nun seit 1930 für Lastautomobile fahrbar ist. Die früher über den indischen Hafen Karachi exportierten Kirman-Teppiche und andere Erzeugnisse dieser Provinz können jetzt ebenso wie ihre Importe mit erheblicher Kostenersparnis direkt über das persisch Bender Abbas verladen werden.

Diesen Veränderungen des Straßennetzes stehen keine nennenswerten Wandlungen der Transporttechnik gegenüber. Nach wie vor konkurrieren die Karawanen mit den Automobilen, wobei letztere allerdings überall dort, wo es die Wegeverhältnisse erlauben, das Übergewicht erlangt haben. Diese Tatsache ist sehr aufschlußreich, denn sie besagt, daß die Verbilligung des Autotransports mit der Entwertung der Kranvaluta ungefähr Schritt gehalten hat. Wie an anderer Stelle hervorgehoben wurde, ist das Preisniveau reiner Inlandswaren und -leistungen trotz der Kranentwertung um ca. $^2/_3$ gegenüber dem Jahre 1307 nicht merklich gestiegen, da eine Vermehrung des Geldumlaufs nicht stattgefunden hat. So blieben die Kosten des Karawanentransports, in persischer Währung ausgedrückt, fast unverändert. Dagegen waren die Kosten des Motortransports weitgehend von den Einfuhrpreisen der Automobile, Bereifung, Ersatzteile und des Brennstoffes abhängig. Wenn trotzdem keine Ratenerhöhung vorgenommen zu werden brauchte, so lag das in erster Linie an der Tatsache, daß der Preisrückgang dieser Einfuhrwaren nur wenig hinter dem Rückgang des Kranwertes (später Rialwertes) zurückgeblieben ist. Soweit noch eine Differenz bestand, wurde sie durch die verschärfte Konkurrenz im Transportgewerbe ausgeglichen, welches schon vor der Krise übersetzt gewesen war und besonders seit 1309 den mengenmäßigen Rückgang des Außenhandels stark zu fühlen hatte.

Wenn man so festellt, daß die nominellen Inlandsfrachtraten im Durchschnitt fast unverändert blieben, während die Preise der Ein- und Ausfuhrwaren *durchschnittlich*, in persischer Währung gerechnet, gestiegen sind[67], so bedeutet das eine prozentual geringere Frachtbelastung des Außenhandels. Dem steht allerdings eine im Verlauf der Krise wachsende Frachtbelastung außerhalb der Landesgrenzen, beim Seetransport, gegenüber. Wie schon in dem Kapitel über die Dienstleistungen angedeutet wurde, sind, abgesehen von einzelnen

[67]) Die Preisgestaltung im Außenhandel und ihr Verhältnis zur Kursbewegung des Kran bezw. Rial werden an anderer Stelle (S. 147 ff.) ausführlich behandelt.

unweſentlichen Änderungen, die Raten zwiſchen Europa und dem Perſiſchen Golf, die in £-Sterling berechnet wurden, gleichgeblieben, ſo daß eine nennenswerte Ermäßigung erſt ſeit September 1931 durch die Entwertung des Pfundes erfolgt iſt. Da jedoch die Seefrachtbelaſtung im Verhältnis zu den Inlandstransportkoſten nur eine untergeordnete Rolle ſpielt, iſt für den perſiſchen Außenhandel, außer demjenigen der Küſtengebiete, das Verhältnis zwiſchen den Geſtehungskoſten und den Geſamtfrachtkoſten etwas günſtiger geworden. Dies betrifft ſelbſtverſtändlich nur den Durchſchnitt der Waren, während bei einzelnen, die einen beſonders ſcharfen Preisrückgang zu verzeichnen haben, das Gegenteil der Fall iſt.

Größere Fortſchritte als bei dem Motorſtraßennetz wurden in den Kriſenjahren bei dem Bau der *transperſiſchen Bahn* gemacht, mit deſſen Vorarbeiten bereits 1927 begonnen worden war. Obwohl die heute fertiggeſtellten Teilſtrecken keine praktiſche Bedeutung für den Außenhandel Perſiens haben, halte ich es für erforderlich, ausführlich auf dieſes wichtige Projekt einzugehen.

Nach erfolgloſen Verhandlungen mit amerikaniſchen Banken hatte ſich die perſiſche Regierung 1925 endgültig entſchloſſen, den Bau durch die Beſteuerung des Zucker- und Teekonſums ſelbſt zu finanzieren, ohne alelrdings zuverläſſige Berechnungen aufſtellen zu können, in welchem Zeitraum dadurch die Vollendung des Baus ermöglicht werden würde. Der erſte Koſtenvoranſchlag von „Sachverſtändigen" bezifferte die Geſamtkoſten der ca. 1550 km langen Strecke vom Kaſpiſchen Meer zum Perſiſchen Golf auf *£ 13 000 000.—*[68], während ſich der jährliche Ertrag des Zucker- und Teemonopols vor der Kriſe auf Kran 62 000 000.—, alſo damals £ 1 250 000.—, belief. *Demnach hätte mit einer Bauperiode von ca. 12 Jahren gerechnet werden können, abgeſehen von der Möglichkeit einer Vorfinanzierung durch das Ausland in den letzten Baujahren.*

Seitdem hat ſich das Bild jedoch grundlegend geändert, worauf weiter unten näher eingegangen werden wird. Zunächſt ſei die bisherige techniſche Durchführung des Projekts ſo knapp wie möglich dargeſtellt.

Wie ſchon erwähnt wurde, ſollte die Bahn Perſien in nord-ſüdlicher Richtung durchqueren, und zwar ausgehend von dem neuen Hafen Bender Schah (Süd-Oſtwinkel des Kaſpiſchen Meeres) über Sari—Teheran—Hamadan—Disful nach dem neuen Hafen Bender Schapur am Perſiſchen Golf. Die Zweckmäßigkeit der beiden Endpunkte der Strecke iſt umſtritten, da hier weniger wirtſchaftliche als politiſche Geſichtspunkte die Wahl beſtimmt haben. Im Norden hätte das ökonomiſche Intereſſe den Anſchluß der wichtigen Provinz Gilan (Hafen Paehlevi) erfordert, jedoch glaubte man, wegen des dort beſonders ſtarken wirtſchaftlichen Einfluſſes der Sowjetunion den weniger aufgeſchloſſenen öſtlichen Teil des Küſtengebietes bevorzugen zu müssen und dort den Bau eines neuen Hafens in Kauf zu nehmen. Auch am Persischen Golf wäre der Bau eines neuen Hafens entbehrlich gewesen, wenn man den besten, schon vorhandenen, nämlich Mohammerah, als Endpunkt gewählt hätte. Da aber dessen Zugang zum Meer, der Schatt-el-Arab, irakisches Hoheitsgebiet ist, also in praxi unter britischer Kontrolle steht, entschloß man sich zur Anlage eines neuen Hafens, Bender Schapur, etwa 75 km östlich von Mohammerah. Seine Lage ist insofern sehr günstig, als er am Ende einer schmalen, 45 km langen Bucht liegt, deren Tiefe 11—50 Meter beträgt. Das Wesentliche an dieser Streckenführung ist die Tatsache, daß sie die Bahn zu einem rein inländischen Verkehrsmittel, ohne Bedeutung für den Transitverkehr, machen müßte, im Gegensatz zu dem früher oft erörterten Plan einer west-östlichen Querbahn, die Bagdad mit dem britisch-indischen Eisenbahnnetz verbinden sollte und eine den neuzeitlichen Erfordernissen entsprechende Wiederherstellung des alten Landweges Europa—Indien dargestellt hätte. Man mußte diesem Projekt in Persien ablehnend gegenüberstehen, weil diese verkehrsgeographische Eingliederung in das britische Imperium zweifellos auch in anderer Beziehung zu einer verstärkten Abhängigkeit geführt haben würde; aber wenn man sich aus diesem Grunde zur Wahl der Nord-Südstrecke entschloß, mußte man sich über die wirtschaftlichen Nachteile im klaren sein, nämlich den Fortfall jeglichen Transitverkehrs, der eine wertvolle Vergrößerung des Transportvolumens dargestellt hätte, und ferner darüber, daß jetzt das Ausland nur wenig Interesse an der Durchführung des Baus haben konnte und auf seine Hilfe bei finanziellen Schwierigkeiten nicht zu rechnen war. Darin besteht der große Unterschied beispielsweise gegenüber den Bahnbauten in Bulgarien vor dem Kriege, wo sich bei solchen Schwierigkeiten immer ausländisches Kapital bereitfand, sie zu überbrücken, weil es das internationale Verkehrsinteresse erforderte.

Die bisherigen Arbeiten an der Verwirklichung des Projekts sind kurz folgende gewesen: Nachdem die Vorarbeiten, die die Wahl der Streckenführung und die technischen Einzelheiten bestimmten, bis Februar 1928 von der „American Railway Administration of the Persian Government" zu Ende geführt worden waren, wurde der Bauauftrag öffentlich ausgeschrieben und am 28. April 1928 einem deutsch-amerikanischen Konsortium unter Führung der Julius Berger Tiefbau A.G. übertragen, mit der Einschränkung, daß zunächst Probestrecken von je ca. 150 km im Norden und Süden fertiggestellt werden sollten, wonach sich die persische Regierung endgültig entscheiden würde, durch wen die weiteren Arbeiten auszuführen wären. Wegen der Unmöglichkeit genauer verbindlicher Kostenanschläge wurde vereinbart, daß die tatsächlichen Baukosten plus 10% Gewinnaufschlag berechnet werden sollten.

Nachdem an beiden Endpunkten der geplanten Strecke die neuen Häfen provisorisch für die Löschung des aus Europa kommenden Materials eingerichtet worden waren, kam dieſes in zunächſt kleinen Mengen gegen Ende des Jahres 1928 an, und der Bau wurde in Angriff genommen. Im November 1929 wurde die nördliche Teilſtrecke Bender Schah—Sari (ſ. Karte) von ca. 112 km Länge dem Verkehr übergeben, im Januar 1930 diejenige im Süden, von Bender Schapur über Ahwaz nach Disful (251 km). Dann kam es jedoch am 1. Mai 1930 zur Einſtellung der Arbeiten wegen einer Meinungsverſchiedenheit zwiſchen dem Konſortium und der Regierung, welche die Auszahlung einer von der amerikaniſchen Gruppe geforderten Summe von 35 Mill. Kran für „notwendige Erſatzauslagen" verweigerte. Der Hauptgrund dieſer Zahlungsverweigerung war ſcheinbar die Unzufriedenheit mit der Südſtrecke, die von der amerikaniſchen Firma Ulen & Co. unter Beteiligung engliſcher und franzöſiſcher Geſellſchaften fertiggeſtellt worden war. Die Berechtigung dieſer Unzufriedenheit geht aus dem trockenen Bericht der „Times" in der Ausgabe vom 7. Juni 1930 hervor, in dem es wörtlich heißt: „Der Extrazug, in dem der Schah die Bahnlinie einweihte, entgleiſte zweimal infolge von Unterſpülungen nach ſtarken Regenfällen, und zum Schluß geriet die Lokomotive in Brand."

Von einer Vollendung der beiden „dem Verkehr übergebenen" Teilſtrecken war natürlich noch keine Rede. Es fehlte die Schotterung des Unterbaus, die Anlage der Bahnhöfe, Signalanlagen etc. und der Ausbau der Häfen. So wurde zunächſt im Sommer 1930 mit den deutſchen Geſellſchaften ein neuer Kontrakt abgeſchloſſen, dieſe Arbeiten für die Nordſtrecke in Angriff zu nehmen und dieſe noch bis Aliabad weiterzuführen. Dies wurde bis März 1931 beendet und die Linie Bender Schah—Bender Ges—Sari—Aliabad im April der perſiſchen Regierung übergeben, die ſie in eigene Verwaltung übernahm und ſeitdem wöchentlich zwei Züge auf ihr laufen läßt. Anfang Oktober 1932 betrug der Perſonenfahrpreis auf dieſer 128 km langen Strecke 16 Rial (RM 2.30), alſo ca. RM —.02 pro km[69]. Im Süden bemühte man ſich zunächſt nur, den Verfall der halbfertigen Strecke zu verhüten und den Hafen Bender Schapur etwas weiter auszubauen. Von einer Vergebung weiterer Bauaufträge an ausländiſche Geſellſchaften ſah man nicht nur wegen der Enttäuſchung mit Ulen & Co., ſondern auch *wegen der finanziellen Schwierigkeiten* ab. Dagegen entſchloß man ſich, die Erhaltung und die Verlängerung der gebauten Teilſtrecken unter eigene Regie zu nehmen und dafür ausländiſche Ingenieure anzuſtellen. Dies geſchah im Sommer 1931. Gleichzeitig verhandelte die Regierung mit dem Ausland wegen weiterer Materiallieferungen ohne Belaſtung der Deviſenbilanz und kam mit der ſchwediſchen Geſellſchaft Nidquiſt & Holm zu einer Vereinbarung, nach der dieſe das Material gegen perſiſches Geld verkaufte und dafür perſiſche Produkte, vor allem getrocknete Früchte und Teppiche, ausführte. So werden im Rahmen der ſich ſtändig verringernden finanziellen Möglichkeiten die Arbeiten fortgeſetzt. Die größte Aufmerkſamkeit wurde dabei bis vor kurzem der Linie im

Norden geschenkt, deren Betrieb natürlich unrentabel bleiben muß, solange sie nicht weiter in das Land hineinführt. Nach Zeitungsmeldungen ist sie heute erst bis Zir-Ab, d. h. ungefähr 15 km südlich von Aliabad, fertiggestellt[70]. Im Süden soll die Linie inzwischen bis Saleh-Abad, ca. 30 km nördlich von Disful, weitergeführt worden sein[71]. *Von einem nennenswerten Fortschritt seit Einstellung der Arbeit durch das deutsch-amerikanische Baukonsortium kann also heute noch nicht die Rede sein.*

Die oben angedeuteten Finanzierungsschwierigkeiten und der hauptsächlich dadurch bedingte ungenügende Erfolg der Arbeiten während der letzten zwei Jahre lassen es angebracht erscheinen, auf die Problematik des ganzen Projekts einzugehen, dessen Durchführung heute jedem objektiven, wirtschaftlich denkenden Beobachter unmöglich erscheinen sollte, obwohl noch im Herbst des vorigen Jahres in der persischen Presse die Meinung vertreten wurde, daß die Arbeiten allein aus Prestigegründen fortgesetzt werden müßten und wahrscheinlich in drei Jahren (!) zu Ende geführt werden könnten. Die tatsächliche Fortsetzung des Baus in der Gegenwart zeigt leider, daß sich an dieser Meinung in der Zwischenzeit nicht viel geändert hat.

Es ging aus dem ersten Teil dieser Untersuchung hervor, wie sehr die mangelhaften Transportverhältnisse der Entwicklung der persischen Wirtschaft hemmend im Wege stehen. Es war also durchaus verständlich, wenn man in Persien an eine gründliche Reform des Verkehrswesens dachte und dabei den Bau eines Eisenbahnnetzes ins Auge faßte, das in fast allen Ländern der Welt die Grundlage für den wirtschaftlichen Fortschritt gewesen war und besonders in überseeischen Neuländern die Aufschließung überhaupt erst ermöglicht hatte. Auch die technische Vervollkommnung der Ölfeuerung, die die Rentabilitätsaussichten der Bahnen gerade in Persien erheblich verbesserte, mochte zu dem Entschluß beigetragen haben, mit dem Bau zu beginnen. Was aber heute die Wirtschaftlichkeit für alle Zukunft in Frage stellt, sind weniger die Betriebskosten, sondern die Verzinsung, Instandhaltung und Abschreibung der Anlagen. Sobald mit dem Bau der beiden Teilstrecken begonnen worden war, stellte sich nämlich heraus, daß der Kostenvoranschlag revidiert werden mußte. Man sprach zunächst von £ 24 000 000.—, und im Februar 1930 kam man trotz der inzwischen erfolgten Senkung der Weltmarktpreise für Eisen- und Stahlprodukte zu einem Voranschlag von £ 40 000 000.— einschließlich der damals bereits ausgegebenen £ 3 000 000.—[72].

Nimmt man diese Schätzung der Gesamtbaukosten als richtig an (inzwischen wurde bereits von £ 50—60 Mill. gesprochen), so ergeben sich *pro Kilometer durchschnittlich £ 26 000.— Anlagekosten,* einschließlich der Hafenbauten an den beiden Endpunkten, der Bahnhöfe und sonstigen Einrichtungen sowie des rollenden Materials.

Nimmt man ferner an, daß die ſeitdem eingetretene weitere Preisſenkung ungefähr der *£*-Entwertung entſpricht, rechnet man alſo mit dem heutigen Kurs des Rial zum Papier-*£*, ſo ergeben ſich *Rial 2 700 000.— pro km*[73]. Daß die bisher gebauten Teilſtrecken weniger koſteten, ſteht dazu nicht im Widerſpruch, weil ſie in jeder Hinſicht noch in proviſoriſchem Zuſtand ſind und vor allem, weil ſie in den Küſtenebenen verlaufen und bei ihrem Bau die größte Schwierigkeit des Projekts, die Überquerung der zahlreichen hohen Gebirgsketten, welche große Tunnelbauten notwendig machen, noch nicht aufgetreten iſt[73a].

Im Vergleich zu der obigen Ziffer möchte ich eine Angabe des amerikaniſchen Sachverſtändigen Morris (Direktor der Perſiſchen Chauſſeeverwaltung) anführen, nach der die Baukoſten für Motorſtraßen I. Klaſſe ca. 40 000 Rial pro km betragen, für diejenigen II. Klaſſe 30 000 Rial, d. h. $1—1^{1}/_{2}\%$ der Bahnbaukoſten!

Selbſt wenn man annimmt, daß Perſien die Durchführung des Eiſenbahnprojekts in normaler Bauzeit mit Hilfe einer niedrig verzinslichen Anleihe ermöglicht würde, könnte der volkswirtſchaftliche Nutzen keinesfalls dem Aufwand entſprechen. Dieſer Aufwand wäre, roh geſchätzt, eine *jährliche Zins- und Amortiſationsverpflichtung gegenüber dem Ausland in Höhe von $2^{1}/_{2}$ Millionen £, bei heutigen Kurſen alſo ca. 260 000 000.— Rial.* Das ſind ca. 41% der Geſamtausfuhr (exkl. Ölexport der Anglo-Persian Oil Co.) im Jahre 1310 (1931/32)! Alſo lediglich von der Seite der Finanzierung geſehen, zeigt ſich auch bei vorſichtigſter Schätzung der Koſten, daß das heutige Wirtſchaftsvolumen Perſiens zu klein iſt für den durch naturbedingte Schwierigkeiten verteuerten Bau einer Transverſalbahn, *abgeſehen von der Unmöglichkeit einer auch nur teilweiſen Ausnutzung der Kapazität dieſes neuen Beförderungsmittels.* In dieſem Sinne war es zu verſtehen, wenn ich bereits in der Einleitung (S. 13) ſchrieb, daß „die Überwindung der natürlichen Hinderniſſe durch moderne Verkehrstechnik zwar belebend auf eine ſolche ſtagnierende Volkswirtſchaft wirken mag, daß ſie aber *auch auf lange Sicht* unökonomiſch ſein muß, wenn ſie ein Mehrfaches des tatſächlich vorhandenen Wirtſchaftsvolumens vorausſetzt“.

Sieht man von der Aufnahme einer Anleihe ab und unterſucht man die Situation bei der Finanzierungsmethode, wie ſie in Wirklichkeit angewandt wird, ſo kommt man zu einem mindeſtens ebenſo überzeugenden Reſultat. Im Finanzjahr 1931/32 belief ſich der Nettoertrag der Finanzierungsquelle, des Zucker- und Teemonopols, auf 71,3 Mill. Rial, alſo ca. P-*£* 685 000.—, das ſind 1,7% der wahrſcheinlichen Baukoſten. Bei gleichbleibenden Wirtſchafts- und Währungsverhältniſſen würde eine optimiſtiſche Berechnung alſo eine *Mindeſtbauzeit von 60 Jahren* ergeben. Ich ſage, optimiſtiſch, weil vor der Vollendung der Arbeit die Inſtandhaltungs- und Abſchreibungskosten der jeweils fertiggestellten Teilstrecken bald zu solcher Höhe anwachsen müssen, daß sie schließlich die Einkünfte aus den Monopolen ganz in Anspruch nehmen und eine Fortführung des Baus überhaupt unmöglich machen müssen.

So sehr man also die zähe Energie Persiens bewundern mag, diese nüchternen Zahlen beweisen, daß eine Verwirklichung der Pläne selbst bei einer beträchtlichen Besserung der allgemeinen Wirtschaftslage nicht möglich sein wird und, wenn sie möglich wäre, in höchstem Grade unökonomisch sein müßte. Hätte man die Summen, die für den Bau der in ihrer jetzigen Länge nutzlosen Teilstrecken ausgegeben worden sind, zur Verbesserung des Straßennetzes verwendet, so hätte man schon heute eine wesentliche Verbilligung des Motortransports erreicht und damit den Anstoß zu einer Ausdehnung des Wirtschaftsvolumens gegeben, welche in späteren Jahren einmal solchen Bahnbauprojekten ihre ökonomische Berechtigung gegeben hätte.

Dies darf natürlich nicht als eine Kritik an den ursprünglichen Plänen der persischen Regierung gelten, denn diese kalkulierte 1928 mit einem Kostenvoranschlag von £ 13 000 000.—, mit einem Krankurs von 48 : £ und mit normalen weltwirtschaftlichen Verhältnissen! *Es soll aber auf die Unzweckmäßigkeit der Ausgaben hinweisen, die noch heute für diese tatsächlich hoffnungslose Sache gemacht werden, wo die Währung um $^2/_3$ im Werte gesunken ist und andererseits die Baukosten auf das Dreifache der ursprünglichen Schätzung veranschlagt werden.*

Über die Entwicklung des *Luftverkehrs* in den Krisenjahren ist folgendes zu sagen:

Der Dienst der Junkers-Gesellschaft war zunächst weiter ausgebaut worden und wurde in immer stärkerem Maße benutzt. In den Jahren 1929 und 1930 wurden folgende Linien regelmäßig, d. h. ein- bis zweimal wöchentlich, beflogen: 1. Teheran—Baku, mit Anschluß an das russische Luftverkehrsnetz (Moskau—Berlin), 2. Teheran—Täbris, 3. Teheran—Mesched, 4. Teheran—Bagdad, mit Anschluß an die London—Indien-Fluglinie, 5. Teheran—Buschir, mit Anschluß an die gleiche Linie sowie den Holländisch-Indien-Dienst.

Im Jahre 1931 wurden infolge der Wirtschaftsstockung die ersten Einschränkungen notwendig, wobei der Verkehr auf der Linie Teheran—Mesched vollständig eingestellt werden mußte.

Als dann im folgenden Jahre (März 1932) der 1927 auf fünf Jahre abgeschlossene Konzessionsvertrag ablief, wurde er aus den bereits oben (S. 120) erwähnten Gründen nicht verlängert, wozu auch die Unsicherheit über die Zukunft der Junkerswerke wegen der im gleichen Monat erfolgten Zahlungseinstellung in Dessau beigetragen hat. Seitdem ist Persien also wieder auf den Automobilverkehr angewiesen, wobei allerdings für die südlichen Gebietsteile noch in dem wöchentlichen Dienst der die Golfküste berührenden Linien Marseille—Indochina und Amsterdam—Holländisch-Indien eine Flugpostverbindung mit Europa besteht. Für den London—Indien-Dienst, der früher ebenfalls der persischen Golfküste folgte (Basra—Buschir—Lingah), verweigerte Persien im Frühjahr 1932 die Erlaubnis, weiterhin persisches Hoheitsgebiet zu überfliegen und zu Zwischenlandungen zu benutzen, so daß England heute gezwungen ist, die arabische Küste zu wählen, wodurch der Flugdienst technisch außerordentlich erschwert wird und an Zuverlässigkeit und Sicherheit verliert. Diese Tatsache ist sehr aufschlußreich für die politische Situation Persiens gegenüber Großbritannien, d. h. gegenüber der Weltmacht, die sich bisher immer als Beherrscher des Golfs betrachtet hat und als solcher in strategischer Hinsicht zweifellos auch noch heute angesehen werden muß.

Was die Einstellung der innerpersischen Luftverkehrs der Junkers-Gesellschaft für Persien bedeutet, geht aus folgenden Beförderungsziffern für die Gesamtperiode 1927/1932 hervor: 20 000 Passagiere, 800 000 kg Fracht, außerdem Post und Reisegepäck. Flugleistung ca. 2,5 Mill. km, ohne jeden Unfall. Mehr als diese Zahlen verdient jedoch die Tatsache an sich Beachtung, daß sich ein so wenig aufgeschlossenes Land dieses modernsten Verkehrsmittels bediente. Denn allein die Feststellung, daß von den beförderten Passagieren im ersten Jahr nur 10%, im letzten (1931/32) 75% persische Staatsangehörige waren, läßt darauf schließen, daß dieser Flugverkehr viel dazu beigetragen hat, die psychologische Einstellung der Bevölkerung gegenüber der westlichen Zivilisation fortschrittlich zu beeinflussen. Ohne Zweifel hat allein die *Möglichkeit,* in wenigen Tagen nach Berlin oder London fliegen zu können, und die Bereitwilligkeit, gegebenenfalls von dieser Möglichkeit Gebrauch zu machen, die Tendenz zu einer Intensivierung der wirtschaftlichen und kulturellen Auslandsbeziehungen von der psychologischen Seite her stark gefördert, stärker vielleicht, als die realen Tatsachen selbst, von denen die Beschleunigung des Briefverkehrs die wichtigste war. Gerade aus diesem Grunde ist es zu bedauern, daß dieses Verkehrsmittel ein Opfer der Krise wurde, nicht nur im Interesse Persiens, sondern auch Deutschlands, dessen freundschaftliche Beziehungen zu diesem Land seinerzeit der Pionierarbeit der Junkers-Gesellschaft viel zu verdanken hatten.

2. Die handelpolitische Situation in der Krise.

Die handelspolitischen Grundlagen für den persischen Außenhandel vor der Krise, die im Teil I, Abschnitt D, 4 dargestellt wurden, haben sich in den seitdem verflossenen dreieinhalb Jahren in vieler Hinsicht verändert und damit den Warenaustausch mit der übrigen Welt auf eine neue Basis gestellt, deren Berücksichtigung für das Verständnis der Entwicklung und der gegenwärtigen Situation unentbehrlich ist. Während der Zolltarif, die oben erwähnten Belastungen von Ein- und Ausfuhr durch Monopolbesteuerung und andere Sonderabgaben, sowie die handelsvertraglichen Beziehungen zu den meisten Staaten ziemlich unverändert blieben, waren es drei gesetzliche Maßnahmen, die den Außenhandel maßgeblich beeinflußt haben: 1. die zweijährige Devisenzwangswirtschaft, 2. die Einführung des staatlichen Außenhandelsmonopols, 3. der am 27. Oktober 1931 abgeschlossene endgültige Handelsvertrag mit der Sowjetunion. Es ist erforderlich, den dadurch geschaffenen, oft recht komplizierten Rechtszustand und seine Auswirkungen auf den Handel und die Gesamtwirtschaft genau zu untersuchen, um erkennen zu können, wieweit die Gestaltung des auswärtigen Warenverkehrs auf die allgemeinen Krisenerscheinungen in der Weltwirtschaft und den Verfall der persischen Währung, und wieweit sie auf diese Beschränkungen des freien Wirtschaftsablaufs zurückzuführen ist.

Die *Devisengesetzgebung* wurde oben ausführlich unter dem Gesichtspunkt der Währungspolitik behandelt, und es stellte sich dabei heraus, daß ihre praktischen Erfolge in dieser Beziehung gleich Null waren. Um so größere Bedeutung kommt ihren negativen Resultaten zu, d. h. ihren nachteiligen Wirkungen auf die weltwirtschaftlichen Beziehungen des Landes, die sie zu einer wichtigen handelspolitischen Maßnahme machten, obwohl dies nicht in der Absicht des Gesetzgebers gelegen hatte. Kurz zusammengefaßt waren dies folgende:

Der Devisenmangel bei den Banken als Folge der Differenz zwischen dem amtlichen und dem effektiven Kurs des Kran machte es dem Einfuhrhandel unmöglich, seinen Zahlungsverpflichtungen gegenüber den ausländischen Lieferanten nachzukommen, vor allem denjenigen Verpflichtungen, die vor dem Erlaß des Devisengesetzes, also vor dem 20. März 1930, eingegangen worden waren. Von der Möglichkeit des Erwerbs ausländischer Valuta an den schwarzen Börsen wurde in der Mehrzahl der Fälle für die Abdeckung solcher Altengagements kein Gebrauch gemacht, da man dort bedeutend höhere Kurse hätte zahlen müssen, als der offiziellen Notierung entsprach. Vielmehr verschanzte man sich hinter dem rechtlich einwandfreien Argument, daß man nach dem neuen Gesetz nur bei den zum Devisenhandel ermächtigten Banken kaufen dürfe, diese aber nicht in der Lage seien, den Ansprüchen zu genügen. So blieben die vor dem Devisenmonopol bestellten Waren größtenteils in den Häfen oder bei den Banken liegen, und die Tratten wurden erst eingelöst, als die Senkung des offiziellen Kurses und die Monopolisierung des Außenhandels die Devisenlage bei den Banken etwas gebessert hatten und auch die inzwischen stark gestiegenen Inlandspreise für die Importwaren die Abnahme trotz der erhöhten Devisenkurse rentabel machten. Im Sommer 1931 waren endlich die meisten vor dem Devisenmonopol kontrahierten Importe bezahlt worden und in den Verkehr übergegangen, teilweise nicht ohne Verluste der ausländischen Exporteure[74].

Die Abdeckung der Altengagements sollte denjenigen Importeuren, die zugleich exportierten, durch die gesetzliche Bestimmung erleichtert werden, daß sie aus ihren bis zum 22. Januar 1931 eingehenden Exporterlösen 50% nicht abzuliefern hatten, wenn sie damit solche alten Verpflichtungen erfüllten. Davon wurde jedoch in den wenigsten Fällen Gebrauch gemacht, weil man vorzog, für diese Beträge neue Bestellungen im Ausland zu den inzwischen gefallenen Preisen zu machen.

War also die erste Folge der Devisenzwangswirtschaft, daß die Importeure die Abnahme der vorher bestellten Waren verweigerten und auch verweigern durften mit dem Hinweis auf die Unmöglichkeit der Devisenbeschaffung auf legalem Wege, so kommt dazu die Behinderung der weiteren Einfuhr durch eine große Devisenknappheit auch im Schleichhandel. Denn es war selbstverständlich, daß der amtliche Zwangskurs für diejenigen Exporteure, die sich nicht auf den Devisenschwarzhandel einlassen wollten, jede Ausfuhr zu einem Verlustgeschäft machte und dadurch, besonders in den ersten Monaten, die Ausfuhrtätigkeit hemmte, so daß nicht nur bei den Banken, sondern auch an den schwarzen Börsen das Devisenangebot sehr klein blieb. Dazu trug noch außerordentlich die *Devisenhortung* bei, die zahlenmäßig nicht erfaßbar ist, die aber sicherlich am meisten für die Schrumpfung der Einfuhr als Folge der Devisenzwangswirtschaft verantwortlich war.

Schließlich ist noch die Sonderbestimmung des Devisengesetzes zu erwähnen, daß der legale Erwerb fremder Valuten für die Bezahlung einzelner Warengattungen, die oben (S. 106) genannt wurden, von einer ausdrücklichen Genehmigung der Kontrollkommission abhängig war. Da aber der weitaus größte Teil der Einfuhr mit Devisen aus dem Schleichhandel bezahlt wurde, ist nicht anzunehmen, daß dies die Zusammensetzung der Einfuhr beeinflußt hat.

Das Außenhandelsmonopol.

Während die Devisengesetzgebung sich auf die Gestaltung des Außenhandels im Jahre 1309 (März 1930 — März 1931) stark auswirkte, dieser aber im übrigen im Rahmen der handelspolitischen Situation den Gesetzen der freien Wirtschaft unterworfen war, trat mit dem Jahre 1310 eine grundsätzliche Wandlung ein, als *am 21. März 1931* der persische Außenhandel Staatsmonopol wurde. Welche Motive zu dieser einschneidenden Maßnahme Anlaß gegeben haben und welches Ziel dabei verfolgt wurde, ist bei Erörterung der Währungsfragen schon teilweise gezeigt worden. Es hieß dort, daß die Stabilisierung des Kran (später Rial) nur durch eine Balancierung des Außenhandels, besonders des persisch-russischen Warenaustauschs, gesichert werden konnte und daß die bestehenden Rechtsgrundlagen keine Handhabe dazu boten, auch nicht das mit Rußland abgeschlossene Handelsprovisorium, obwohl darin ausdrücklich ein Aktivsaldo von 10% für Persien festgesetzt worden war.

Wenn auch dieses Motiv genügt, um den folgenschweren Entschluß der persischen Regierung zu erklären, so kommen dazu doch noch weitere Beweggründe. In der Begründung des Gesetzes heißt es wörtlich: „Der Zweck des Gesetzes ist der Schutz der nationalen Produkte, die Verbesserung und Intensivierung der natürlichen Produktion des Landes, die Förderung der Ausfuhr und die Beschränkung der Einfuhr derjenigen Produkte, die nicht unbedingt für den Bedarf des Landes notwendig sind oder die in Persien selbst in ausreichender Menge beschafft werden können etc. . . .“

Schon daraus geht hervor, daß die Besserung der Währungslage nicht das einzige Ziel gewesen ist, sondern daß die Maßnahme nicht nur in ihren Wirkungen, sondern auch in ihrem Anlaß einen stark protektionistischen Zug trägt. Die im Folgenden dargestellte technische Ausgestaltung des Monopols läßt dies deutlich erkennen.

Um die komplizierte Materie so kurz und übersichtlich wie möglich zu behandeln, kann ich nicht das ganze Gesetzgebungswerk wiedergeben, das sich aus dem eigentlichen Monopolgesetz vom 25. Februar 1931, dem Ergänzungsgesetz vom 11. März, der Ausführungsverordnung vom 9. April desselben Jahres sowie zahllosen Nebengesetzen, Abänderungen, Übergangsbestimmungen etc. zusammensetzt und in dem revidierten Außenhandelsmonopolgesetz vom 10. Juli 1932 eine gewisse Zusammenfassung erfahren hat. Ich werde mich deshalb auf eine knappe Darstellung des Grundsätzlichen beschränken und versuchen, den logischen Zusammenhang der einzelnen Bestimmungen anschaulich zu machen. In dem folgenden Abschnitt über die Gestaltung des Außenhandels in der Krise werden dann noch einige Details zu erwähnen sein, die an dieser Stelle nur die Übersichtlichkeit der Darstellung beeinträchtigen würden[75].

In den genannten Gesetzen wird zunächst der gesamte Außenhandel Persiens zum Staatsmonopol erklärt und seine Ausübung durch die Privatwirtschaft von einer ausdrücklichen Genehmigung der Regierung abhängig gemacht. Zugleich wird jedoch die *Ausfuhr generell freigegeben,* soweit nicht anderweitige Beschränkungen durch Sondermonopole etc. bestehen.

Das *Recht zur Einfuhr* ist der Regierung vorbehalten. Diese wird aber Einzelgenehmigungen in Form von Einfuhrlizenzen an den Privathandel erteilen, jedoch nur im Rahmen *jährlich festgesetzter Kontingente.* Alle darin nicht enthaltenen Warengattungen sind zur privaten Einfuhr nicht zugelassen. Sie können nur durch die Regierung importiert werden, was jedoch für die Befriedigung des Publikumsbedarfs mangels staatlicher Handelsorganisationen keine volkswirtschaftliche Bedeutung hat.

Das persische Handelsmonopol unterscheidet sich also schon insofern grundsätzlich von dem russischen, daß die Ausfuhr und die Einfuhr, soweit letztere nicht für den staatlichen Bedarf erfolgt, weiterhin durch den Privathandel ausgeübt werden. Die staatliche Monopolisierung des Außenhandels ist mehr formaler Natur und soll nur die Handhabe zu folgender *Regulierung der Einfuhr* bieten:

Die Einfuhrlizenzen für die Privatkaufleute werden nur auf Grund einer vorher erfolgten Ausfuhr persischer Produkte erteilt. Für jede Ausfuhr werden deshalb auf Antrag besondere Zertifikate von der Zollbehörde ausgestellt, welche zusammen mit dem Einfuhrlizenzgesuch eingereicht werden müssen. Der auf diesen Ausfuhrzertifikaten vermerkte Wert der ausgeführten Waren mußte früher mit dem Wert der Einfuhr, für welche die Genehmigung beantragt wurde, übereinstimmen. Das neue Außenhandelsmonopolgesetz vom 10. Juli 1932 schreibt jetzt vor, daß er um 5% höher liegt. Außer diesem Ausfuhrschein muß jedem Einfuhrlizenzgesuch eine Bescheinigung beigefügt werden, daß der Exporterlös in Devisen an die staatlich autorisierten Banken abgeliefert worden ist oder, falls er dem Exporteur noch nicht zur Verfügung steht, daß dieser sich zur späteren Ablieferung verpflichtet. *Die Ausfuhrzertifikate sind durch Indossament übertragbar* und können von den Exporteuren, die sie nicht für eigene Importe ausnutzen können, an Kaufleute veräußert werden, welche vorwiegend oder ausschließlich importieren. Dadurch bleibt die in Persien allerdings sehr unvollkommene Arbeitsteilung zwischen Ein- und Ausfuhrhandel weiterhin möglich.

Dies ist der Kern der ganzen Regelung, und schon daraus läßt sich erkennen, was der Grundgedanke bei der Gesetzgebung war, zugleich aber auch, welche Schwierigkeiten bei der praktischen Durchführung auftreten mußten. Ich verweise auf die oben (Seite 111/12) gemachten Ausführungen über den Mißerfolg der Maßnahme, soweit sie der Stützung der noch bis zum Februar 1932 aufrechterhaltenen Devisenzwangswirtschaft dienen sollte. Das hatte allerdings nur untergeordnete Bedeutung gegenüber dem Hauptzweck, das bis dahin bestehende Mißverhältnis zwischen der Einfuhr und der für die Zahlungsbilanz wirksamen Ausfuhr zu beseitigen. Diese Absicht machte es notwendig, von dem Recht zur gleichwertigen Einfuhr diejenigen Exporte auszunehmen, die nicht in vollem Umfange als Aktivposten der Zahlungsbilanz gelten können, also vor allem die Erdölausfuhr der Anglo-Persian Oil Co. und daneben die Ausfuhr der persisch-russischen Fischereigesellschaft am Kaspischen Meer. Beide geben also kein Recht auf Erteilung von Einfuhrlizenzen. Andererseits ist selbstverständlich für diese Gesellschaften, also vor allem für die Anglo-Persian Oil Co., die laut Konzessionsvertrag vom Zoll befreite Einfuhr ihres Produktionsmittelbedarfs ohne Lizenz gestattet. Eine weitere Einschränkung der Einfuhrberechtigung auf Grund einer Ausfuhrtätigkeit ist die Bestimmung, daß die Exporte monopolisierter

Produkte nur zu 20% des Gesamtwertes zur Einfuhr berechtigen. Dies betrifft in erster Linie Opium und Tabak. Seit dem Inkrafttreten des revidierten Außenhandelsmonopolgesetzes vom 10. Juli 1932 ist dieser Prozentsatz jedoch auf 55% erhöht worden.

Alles dies zeigt deutlich, daß es der Regierung darauf ankommt, einen Devisenüberschuß zu erzielen. Dazu müssen angesichts der angeführten Bestimmungen folgende Posten beitragen: Seit Juli 1932 die fünfprozentige Differenz zwischen Ausfuhrwert und genehmigtem Einfuhrwert, die früher 80%ige, jetzt 45%ige Differenz bei der Ausfuhr monopolisierter Waren, außerdem die Deviseneingänge durch die Tätigkeit der genannten beiden Konzessionsgesellschaften, deren Exporten keine Einfuhrlizenzen gegenüberstehen, also bei der Anglo-Persian Oil Co. die Konzessionszahlungen und die Ausgaben für Löhne, Gehälter und Inlandswaren in Persien, bei der Fischereigesellschaft der Gewinnanteil der persischen Regierung und die an die persischen Fischer gezahlten Löhne. Dieser Devisenüberschuß ist notwendig, da eine eigene Ausfuhrtätigkeit der Regierung nicht in Frage kommt, diese aber bedeutende Devisenverpflichtungen hat, vor allem für die Fortsetzung der Bahnbauarbeiten und die Goldkäufe für die Währungsstabilisierung. Dazu kommt, neben der Belastung der Devisenbilanz durch die übrigen Passivposten der Zahlungsbilanz, derjenige Teil der privaten Einfuhr, welcher nicht von einer vorhergehenden Ausfuhr abhängig gemacht ist. Solche Lizenzen werden auf Grund einer Sonderbestimmung des Monopolgesetzes für den Import maschineller Produktionseinrichtungen erteilt, welche die Industrialisierung Persiens fördern und zur Reduzierung des Einfuhrbedarfs beitragen.

Der Vollständigkeit halber ist hier noch zu erwähnen, daß alle diejenigen Importe, die keinen Devisenabfluß zur Folge haben, von den Beschränkungen befreit sind, also vor allem Transitwaren, Kapitalimport und Reisegepäck.

Das bisher Gesagte ergibt also folgendes Bild: Die Ausfuhr ist frei und berechtigt zur privaten Einfuhr in ungefähr gleichem Umfange, soweit nicht Einschränkungen im Interesse eines Devisenüberschusses gemacht sind. Eine weitere Beschränkung der Einfuhr besteht in der Kontingentierung, die nach volkswirtschaftlichen Gesichtspunkten vorgenommen wird. Auf die einzelnen Kontingente wird an anderer Stelle noch näher eingegangen werden. Sie wurden zuerst für das Quartal vom 21. III. 1931 bis zum 20. VI. 1931 festgesetzt, dann für ein Jahr, vom 21. VI. 1931 bis zum 20. VI. 1932 und zuletzt für das folgende „Wirtschaftsjahr" (21. VI. 1932 — 20. VI. 1933), das also nicht mit dem persischen Kalenderjahr bezw. Finanzjahr zusammenfällt. Auf den ersten Blick lassen diese Kontingentslisten erkennen, daß sie gegenüber den Importen vor dem Inkrafttreten des Monopols eine rigorose Reduzierung bedeuten. Ferner zeigt ihre Zusammensetzung, daß sie sich auf den für absolut notwendig erachteten Einfuhrbedarf der persischen Volkswirtschaft beschränken. Es soll dadurch erreicht werden, daß trotz dem stark verminderten Gesamteinfuhrvolumen die lebenswichtigen Waren ausreichend in das Land kommen, auf Kosten des „Luxuskonsums". Dabei ergab sich die Schwierigkeit, eine gleichmäßige zeitliche und örtliche Verteilung der so auf ein Minimum reduzierten Versorgung mit ausländischen Produkten sicherzustellen. Aus diesem Grunde wurden die jährlichen Kontingente anfangs halbjährlich, seit dem Wirtschaftsjahr 1932/33 vierteljährlich aufgeteilt, so daß die Lizenzen also immer nur für eine solche Teilperiode ausgestellt werden und innerhalb derselben der entsprechende Anteil am Gesamtjahreskontingent nicht überschritten werden darf. Die gleichmäßige örtliche Verteilung der Einfuhr und gleichzeitig ein Schutz gegen spekulative Monopolisierungsversuche einzelner Kaufleute durch Sicherung des Gesamtkontingents einer Warengattung soll durch eine Aufteilung dieser Gesamtkontingente auf die verschiedenen Zollämter erreicht werden, die sich nach der örtlichen Verteilung der Einfuhr in früheren Jahren richtet. Um der Dynamik des Wirtschaftslebens einigermaßen gerecht zu werden, wurde gleichzeitig angeordnet, daß bei Abschluß jeder Einfuhrperiode eine Kompensation zwischen den verschiedenen Zollämtern möglich ist, wobei allerdings die Schwerfälligkeit des bürokratischen Apparats hemmend im Wege steht.

Bevor ich in den nächsten Abschnitten auf weitere technische Einzelheiten und die praktischen Wirkungen des Außenhandelsmonopols zu sprechen komme, möchte ich an dieser Stelle abschließend darauf hinweisen, daß trotz aller Nachteile für den freien Handel und die Wirtschaftlichkeit der Güterverteilung nicht verkannt werden darf, daß eine Kritik mit theoretischen Argumenten nicht am Platze ist. Die Situation, die zu diesem rigorosen Eingriff des Staates in die freie Wirtschaft Anlaß gab, ließ nicht erwarten, daß sich eine volkswirtschaftlich günstige Entwicklung nach den Gesetzen der ökonomischen Theorie durchsetzen würde, wenn man den Dingen nur freien Lauf ließ. Denn der Automatismus der freien Wirtschaft hatte sich auch vor der Einführung des Außenhandelsmonopols nicht auswirken können, weil diese Wirtschaftsfreiheit nur auf seiten Persiens bestand, während der wichtigste Kontrahent im auswärtigen Warenverkehr, die Sowjetunion, durch sein Wirtschaftssystem in der Lage war, den automatischen Ausgleich der persischen Devisenbilanz dauernd zu verhindern. Es ist auf keinen Fall anzunehmen, daß sich Persien zu dieser Bürokratisierung des Handels lediglich aus protektionistischen Motiven entschlossen hätte, sondern es geschah hauptsächlich aus der Erkenntnis der Notwendigkeit heraus, sich auf diese Weise gegen die Devisenverluste an Rußland zu schützen, da andere Kampfmittel nicht zur Verfügung standen.

Damit komme ich zu der Frage, wie sich die handelspolitischen Beziehungen zu diesem Staate in der Folgezeit gestalteten. Da das persische Außenhandelsmonopolgesetz ausdrücklich bestimmte, daß der Wert der Ausfuhrzertifikate und der Einfuhrlizenzen auf Grund des tatsächlichen Warenwertes von den Zollbehörden kontrolliert bezw. festgesetzt wird, bestand für die Sowjetunion im Rahmen des

Handelsprovisoriums vom 1. Oktober 1927 nicht mehr die Möglichkeit, durch die oben (S. 111) beschriebene Verrechnungsmethode des persisch-russischen Warenaustauschs einen ständig wachsenden Aktivsaldo zu seinen Gunsten zu erzwingen. Es hatte also selbst großes Interesse, dieses Provisorium jetzt durch einen endgültigen Handelsvertrag zu ersetzen und dabei eine rechtliche Garantie seiner Position im persischen Außenhandel zu erreichen, die durch die Monopolisierung des letzteren durch die persische Regierung technisch ohne weiteres möglich geworden war. Nach langen Verhandlungen kam es zum Abschluß des

Persisch-Russischen Handels-, Niederlassungs- und Schiffahrtsvertrages vom 27. Oktober 1931.

Das Wesentliche dieses Vertrages läßt sich in den folgenden fünf Tatsachen zusammenfassen:

1. In beiden vertragschließenden Ländern ist der Außenhandel Staatsmonopol, wenn auch in unterschiedlicher technischer Ausgestaltung. Das persische Monopolgesetz wird von der Sowjetunion grundsätzlich anerkannt.

2. Die russische Ausfuhr nach Persien, die sich also im Rahmen der persischen Kontingente halten muß, wird im voraus in ihrer Höhe von Persien garantiert, und zwar durch Reservierung bestimmter Anteile an den einzelnen Kontingenten. Der für die erste Periode festgesetzte prozentuale Anteil Rußlands an dem persischen Gesamteinfuhrkontingent darf in den folgenden Jahren nicht unterschritten werden.

3. Die einzelnen Lizenzen für die Einfuhr aus Rußland werden ohne Vorlegung von Ausfuhrzertifikaten erteilt, jedoch unter der Bedingung, daß persische Produkte in gleichem Werte nach Rußland auszuführen sind, wofür Ausfuhrbescheinigungen ausgestellt werden. Gegen Schluß jedes Wirtschaftsjahres, also vor dem 21. Juni jedes Jahres, wird festgestellt, ob der Gesamtwert dieser Ausfuhrbescheinigungen dem Gesamtwert der erteilten Einfuhrlizenzen entspricht. Stellt sich eine Differenz heraus, so ist sie im folgenden Wirtschaftsjahr auszugleichen.

4. Für Zucker, Erdölderivate und Zündhölzer erhält die Sowjetunion das Einfuhrmonopol. Die Einfuhr aller russischen Waren kann über jedes beliebige Zollamt erfolgen. Die Ausfuhr persischer Produkte nach Rußland unterliegt keinen Beschränkungen mehr, abgesehen von der folgenden Bestimmung über die Ausübung der Handelsfunktionen:

5. Persische Kaufleute, welche direkt nach Rußland exportieren, müssen in jedem Fall die Genehmigung der in Persien arbeitenden Sowjethandelsorganisationen einholen. Dies bedeutet das Monopol dieser Organisationen für die persische Ausfuhr nach Rußland, das praktisch schon vor dem Abschluß dieses Vertrages bestanden hatte. Da die Sowjetgesellschaften ausdrücklich von der Devisenabliefe-

rungspflicht befreit ſind, wird alſo der geſamte Warenaustauſch zwiſchen beiden Ländern intern bei ihnen abgerechnet.

Die durch dieſen Handelsvertrag geſchaffene Situation iſt alſo die, daß Rußland, abgeſehen von den nicht lizenzpflichtigen Lieferungen nach Perſien (Beſtellungen der Regierung, Kapitalimport etc.), einen feſt beſtimmten Anteil an der perſiſchen kontingentierten Einfuhr hat, der für einige Waren 100% des Geſamtkontingents ausmacht. Gleichzeitig iſt Rußland gezwungen, die gleiche Menge perſiſcher Produkte zu kaufen, und da nunmehr der Warenaustauſch zwiſchen beiden Ländern endgültig Monopol der Sowjethandelsvertretung und der in Form von Aktiengeſellſchaften organiſierten anderen Sowjetſtellen geworden iſt, ſpielt die Deviſenfrage keine Rolle, da dieſe ruſſiſchen Organiſationen im Lande gegen Kran (jetzt Rial) kaufen und verkaufen und ein Differenzbetrag im folgenden Jahre ausgeglichen werden muß. Endgültige Deviſenverpflichtungen Perſiens gegenüber der Sowjetunion entſtehen alſo im Warenverkehr nur bei lizenzfreien Importen, welche bei dieſem Ausgleich nicht berückſichtigt werden. Somit erſcheint bei ſtrikter Innehaltung dieſer Vertragsbeſtimmungen das Intereſſe Perſiens an einer Ausbalancierung der Handelsbilanz mit der Sowjetunion gewahrt zu ſein. Dies konnte allerdings nur durch das große Zugeſtändnis in der Kontingentsfrage erreicht werden, das eine außerordentliche Feſtigung der ruſſiſchen Poſition auf dem perſiſchen Markt bedeutet und die Gefahr einſchließt, daß die Sowjetunion dieſe Garantie durch die Lieferung von noch ſchlechteren Waren und zu noch höheren Preiſen als bisher ausnutzt.

In der Tranſitfrage wurden formell die Beſtimmungen des Abkommens vom 1. Oktober 1927 aufrechterhalten (ſ. oben, S. 54). Für Lieferungen nach Perſien genügt aber jetzt an Stelle der ruſſiſchen Lizenz ein beglaubigtes Urſprungszeugnis mit dem Viſum des ruſſiſchen Konſulats. Für dieſes werden zur Zeit in Deutſchland RM 12.— bei Sendungen im Werte unter RM 2000.— berechnet, mit ſtarker Steigerung dieſes Satzes bei Lieferungen von höherem Geſamtwert. Man kann alſo von einem verſteckten Tranſitzoll ſprechen.

Schon vor dem Abſchluß des neuen Handelsvertrages waren jedoch in der Durchfuhrbeſchränkung für die perſiſche Einfuhr via Batum weitere Erleichterungen geſchaffen worden. Während ſie für beſtimmte wichtige Warenklaſſen, z. B. Zucker, Gummiwaren und Baumwolltextilien, weiterhin ſtreng durchgeführt wurde, erlaubte die Sowjetunion den Tranſit vieler Artikel, die ihren eigenen Exporten nach Perſien keine Konkurrenz machten, ſo z. B. beſtimmte Metallwaren, reinwollene Textilien uſw., die nicht zu den ausdrücklich im Vertrage freigegebenen Waren gehören. Selbſtverſtändlich beſteht auch hier weiterhin die Bedingung, daß die Urſprungsländer Vertragsſtaaten gegenüber Rußland ſind. Der Grund für dieſe Erleichterung war natürlich nur das ruſſiſche Intereſſe, an der Beförderung der ſonſt über Trapezunt oder Ahwaz gehenden Waren zu verdienen, ſoweit die Exportintereſſen der Sowjetinduſtrie nicht beeinträchtigt werden.

In dieſem Zuſammenhang muß darauf hingewieſen werden, daß Großbritannien erſt am 10. April 1930 einen proviſoriſchen Handelsvertrag mit der Sowjetunion abſchloß, bis dahin alſo Nordperſien nicht über Batum beliefern konnte. Inzwiſchen iſt dieſer Vertrag nun wieder von britiſcher Seite gekündigt worden (Oktober 1932), ſo daß der Export Großbritanniens erneut auf dieſe Weiſe gegenüber anderen Ländern benachteiligt iſt.

Außer dieſen wichtigen Veränderungen bei den handelspolitiſchen Grundlagen des perſiſchen Außenhandels müſſen noch die folgenden erwähnt werden:

Die meiſten Poſitionen des Zolltarifs blieben in den Kriſenjahren unverändert, jedoch wurden mit dem Inkrafttreten des Außenhandelsmonopols, alſo mit dem 21. März 1931, die Zölle in einer neuen Rechnungseinheit, die man trotz ihrem ebenfalls unſtabilen Werte unter Vorwegnahme der Währungsreformpläne den Goldrial nannte, erhoben. Dieſer „Gold"-Rial wurde im Verhältnis 5 : 2 zum Wert des Kran in Beziehung geſetzt. Da der Kurs des letzteren im Durchſchnitt des Jahres 1310 (1931/32) um 57% niedriger war als im Durchſchnitt des Jahres 1307 und ſich die Entwertung der Währung ſeitdem weiter fortgeſetzt hat, bedeutet die nominelle Erhöhung der Zollſätze um $^3/_5$ nur einen Ausgleich dieſer Entwertung.

Die Monopolbeſteuerung der im übrigen freien Opiumausfuhr war bis 1930 auf 400 Toman (4000 Kran) pro Kiſte allmählich geſteigert worden, wie es im Monopolgeſetz vom 1. Juli 1928 vorgeſehen war. Dann, im November 1930, entſchloß ſich die Regierung, auf ein Angebot des Exporteurs Mirza Habibollah Amine einzugehen und dieſem in Verbindung mit einer zweiten Firma das ausſchließliche Ausfuhrrecht zu übertragen, gegen eine Abgabe von £ 83.— pro Kiſte in den erſten zwei Jahren der fünfjährigen Vertragsperiode, £ 100.— im dritten und vierten und £ 117.— im fünften Jahre. Der Berechnung ſollte ein feſtes Ausfuhrquantum von 6500 Kiſten zugrundegelegt werden, auch wenn tatſächlich weniger exportiert werden würde.

Man hörte wenig über die praktiſchen Auswirkungen dieſer neuen Form des Opiummonopols, bis die Zeitung „L'Ettelat" am 18. Oktober 1932 berichtete, daß der Vertrag wieder annulliert worden iſt und die alten Monopolbeſtimmungen von neuem in Kraft getreten ſind.

Am Schluß des Jahres 1307, alſo am 21. März 1929, wurde von der perſiſchen Regierung das Tabakmonopol eingeführt, welches Anbau, Verarbeitung und Verkauf dieſes Produkts umfaßt. Für den Außenhandel hat es nur geringe Bedeutung, da die Beſteuerung nicht die Exporte trifft. Nur die Beſtimmung, daß dem privaten Handel Ausfuhr- und Einfuhrgeſchäfte nur mit beſonderer Genehmigung geſtattet ſind, worunter auch die Einfuhr von Zigarettenpapier fällt, ſtellte eine bürokratiſche Erſchwerung des Warenverkehrs dar.

Schließlich muß noch das „Geſetz für die Regiſtrierung von Handelsmarken" vom 20. Auguſt 1931 genannt werden. Es hat für den Abſatz ausländiſcher Markenartikel in Perſien große Bedeutung, da für dieſe bis dahin ein wirkſamer Schutz nicht beſtand.

3. Größe und Bilanz des Außenhandels in den Kriſenjahren 1308/10.

Mit dem nochmaligen Hinweis auf die Korrekturbedürftigkeit der perſiſchen Außenhandelsſtatiſtik gebe ich nachſtehend die dieſer entnommenen Ziffern für den Außenhandel der Jahre 1308 (1929/30) und 1309 (1930/31) ſowie die entſprechenden Angaben für das Jahr 1310 (1931/32), die noch nicht im Druck erſchienen ſind, aber als vorläufige Zahlen in der perſiſchen Zeitung „Iran" in den Ausgaben vom 2. bis 19. November 1932 veröffentlicht wurden. Die Umrechnung der Kranbeträge in Reichsmark erfolgte für die letzten beiden Jahre, alſo für die Periode der Deviſenzwangswirtſchaft, nicht zu den amtlichen Durchſchnittskurſen, ſondern zu dem ungefähren Durchſchnitt der im Schwarzhandel gezahlten Kurſe, mit Rückſicht darauf, daß dieſe für den weitaus größten Teil der Ein- und Ausfuhrgeſchäfte maßgebend waren.

Der Geſamtaußenhandel einſchließlich der Ölausfuhr der Anglo-Persian Oil Co. belief ſich auf:

1308 (1929/30):	Kran 2 494,69 Mill.	
	à RM —.352 . . .	RM 878,13 Mill.
1309 (1930/31):	Kran 2 274,35 Mill.	
	à RM —.229 . . .	RM 520,83 Mill.
1310 (1931/32):	Kran 1 942,03 Mill.[76]	
	à RM —.182 . . .	RM 353,44 Mill.

Entſprechend der Unterſuchungsmethode im Teil I werden dieſe Zahlen den entſprechenden Welthandelsumſätzen gegenübergeſtellt und die ſich ſo ergebenden Anteile in Prozenten ausgedrückt. Zum Vergleich werden diejenigen für das Jahr 1307 hier wiederholt:

1307: Außenhandel Perſiens *RM 993,423 Mill. = 0,365%* des Welthandelsumſatzes.

1308:	Welthandelsumſatz (1929) .	RM 282 700	Mill.[77]
	Außenhandel Perſiens . .	RM 878,13	Mill.
		= *0,311%*	
1309:	Welthandelsumſatz (1930) .	RM 229 000	Mill.
	Außenhandel Perſiens . .	RM 520,83	Mill.
		= *0,227%*	
1310:	Welthandelsumſatz (1931) .	RM 161 500	Mill.
	Außenhandel Perſiens . .	RM 353,44	Mill.
		= *0,219%*	

Da die Schrumpfung der Welthandelsumſätze in den Kriſenjahren nicht ſo gleichmäßig vor ſich ging wie in der Konjunkturperiode die Steigerung, wurden ſie nicht auf das perſiſche Kalenderjahr umgerechnet, das um $2^2/_3$ Monate ſpäter liegt.

Es zeigt ſich alſo, daß dem ſtarken abſoluten Rückgang des perſiſchen Geſamtaußenhandels auch ein allerdings mäßigerer relativer Rückgang im Verhältnis zu den Welthandelsumſätzen entſpricht. Daß bei dieſen ebenſo wie bei dem perſiſchen Handel die Änderung des Preisniveaus eine größere Rolle geſpielt hat als die mengenmäßige Schrumpfung, iſt ſelbſtverſtändlich. Im nächſten Abſchnitt wird die Entwicklung des Ausfuhr*volumens* noch unterſucht werden. Hier iſt zunächſt feſtzuſtellen, welche Rolle bei dem Rückgang des Außenhandelswertes die Ölausfuhr der Anglo-Persian Oil Co. geſpielt hat, d. h. wie er ſich, nicht weltwirtſchaftlich, ſondern vom Standpunkt der perſiſchen Volkswirtſchaft geſehen, darſtellt:

Außenhandel Perſiens ausſchließlich Ausfuhr der Anglo-Persian Oil Co.:

1307:	RM 551,06 Mill.	= 0,203 %	des Welthandels
1308:	RM 495,35 Mill.	= 0,175 %	des Welthandels
1309:	RM 290,69 Mill.	= 0,127 %	des Welthandels
1310:	RM 226,04 Mill.	= 0,140 %	des Welthandels

Unter der Vorausſetzung, daß der prozentuale Anteil der unſichtbaren Ein- und Ausfuhr am Geſamthandel unverändert geblieben iſt, ergibt ſich hier alſo ebenfalls für die ganze Periode ein ſtarker abſoluter Rückgang, während der Anteil am Welthandel im Jahre 1310 (1931/32) wieder ſteigende Tendenz zeigt. Dies dürfte in der Hauptſache darauf zurückzuführen ſein, daß die Welthandelsumſätze im Jahre 1931 beſonders ſtark infolge der protektioniſtiſchen Maßnahmen in Europa und Amerika zuſammenſchrumpften. Dieſe trafen in erſter Linie Induſtrieerzeugniſſe, Getreide und landwirtſchaftliche Veredelungsprodukte, nicht aber die typiſchen Ausfuhrerzeugniſſe Perſiens, die ſich deshalb mengenmäßig gut behaupten konnten.

Die perſiſche *Handelsbilanz* geſtaltete ſich in den Kriſenjahren folgendermaßen (vergl. diejenige für 1307 auf S. 60):

Handelsbilanz 1308 (1929/30)

	1 Kran = RM —.352	
	In Mill. Kran	Mill. RM
Wareneinfuhr	875,76	308,27
Einfuhr von Edelmetallen und Münzen	44,09	15,52
	919,85	323,70
Warenausfuhr (exkl. Öl)	482,79	169,94
Ölausfuhr der APOC.	1087,44	382,78
Ausfuhr von Edelmetallen und Münzen	4,61	1,62
	1574,84	554,34

Handelsbilanz 1309 (1930/31)

	1 Kran = RM —.229	
	In Mill. Kran	Mill. RM
Wareneinfuhr	808,77	185,21
Einfuhr von Edelmetallen und Münzen	1,76	0,40
	810,53	185,61
Warenausfuhr (exkl. Öl)	445,38	101,89
Ölausfuhr der APOC.	1004,97	230,14
Ausfuhr von Edelmetallen und Münzen	13,47	3,08
	1463,82	335,11

Handelsbilanz 1310 (1931/32)

	1 Kran = RM —.182	
	In Mill. Kran	Mill. RM
Wareneinfuhr	606,76	110,43
Einfuhr von Edelmetallen und Münzen	2,20	0,40
	608,96	110,83
Warenausfuhr (exkl. Öl)	631,27	114,89
Ölausfuhr der APOC.	700,00	127,40
Ausfuhr von Edelmetallen und Münzen	1,80	0,33
	1333,07	242,62

4. Die Urſachen der Außenhandelsentwicklung in der Kriſe.

Die ſich in den oben wiedergegebenen Zahlen ausdrückende Geſtaltung des perſiſchen Außenhandels ſtellt die Geſamtwirkung einer Vielzahl verſchiedenartigſter Beſtimmungsfaktoren dar, die ihn teils in der gleichen, teils in entgegengeſetzter Richtung beeinflußten. Es iſt nicht möglich, die Wirkungen der Einzelurſachen von einander zu trennen. Jedoch kommt man dieſem Ziel ſchon ziemlich nahe, wenn man dieſe Urſachen ſelbſt iſoliert betrachtet, ſoweit dies nicht auf wirklichkeitsfremde Abſtraktionen hinausläuft. Dabei erſcheint die folgende Einteilung zweckmäßig: a) Valuta- und Preisgeſtaltung, b) Einflüſſe der Handelspolitik, c) Sonſtige Urſachen.

a) Valuta und Preiſe.

Die ununterbrochene Abwärtsbewegung des Krankurſes im Laufe der hier zugrundeliegenden drei Kriſenjahre wurde bereits ausführlich dargeſtellt. Es wurde mehrmals darauf hingewieſen, daß die Zahlungsbilanzſituation dauernd für die Parallelität dieſer Bewegung mit dem Preisſturz des Währungsmetalls, des Silbers, geſorgt hat. Ebenſo ging aus dieſer Darſtellung hervor, daß für die Zahlungsbilanzgeſtaltung beſondere Gründe, jedenfalls nicht ein überhöhtes Preisniveau im Inland, verantwortlich waren. Denn eine *nennenswerte Geldvermehrung hat nicht ſtattgefunden,* weder als Urſache der Kursbewegung noch als Folge der geſunkenen Valuta. Unter diesen Umständen mußte die Kranentwertung, isoliert betrachtet, folgende Wirkungen haben:

1. Relativ stabile Preise für reine Inlandswaren und -leistungen,
2. parallel mit den Devisenkursen steigende Preise für alle Einfuhrwaren und Dienstleistungen des Auslands,
3. steigende Preise für alle Ausfuhrwaren.

Dies hätte für den Außenhandel bedeutet: scharfe Drosselung der Einfuhr wegen steigender Preise bei ziemlich unverändertem Geldeinkommen der Bevölkerung, ferner Anreiz zu vermehrter Ausfuhr wegen der Differenz zwischen Devisenkurssteigerung und Erhöhung der Ausfuhrwarenpreise. Diese Differenz mußte entstehen, weil die Produktionskosten nur sehr langsam der Kursbewegung folgen konnten. Die Kranentwertung als alleinige Ursache der Außenhandelsentwicklung hätte also seit Beginn der Krise eine ständig wachsende Aktivierung der Handelsbilanz bewirken müssen. Neben anderen, später zu erörternden Momenten entstand aber in der Preisgestaltung selbst ein Faktor, der diese Wirkungen der Valutabewegung teilweise aufgehoben hat, nämlich in dem *Preissturz der Waren auf dem Weltmarkt.* Um nun die Resultante aus diesen beiden, einander entgegenwirkenden Kräfte einwandfrei zu ermitteln, kommt es darauf an, *in wenigen, übersichtlichen Zahlen den Einfluß der Bewegung der Weltmarktpreise auf den persischen Außenhandel zu zeigen.* Es muß daraus also ersichtlich sein, *in welchem Maße der Rückgang der Weltmarktpreise für die Einfuhrwaren die durch die Kranentwertung bedingte Reduzierung des Importvolumens und wieweit der Preisrückgang bei den Ausfuhrwaren den ebenfalls dadurch bedingten Anreiz zu gesteigerter Exporttätigkeit kompensiert haben.* Sowohl für die Importwaren wie für die Exportwaren sind also *Indexziffern* zu berechnen, an denen man diese Preisbewegung verfolgen kann und die dann in Beziehung zu der Kursgestaltung zu setzen sind. Dabei ergibt sich von selbst die Beantwortung einer weiteren wichtigen Frage, ob und in welchem Umfange eine Preisschere zwischen den Einfuhr- und den Ausfuhrgütern entstanden ist, deren Existenz eine weitere Beeinflussung des Außenhandels, vor allem des Einfuhrvolumens, bedeuten würde.

Es liegt nahe, der Berechnung dieser beiden Indizes die Wert- und Mengenangaben der persischen Zollstatistik zugrundezulegen, da diese die speziell im persischen Außenhandel bezahlten bezw. erzielten Preise ergeben würden, wenn sie als zuverlässig gelten könnten. Es wurde aber schon betont, daß gerade die Wertdeklarationen aus verständlichen Gründen stark von den tatsächlichen Preisen abweichen. Außerdem wäre es nicht möglich, die richtigen Kurse für die Umrechnung in Goldwährung festzustellen, da wegen der ungleichmäßigen Verteilung der jährlichen Importe und Exporte auf die einzelnen Monate die Anwendung der Jahresdurchschnittskurse die Resultate erheblich verschieben müßte. Aus diesen Gründen habe ich es mit einer noch zu erwähnenden Ausnahme vorgezogen, die Preisbewegung bei den verschiedenen Warengattungen an den Weltmarktpreiſen in Goldwährung zu verfolgen, ſoweit ſich dieſe für gleichartige Produkte feſtſtellen ließen. Wo dies nicht durchführbar war, habe ich nach Möglichkeit die Preiſe derjenigen Artikel, die für die betreffnde Warenklaſſe typiſch ſind, zugrundegelegt. Auf dieſe Weiſe wurden je ca. 84% der Exporte und Importe erfaßt, ſo daß alſo für die reſtlichen 16% eine im Durchſchnitt parallele Preisbewegung angenommen wird, was ungefähr zutreffen dürfte.

Eine Fehlerquelle bleibt dann noch in dem Unterſchied zwiſchen den Preiſen im perſiſch-ruſſiſchen Warenaustauſch und denjenigen im übrigen Außenhandel. Dieſer Unterſchied iſt aber nur abſolut genommen von Bedeutung, denn da die von Rußland diktierten Preiſe ſchon im Jahre 1307, welches als Baſisjahr für die Indexberechnung gewählt wurde, durchſchnittlich den geographiſch bedingten Frachtenſchutz voll ausnutzten, mußte ihre *Veränderung* ungefähr mit denjenigen auf dem Weltmarkt parallel laufen, ſo daß letztere alſo auch für dieſen Teil des perſiſchen Außenhandels als maßgebend angeſehen werden können.

Über die Berechnungsmethode iſt außerdem noch zu ſagen, daß die Ölausfuhr der Anglo-Persian Oil Co. wegen ihrer Sonderſtellung und relativ geringen Bedeutung in der perſiſchen Volkswirtſchaft ausgeſchloſſen wurde. Daß als Preisbaſis das Jahr 1307 (1928/29) gewählt wurde, erſcheint dadurch gerechtfertigt, daß es vielleicht als „normalſtes" Jahr der Nachkriegszeit angeſprochen werden kann und daß es den Ausgangspunkt für die hier zu unterſuchende Kriſenperiode bildet. Wegen der ſtarken Disperſion der Preiſe ſowohl in der perſiſchen Ausfuhr wie in der Einfuhr mußte ſelbſtverſtändlich ein gewogener Index als unbedingt erforderlich erſcheinen, und zwar wurde das Prinzip der konſtanten Wägung angewandt, alſo der Unveränderlichkeit der Warenkoeffizienten im Verlauf der Unterſuchungsperiode.

Der *Ausfuhrindex*, der alſo für das Jahr 1307 gleich 100 geſetzt wird, berechnet ſich demnach folgendermaßen:

	Warenklaſſe	Ausfuhrwert in Kran (1307)	Koeffizient
I.	Wollteppiche	159,35 Mill.	39,8
II.	Opium	65,04	16,3
III.	Baumwolle	52,68	13,2
IV.	Reis	28,86	7,2
V.	Häute und Felle . . .	21,62	5,4
VI.	Gummitragant . . .	15,85	4,0
VII.	Wolle	15,62	3,9
VIII.	Mandeln	15,28	3,8
IX.	Roſinen	13,84	3,4
X.	Rohſeide und Kokons .	12,00	3,0
		400,13 Mill.	100,0

Kran = 83,8% der Geſamtwarenausfuhr exkl. Erdölexport.

Entſprechend dem Anteil der einzelnen Warenklaſſen an der Ausfuhr des Jahres 1307 beſtimmen ſich alſo ihre Koeffizienten für den gewogenen Ausfuhrindex. Bei der Berechnung der Vergleichsbaſis wurden folgende Durchſchnittspreiſe für die Periode April 1928 bis März 1929 zugrundegelegt (wegen beſſerer Überſichtlichkeit in RM umgerechnet):

I. *Wollteppiche.* a) Durchſchnittspreis im Londoner Umſchlagshandel für Kirman-, Meſched- und Täbristeppiche, 1. Qualität: RM 4.90 per Quadratfuß;
b) Isfahanvorleger, Standardgröße, 1. Qualität: RM 410.— per Stück[78].

Anteilskoeffizient von a: 70%, von b: 30%

II. *Opium.* Raucheropium cif oſtaſiatiſchen Hafen, 10% Morphin. RM 4400.— bis 4600.— per Kiſte[79].

III. *Baumwolle.* Ind. Oomra in London, RM —.65 per lb.

IV. *Reis.* Burma II in London, RM 13.77 per cwt.

V. *Häute und Felle.* Good Madras Sheep Skins, first selection, RM 5.91.

VI. *Gummitragant.* Durchſchnitt zwiſchen Gol-Tragant und Textiltragant in Hamburg bei Eintreffen der Saiſonverſchiffungen, RM 426.— per cwt (Januar 1929)[80].

VII. *Wolle.* Gr. crossbred 46' s in London, RM $1.53^1/_2$ per lb.

VIII. *Mandeln.* Siziliſche P.G. in London, RM 170.— per cwt.

IX. *Roſinen.* Extra Carab. Sultaninen in Hamburg, RM 69.75 per 100 kg.

X. *Rohſeide und Kokons.* Gelbe 9/11 Rohſeide in Mailand, RM 48.59 per kg.

Der Ausfuhrindex für die Jahre 1308, 1309 und 1310 errechnet ſich alſo, indem man die entſprechenden Durchſchnittspreiſe in dieſen Jahren zu den oben für 1307 angegebenen in Beziehung ſetzt und ſo zunächſt die Warenindizes (1307 = 100) ermittelt. Durch Multiplizierung mit den auf S. 149 angegebenen Koeffizienten der einzelnen Warenklaſſen ergibt ſich dann für jedes Jahr der Geſamtindex der perſiſchen Ausfuhr. Die Berechnung wird hier wiedergegeben, *damit gleichzeitig die Preisbewegung bei den wichtigſten Waren des perſiſchen Außenhandels im Verlauf der Kriſe dargeſtellt wird, ſo daß ſich dies an anderer Stelle erübrigt:*

Warenklaſſe		1307 (1928/29)	1308 (1929/30)	1309 (1930/31)	1310 (1931/32)
I.	Preis RM	4.90 (70%)	4.40	4.—	2.10
	RM	410.— (30%)	325.—	245.—	150.—
	Index	100	86.64	74.07	40.97
II.	Preis RM	4500.—	4400.—	3930.—	2700.—
	Index	100	97.78	87.22	60.00
III.	Preis RM	—.65	—.53	—.30½	—.26¼
	Index	100	81.54	46.91	40.38
IV.	Preis RM	13.77	12.98	10.29	7.17
	Index	100	94.26	74.73	52.07
V.	Preis RM	5.91	5.65	5.45	3.50
	Index	100	95.77	92.22	59.23
VI.	Preis RM	426.—	392.—	334.—	219.—
	Index	100	92.00	78.44	51.41
VII.	Preis RM	1.53½	1.16½	—.72¼	—.51
	Index	100	75.90	47.07	33.22
VIII.	Preis RM	170.—	146.—	106.—	104.—
	Index	100	85.88	62.35	61.18
IX.	Preis RM	69.75	62.34	63.05	79.63
	Index	100	89.35	90.39	114.17
X.	Preis RM	48.59	41.26	26.04	18.94
	Index	100	84.92	53.60	36.94

Daraus ergeben ſich die Geſamtausfuhr-Indizes wie folgt:
1307 (1928/29) = 100.

Warenklaſſe	Koeffizient	1308 W-Ind.[81]	1308 Ziffer	1309 W-Index	1309 Ziffer	1310 W-Index	1310 Ziffer
I.	39,8	86,64	34,58	74,07	29,48	40,97	16,31
II.	16,3	97,78	15,94	87,22	14,22	60,00	9,78
III.	13,2	81,54	10,76	46,91	6,19	40,38	5,33
IV.	7,2	94,26	6,79	74,73	5,38	52,07	3,75
V.	5,4	95,77	5,17	92,22	4,98	59,23	3,20
VI.	4,0	92,00	3,68	78,44	3,14	51,41	2,06
VII.	3,9	75,90	2,96	47,07	1,84	33,22	1,30
VIII.	3,8	85,88	3,26	62,35	2,37	61,18	2,32
IX.	3,4	89,35	3,04	90,39	3,07	114,17	3,88
X.	3,0	84,92	2,55	53,60	1,61	36,94	1,11
			88,73		72,28		49,04

Perſiſcher Ausfuhrindex für *1308: 88,73*
Perſiſcher Ausfuhrindex für *1309: 72,28*
Perſiſcher Ausfuhrindex für *1310: 49,04*

[81]) W-Index = Waren-Index, d. h. Einzelindex der betreffenden Warenklaſſe.

Für die Berechnung der *Einfuhrindizes* ist die Ermittlung typischer Weltmarktpreise mit größeren Schwierigkeiten verbunden als bei der einfacher zusammengesetzten Ausfuhr Persiens. So mußten mangels vergleichbarer Marktpreise für wollene und halbwollene Textilien diese mit den Baumwollgeweben zusammengefaßt werden, wobei für alle die Preisveränderungen bei Baumwolltwills in Manchester zugrundegelegt wurden. Da beide Rohstoffe eine ungefähr parallele Preisbewegung zeigten und weil die Baumwollgewebe in dieser Zusammenfassung weitaus überwiegen, liegt hierin keine Gefahr einer wesentlichen Verschiebung.

Um einen wichtigen, aber sehr kompliziert zusammengesetzten Teil der Einfuhr, die außer diesen Textilien importierten industriellen Konsumwaren, mitzuerfassen, war es notwendig, für diese Warenklasse eine Indexziffer zu finden, die ihrer Zusammensetzung und demnach ihrer durchschnittlichen Preisveränderung ungefähr entspricht. Ich wählte den deutschen Großhandelsindex für Fertigwaren, der m. E. diesem Erfordernis am besten entspricht, da seine Bewegung nur durch einen relativ kleinen Anteil gebundener Inlandspreise beeinflußt wird, und da die in ihm berücksichtigten Waren auch ungefähr der Zusammensetzung dieses Teils der persischen Einfuhr nahekommen.

Für die aus Rußland importierten Mineralölprodukte benutzte ich als einzigen Fall die Angaben der persischen Zollstatistik, da in dieser Warenklasse unrichtige Wertdeklarationen unwahrscheinlich sind und die Weltmarktpreise immer gebunden waren und deshalb den von Persien bezahlten in keiner Weise entsprechen. Nur für das Jahr 1310, für welches noch keine Mengenangaben der persischen Einfuhr vorliegen, wurde die Preisveränderung bei rumänischem Schwerbenzin gegenüber der Periode April 1930 — März 1931 zugrundegelegt (Ausfuhrpreise fob Konstanza), da bei diesen freie Preisbildung bestand.

Die Preisbewegung bei der Warenklasse „Automobile und Zubehör“, die sich hauptsächlich aus amerikanischen Automobilen und Reifen zusammensetzt, wurde an den Ausfuhrpreisen der Vereinigten Staaten verfolgt, die für die Kalenderjahre 1928—1931 aus der Broschüre „Facts and Figures of the Automobile Industry“, New York 1932, errechnet wurden. Entsprechend der Zusammensetzung der persischen Einfuhr im Jahre 1307 ergaben sich folgende prozentualen Anteile: Lastwagen und Omnibusse 68%, Personenwagen 20,5%, Bereifung 11,5%. In diesem Verhältnis wurden die Preisveränderungen bei diesen drei Kategorien der Berechnung der Gesamtindizes dieser Warenklasse zugrundegelegt.

Im übrigen wurde wie bei der Ermittlung der Ausfuhrindizes verfahren:

Warenklaſſe		Einfuhrwert 1307 in Kran	Koeffizient
I.	Baumwollgewebe	217,03	38,2 (I u. II)
II.	Wollene u. halbwollene Gewebe	26,91	
III.	Übrige induſtr. Konſumwaren	121,91	19,1
IV.	Zucker	98,12	15,3
V.	Tee	68,81	10,8
VI.	Mineralölprodukte	38,39	6,0
VII.	Baumwollgarn	16,97	2,7
VIII.	Automobile und Zubehör . .	50,46	7,9
		638,60 Mill.	100,0

Kran = 84,4% der Geſamteinfuhr.

Preisbaſis (April 1928 — März 1929):

I. und II. *Baumwoll- und Wolltextilien.* Cotton Twills, 41″ breit, 68 yards, 19/19, Garn 36/42a, in Mancheſter, RM 25.05 per Stück.

III. *Übrige induſtr. Konſumwaren.* Deutſcher Großhandelsindex für Fertigwaren 159,00.

IV. *Zucker.* Java weiß, cif Brit.-Indien, RM 25.75 per 100 kg.

V. *Tee.* Ind. Pekoe in London, RM 1.09 per lb.

VI. *Mineralölprodukte.* Durchſchnittseinfuhrpreis nach der perſiſchen Zollſtatiſtik, für Petroleum (Anteil 42%) und Benzin (Anteil 40½%). Petroleum —.60 per Man, Benzin RM 1.60 per Man.

VII. *Baumwollgarn.* Mule Twist Americ. 20′s in London, RM 1.22½ per lb.

VIII. *Automobile und Zubehör.* USA.-Exportpreiſe:
Laſtautomobile (68%) RM 2385.—
Perſonenwagen (20½%) RM 2700.—
Autoreifen (11½%) RM 38.85.

Die Preisveränderungen und die entſprechenden Warenindizes ſind:

Warenklaſſe		1307	1308	1309	1310
I u. II.	Preis RM	25.05	24.03	18.54	14.04
	Index	100	95.95	73.65	56.05
III.	Preis RM	159.00	156.44	146.48	131.88
	Index	100	98.39	92.12	82.94
IV.	Preis RM	25.75	23.53	16.65	14.25
	Index	100	91.38	64.66	55.34
V.	Preis RM	1.09	—.98½	—.76	—.41¾
	Index	100	90.37	69.72	38.30

Warenklasse			1307	1308	1309	1310
VI.	Preis	RM	—.60	—.57½	—.34	—
			1.61	1.45¾	—.88½	
	Index		100	91.90	55.34	29.00
VII.	Preis	RM	1.22½	1.11½	—.81¾	—.61½
	Index		100	91.02	66.65	50.14
VIII.[82]	Preis	RM	2385.—	1680.—	1510.—	1030.—
			2700.—	2230.—	1875.—	1665.—
			38.85	35.70	36.55	30.45
	Index		100	81.45	75.53	60.53

Warenklasse	Koeffizient	1308 W-Index	1308 Ziffer	1309 W-Index	1309 Ziffer	1310 W-Index	1310 Ziffer
I u. II.	38,2	95,95	36,66	73,65	28,13	56,05	21,41
III.	19,1	98,39	18,79	92,12	17,60	82,94	15,84
IV.	15,3	91,38	13,98	64,66	9,89	55,34	8,47
V.	10,8	90,37	9,76	69,72	7,53	38,30	4,14
VI.	6,0	91,90	5,51	55,34	3,32	29,00	1,74
VII.	2,7	91,02	2,46	66,65	1,79	50,14	1,35
VIII.	7,9	81,45	6,43	75,53	5,97	60,53	4,78
			93,59		74,23		57,73

Persischer Einfuhrindex für *1307: 100*

Persischer Einfuhrindex für *1308: 93,59*

Persischer Einfuhrindex für *1309: 74,23*

Persischer Einfuhrindex für *1310: 57,73*

Jetzt ist es durch Kombinierung dieser Ergebnisse mit der auf S. 105, 109 und 114 wiedergegebenen Bewegung des Krankurses möglich, *den Einfluß auf die Entwicklung des persischen Außenhandels festzustellen, der von der Preisseite ausging.* Auch hier sind selbstverständlich für die Zeit der Devisenzwangswirtschaft die an den schwarzen Börsen gezahlten Kurse zu benutzen, und zwar die bereits oben verwendeten Jahresdurchschnitte:

1307: 1 Kran = RM —.425
1308: 1 Kran = RM —.352
1309: 1 Kran = RM —.229
1310: 1 Kran = RM —.182

Der Index des Krankurses (1307 = 100) stellt sich also auf:

1308: 82,82
1309: 53,88
1310: 42,87

Die Gegenüberstellung dieser Kursindizes mit denjenigen des *Ausfuhrpreisniveaus* ergibt folgendes Bild:

	1307	1308	1309	1310
Krankurs:	100	82,82	53,88	42,87
Ausfuhrpreise:	100	88,73	72,28	49,04
Differenz:	0	— 5,91	—18,40	— 6,17

Das bedeutet, daß während der ganzen Dauer der Periode der *durchschnittliche* Rückgang der Weltmarktpreise für die persischen Ausfuhrwaren hinter dem gleichzeitigen Rückgang der Kranvaluta zurückgeblieben ist, *daß diese Differenz aber nur im Jahre 1309 so groß gewesen ist, daß man auf eine starke, durch die Preisgestaltung bewirkte Exportbelebung schließen darf.* Ich betone, daß es sich hier um Durchschnittsergebnisse handelt, so daß für einzelne Waren natürlich die Verhältnisse sehr verschieden sind. Da es sich hier in erster Linie darum handelt, die Exportchancen der Gesamtwirtschaft bezw. ihre Veränderung durch die Kranentwertung zu prüfen, kann darauf nicht näher eingegangen werden. Ich verweise auf die Tabellen auf S. 151 (für die Einfuhr S. 153/54), wo die einzelnen Warenindizes angegeben sind, deren Vergleich mit den obigen Kursindizes dann die spezielle Situation für die betreffende Warenklasse zeigt.

Wieweit die Drosselung der *Einfuhr* infolge der Kranentwertung durch den Rückgang des *Einfuhrpreisniveaus* (in Goldwährung) kompensiert wurde, ergibt sich aus der folgenden Gegenüberstellung mit den Kursindexziffern:

	1307	1308	1309	1310
Krankurs:	100	82,82	53,88	42,87
Einfuhrpreise:	100	93,59	74,23	57,73
Differenz:	0	—10,77	—20,35	—14,86

Der *durchschnittliche* Rückgang der Weltmarktpreise für die persischen Einfuhrwaren ist also wesentlich mehr als derjenige der Ausfuhrpreise hinter der Entwertung der Valuta zurückgeblieben. Mit anderen Worten: Seit dem Jahre 1308 und ganz besonders 1309 (1930/31) *mußte die sich in diesen Zahlen ausdrückende Kaufkraftschwächung der persischen Volkswirtschaft eine Reduzierung der Einfuhr bewirken,* d. h. einen *mengenmäßigen* Rückgang, der nur durch eine starke Exportsteigerung oder durch zusätzliche Kapitaleinfuhr hätte vermieden werden können. Zusammenfassend ist also zu sagen, daß der Preisrückgang sowohl bei der Ausfuhr wie bei der Einfuhr nicht mit der Entwertung der Valuta Schritt gehalten hat, so daß eine Tendenz zu automatischer Aktivierung der Handelsbilanz bestand. Dies bedeutet jedoch keinesfalls, daß damit wirtschaftspolitische Maßnahmen in gleicher Richtung überflüssig erschienen. Denn diese sollten ja gerade verhindern, daß der Ausfuhrüberschuß erst auf dem Umweg über eine weitere Entwertung der Währung von selbst entstand, und außerdem war es durchaus wahrscheinlich, daß die durch die Preisbewegung bedingte Kaufkraftschwächung weniger einen entsprechenden Einfuhrrückgang herbeiführte als vielmehr zunächst eine Abwanderung des beträchtlichen privaten Edelmetallbesitzes, so daß gerade die Luxuseinfuhr in relativ geringem Maße an dem automatischen Ausgleich der Bilanz beteiligt gewesen wäre.

Nach der Beantwortung dieser Fragen bleibt nun noch festzustellen, wie sich die Veränderung des Ausfuhrpreisniveaus zu derjenigen des Einfuhrpreisniveaus verhalten hat, ob also eine stark geöffnete *Preisschere* entstanden ist, die in den vergangenen Jahren so große Bedeutung für die Prosperität vieler Volkswirtschaften gehabt hat. Die obige Untersuchung hatte bereits erkennen lassen, daß eine unterschiedliche Entwicklung zuungunsten Persiens stattgefunden hat. Die folgende Gegenüberstellung zeigt die genauen Differenzen:

	1307	1308	1309	1310
Einfuhrpreise:	100	93,59	74,23	57,73
Ausfuhrpreise:	100	88,73	72,28	49,04
Preisschere:	—	4,86	1,95	8,69

Dies besagt, daß Persien wegen seiner weltwirtschaftlichen Stellung als Produzent von Lebensmitteln und Rohstoffen zwar auch diese nachteilige Wirkung der Weltmarktpreisgestaltung zu spüren hatte, besonders im letzten Jahr der hier untersuchten Periode, *daß es aber gegenüber anderen Agrar- und Rohstoffländern außerordentlich günstig gestellt war.* Das ist auf die besondere Struktur der Ausfuhr und auch der Einfuhr zurückzuführen, wie sie aus den Tabellen auf Seite 149 und Seite 153 ersichtlich ist, welche zeigen, daß in der Ausfuhr einige Spezialprodukte mit relativ unabhängiger Preisbewegung ausschlaggebend sind, und vor allem, daß in der Einfuhr diejenigen Waren vorherrschen, die entweder selbst Lebensmittel und Rohstoffe sind (Zucker, Tee, Mineralöl) oder deren Preise stark rohstoffgebunden sind (billige Gewebe und Garne).

Schließlich ermöglichen die Indexberechnungen noch, den wertmäßigen Rückgang des persischen Außenhandels dahin zu untersuchen, in welchem Maße er auf den Preissturz zurückzuführen ist und welche Verminderung des Außenhandels*volumens* dann verbleibt. Dabei ergibt sich folgendes:

Wareneinfuhr:

	Wert in RM	Index	Volumen	Differenz gegenüber 1307
1307:	322,14 Mill.	100	322,14	—
1308:	308,27 Mill.	93,59	329,38	+ 2,2%
1309:	185,21 Mill.	74,23	249,50	— 22,6%
1310:	110,43 Mill.	57,73	191,30	— 30,6%

Warenausfuhr (exkl. Öl):

	Wert in RM	Index	Volumen	Differenz gegenüber 1307
1307:	202,85 Mill.	100	202,85	—
1308:	169,94 Mill.	88,73	191,52	— 5,6%
1309:	101,89 Mill.	72,28	140,96	— 30,5%
1310:	114,89 Mill.	49,04	234,28	+ 15,5%

Einfuhr plus Ausfuhr:

	Volumen	Differenz gegenüber 1307
1307:	524,99	—
1308:	520,90	— 0,8%
1309:	390,46	— 25,6%
1310:	425,58	— 18,9%

Diese Resultate basieren auf den Angaben der persischen Außenhandelsstatistik und sind deshalb stark korrekturbedürftig. Sie lassen dies deutlicher erkennen als die Originalziffern, in denen die Kranentwertung und die Verschiebung des Preisniveaus die hier dargestellten Bewegungen im Außenhandelsvolumen verschleiern.

Bei der Einfuhr ist anzunehmen, daß die Differenz zwischen den Angaben der Statistik und dem tatsächlichen Volumen im Jahre 1308 ungefähr dieselbe geblieben ist wie im Vorjahr. Die Erhöhung um 2,2% trotz der Krisenerscheinungen erklärt sich zur Genüge aus der großen Produktionsmitteleinfuhr der Anglo-Persian Oil Co. und dem Eintreffen des Baumaterials für die transpersische Eisenbahn. Für das Jahr 1309 muß eine starke Erhöhung der unsichtbaren Einfuhr angenommen werden, als Folge der Devisenzwangswirtschaft, welche nicht nur zu niedrigeren Wertdeklarationen, sondern auch zu einem Anwachsen des Schmuggelimports Anlaß gab. Noch größer wurde die unsichtbare Einfuhr dann im Jahre 1310, nach Inkrafttreten des Außenhandelsmonopols und der damit verbundenen Kontingentierungen und Importverbote.

Bei der Ausfuhr ist der scharfe mengenmäßige Rückgang im Jahre 1309 zwar teilweise auf schlechte Ernten und die wachsenden Schwierigkeiten im Teppichabsatz zurückzuführen, aber auch hier dürften die Angaben der Statistik gegenüber den Vorjahren besonders fehlerhaft sein. Denn die formale Devisenablieferungspflicht zu Zwangskursen veranlaßte die Exporteure zu noch niedrigeren Wertdeklarationen als früher, so daß die oben festgestellte Verminderung des Ausfuhrvolumens um $30^1/_2$% gegenüber 1307 zum Teil hierdurch erklärt wird. Umgekehrt verhält es sich im Jahre 1310, als das Außenhandelsmonopol durch seine Verknüpfung der Ausfuhrwerte mit den Einfuhrlizenzen alle anderen Erwägungen in den Hintergrund treten ließ und die Exporteure veranlaßte, jede Ausfuhr möglich hoch zu deklarieren, soweit es die Kontrolle an der Zollgrenze erlaubte. Denn jetzt kam es in erster Linie darauf an, Ausfuhrzertifikate mit einem möglichst hohen Gesamtwert zu erhalten, deren Veräußerung an Importeure oder Benutzung für eigene Einfuhrgeschäfte nun den Hauptgewinn bei jedem Ausfuhrgeschäft darstellte. Deshalb ist die oben angegebene Steigerung des Ausfuhrvolumens auf 115½% desjenigen des Jahres 1307 zum großen Teil hieraus zu erklären, wenn auch daneben eine tatsächliche Steigerung, infolge der Auswirkungen des Monopolgesetzes und günstiger Ernteergebnisse, stattgefunden hat.

Für die in der letzten Tabelle berechneten Veränderungen des Gesamtaußenhandelsvolumens läßt sich daraus folgendes schließen: 1308 ist der prozentuale Anteil des unsichtbaren Außenhandels ungefähr derselbe geblieben wie in den Vorjahren. Die Veränderung des Volumens gegenüber 1307, wie sie oben angegeben wurde, wird also einigermaßen der Wirklichkeit entsprechen. Im Jahre 1309 bleiben die Zahlen der Statistik sowohl bei der Einfuhr wie bei der Ausfuhr mehr als früher hinter den tatsächlichen Werten zurück, so daß der scheinbare Rückgang des Außenhandelsvolumens um 25½% gegenüber 1307 aller Wahrscheinlichkeit nach als zu hoch angesehen werden muß. Für 1310 wurde gesagt, daß die unsichtbare Einfuhr weiter angewachsen ist, daß aber auf der anderen Seite die unsichtbare Ausfuhr bezw. Minderdeklarationen ganz oder jedenfalls zu einem großen Teil verschwunden sind. Das aus der Statistik berechnete Einfuhrvolumen zeigt also gegenüber den Vorjahren einen stärkeren Rückgang, als es der Wirklichkeit entspricht, das Ausfuhrvolumen eine zu starke Steigerung. Es ist anzunehmen, daß im letzteren Falle die Differenz die größere ist, so daß das Gesamtaußenhandelsvolumen im Jahre 1310 um mehr als 18,9% unter demjenigen des Jahres 1307 liegen wird.

Diese Hinweise müssen für die Korrektur der Berechnungen des Außenhandelsvolumens genügen, da genauere Schätzungen selbstverständlich nicht möglich sind.

b) Die handelspolitischen Maßnahmen.

Wenn schon im letzten Abschnitt erwähnt werden mußte, daß die Devisengesetzgebung und vor allem das Außenhandelsmonopol als Fehlerquellen der statistischen Erhebung zu berücksichtigen sind, so handelt es sich dabei doch nur um Vorbehalte, die für eine Auswertung der persischen Zollstatistik notwendig waren, nicht aber um nennenswerte Einflüsse auf den Gesamtaußenhandel selbst, für dessen volkswirtschaftliche Bedeutung es kaum darauf ankommt, in welchem Umfange er der Kontrolle der Zollbehörden entgeht oder von ihnen falsch bewertet wird. Es bleiben jedoch die folgenden Auswirkungen der handelspolitischen Maßnahmen in den Krisenjahren, die den tatsächlichen Außenhandel trafen und die neben der Bewegung der Devisenkurse und der Warenpreise als weiteres Bestimmungsmoment in der Entwicklung des auswärtigen Warenverkehrs eine große Rolle spielten.

Wie bereits gesagt wurde, erfuhr die handelspolitische Situation *im Jahre 1308* keine wesentlichen Änderungen, soweit es sich um Persien selbst handelt. Nur die Erhöhung des Teppichzolls in den Vereinigten Staaten im Sommer 1929 bedeutete eine Maßnahme, die die Exportmöglichkeiten für diesen Artikel stark beeinträchtigte, wenn auch weit weniger als der kurz darauf erfolgte Wallstreet-Krach, der die amerikanische Krise einleitete und sehr nachteilige Wirkungen für die persischen Absatzinteressen in Nordamerika hatte.

Das Jahr *1309* wird durch die katastrophalen Folgen der Devisengesetzgebung für den gesamten Außenhandel gekennzeichnet, die zunächst eine völlige Stockung der Geschäftstätigkeit überhaupt mit sich brachten und erst nach einer langsamen Wiederbelebung der Ausfuhr allmählich eine teilweise Erholung des Importgeschäfts eintreten ließen.

Immerhin hätten diese Momente die Entwicklung des Außenhandels auf die Dauer nicht wesentlich beeinflussen können, und dieser wäre nach vorübergehenden Störungen hauptsächlich durch die oben analysierte Kurs- und Preigestaltung bestimmt worden, wenn nicht im Jahre *1310* das Außenhandelsmonopol und der neue Handelsvertrag mit Rußland die Situation grundlegend geändert hätten. Dabei handelt es sich in erster Linie um folgende zwei Faktoren:

1. Reduzierung der Gesamteinfuhr durch die Kontingentierung und Behinderung ihrer optimalen Verteilung durch die an die Sowjetunion gewährten Anteilsgarantien;
2. künstliche Verschiebung der Preisrelation zwischen Ausfuhr- und Einfuhrwaren durch das Lizenzsystem.

Die Reduzierung der Einfuhr durch die Kontingentierung, die durch das gleichzeitige Anwachsen des Schmuggelimports natürlich nur teilweise ausgeglichen werden konnte, drückt sich einmal in den niedrigen Ziffern für die erlaubten Einfuhren aus, vor allem aber in den absoluten Einfuhrverboten für eine große Anzahl von Waren, die in den Vorjahren in großen Mengen aus dem Ausland gekauft worden waren. Im ersteren Falle, d. h. durch eine zu knappe Bemessung der Kontingente, werden vorwiegend diejenigen Artikel betroffen, die bei der Aufgliederung der Einfuhr des Jahres 1307 unter dem Begriff „Industrielle Konsumwaren" zusammengefaßt wurden, während die wichtigsten anderen Konsumgüter, die von Persien importiert werden, nämlich Zucker und Tee, wegen des finanziellen Interesses des Staates an den Monopoleinkünften verschont blieben. Da der Kapitalgüterimport zur Hauptsache auf die Anglo-Persian Oil Co. und den Bedarf der Regierung entfällt, also lizenzfrei ist, und da auch für die private Einfuhr von Produktionsmitteln verschiedene Erleichterungen geschaffen wurden, spielt auch hierfür die Kontingentierung nur eine untergeordnete Rolle.

Ebenso verhält es sich bei den *absoluten Einfuhrverboten*, die gleichfalls in erster Linie die industriellen Konsumwaren treffen. Dabei sind als wichtigste die folgenden zu nennen:

Nahrungsmittel in Konserven; alkoholische Getränke außer Medizinalweinen; alle Gewebe, in denen Seide oder Kunstseide enthalten ist, Spitzen, Stickereien, Möbelstoffe, Besätze, Trikotstoffe, Plüsche, alle Arten fertiger Kleidungsstücke mit Ausnahme wasserdichter Mäntel, Unterwäsche, Strümpfe, Handschuhe etc., Betttücher, Tischtücher, Handtücher usw. Alle Arten unechter Schmuckwaren, alle Spielwaren außer Musikspielwaren, Zigarren, Zigaretten, Seifen aller Art etc. etc.

Diese durchaus nicht vollständige Aufzählung der 1932 bestehenden Einfuhrverbote zeigt zur Genüge, welche einschneidenden Wirkungen die Monopolisierung des Außenhandels auf die Versorgung der persischen Bevölkerung und andererseits auf die Absatzmöglichkeiten des exportierenden Auslandes haben mußte. Sie läßt auch den Schluß zu, daß besonders Länder wie Deutschland, Großbritannien, Frankreich, Belgien etc., die gerade an diesen Warengattungen stark interessiert waren, infolgedessen rückgängige Anteile an der persischen Einfuhr aufweisen mußten.

Diese letztere Wirkung wurde nun noch dadurch verstärkt, daß in dem persisch-russischen Handelsvertrag vom 27. Oktober 1931 der Sowjetunion bei denjenigen Waren, für welche die Kontingentierung den genannten Ländern noch Absatzmöglichkeiten bot, hohe prozentuale Anteile von vornherein garantiert wurden. Dies betrifft weniger diejenigen Erzeugnisse, für welche Rußland das Einfuhrmonopol erhielt, nämlich Mineralölprodukte außer Autoölen, Zucker und Zündhölzer. Denn hierbei hatte sich der russische Anteil ohnehin schon in den Vorjahren auf nahezu 100% erhöht. Auch die Garantie eines 55%igen Anteils an der Einfuhr reiner Baumwollgewebe entspricht ungefähr der Position, die die russischen Textilien bereits in den vorhergehenden Jahren auf dem persischen Markt einnahmen. Dagegen bedeutet die Reservierung von 50% an dem Kontingent für Schwerchemikalien, 12% bei Farbstoffen, 66% bei Papier und Papierwaren, 55% bei Musikinstrumenten, 65% bei Metallhalbfabrikaten etc. etc. eine außerordentliche Benachteiligung der übrigen Lieferländer, deren Absatzmöglichkeiten also nicht nur durch die Kontingentierung selbst, sondern außerdem durch diese mit den tatsächlichen Konkurrenzverhältnissen in Widerspruch stehende Bevorzugung der Sowjetunion empfindlich geschädigt worden sind.

Während sich dies alles in erster Linie auf die persische Einfuhr auswirken mußte und noch heute auswirkt, beeinflußte die als zweiter Bestimmungsfaktor erwähnte künstliche Preisverschiebung zwischen Einfuhr- und Ausfuhrwaren den gesamten Außenhandel. Es handelt sich um die Tatsache, daß die von den Exporteuren an Importeure verkauften Ausfuhrzertifikate, welche nach den Bestimmungen des Außenhandelsmonopolgesetzes den Einfuhrlizenzgesuchen beigefügt werden müssen, seit Bestehen des Monopols durchschnittlich einen

Preis von 16—25% des Nennbetrages (Ausfuhrwert) erzielt haben. Das bedeutet nicht weniger, als daß der Exporteur für seine Ware 16—25% mehr erhält, als er ohne das Außenhandelsmonopol auf dem Weltmarkt erhalten würde. Dank der Konkurrenz unter den Ausfuhrhändlern erhöht sich natürlich nicht ihr Gewinn um diesen Prozentsatz, sondern der Mehrerlös kommt größtenteils den vorgeschalteten Betrieben, also vor allem den Produzenten zugute. Das ändert aber nichts an der volkswirtschaftlichen Wirkung, nämlich *daß die persische Ausfuhr durchschnittlich ca. 20% höhere Preise erzielt, als der Weltmarkt bezahlt. Diese Differenz wird von dem Einfuhrhandel bezahlt, der dazu in der Lage ist, weil die durch das Monopolsystem hervorgerufene Knappheit an ausländischen Waren die Möglichkeit gibt, diesen Aufschlag auf die Weltmarktpreise der Einfuhrwaren auf den Binnenhandel und schließlich die Verbraucher abzuwälzen.* Da aber der Preis für die Ausfuhrzertifikate ständig schwankt und sich ein Terminhandel nicht entwickelt hat, kann der Exporteur nur mit einem unter dem Durchschnitt liegenden Satz kalkulieren, während der Importeur seiner Preisberechnung in der Regel den Höchstsatz zugrundelegt. Das bedeutet, daß sich durch diese Differenz im Inlandsverkehr die Einfuhrwaren mehr verteuern als die Ausfuhrwaren, *eine Wirkung, die also ebenfalls einen Anreiz zu vermehrter Ausfuhr und eine Restriktion der Einfuhr darstellt.* Es sei ausdrücklich darauf hingewiesen, daß die Tatsache allein, daß für die Ausfuhrzertifikate hohe Preise bezahlt werden, noch nicht eine weitere Beeinflussung des Außenhandels bedeuten würde. Denn bei der theoretischen Annahme, daß ein fester Preis von beispielsweise 20% bestehen würde, könnte es nur vorübergehende Differenzialgewinne für den Handel geben. Sobald aber der Gleichgewichtszustand wiederhergestellt ist, müßten alle an der Ausfuhr beteiligten Produktionskosten gleichmäßig gestiegen sein, und ebenso alle Preise für die Einfuhrwaren.

Der Vollständigkeit halber sei in diesem Zusammenhang noch erwähnt, daß die Verteuerung der Einfuhr durch den Preis der Ausfuhrzertifikate selbstverständlich ein weiterer Anreiz zum Schmuggelimport gewesen ist, ebenso wie der gleichzeitige Mehrerlös bei der Ausfuhr durch den Verkauf der Zertifikate zu einer Verminderung der unsichtbaren Exporte und zu einer Erhöhung der Wertdeklarationen geführt hat. Auf die Bedeutung dieser Tatsache für die Angaben der Statistik wurde bereits an anderer Stelle hingewiesen, wo die Veränderung des Außenhandelsvolumens untersucht wurde. Hier muß nun hinzugefügt werden, daß diese Überlegung den scheinbaren Widerspruch zwischen der Handelsbilanz und der Bewegung des Krankurses erklärt. Nach den Angaben der Statistik weist die Handelsbilanz für das Jahr 1310 einen Aktivsaldo von RM 4,39 Mill. auf, ohne Berücksichtigung der Ölausfuhr der Anglo-Persian Oil Co. In Verbindung mit der Kapitaleinfuhr und anderen Aktivposten hätte dieser Betrag für den Ausgleich der Zahlungsbilanz genügen müssen. Trotzdem hielt sich der Krankurs dauernd unter Parität, was sich nur aus den oben beschriebenen Wirkungen des Außenhandelsmonopols auf die Fehlerquellen der Zollstatistik erklärt, welche zur Folge hatten, daß im letzten Berichtsjahr der *unsichtbare* Außenhandel einen hohen *Passiv*saldo zeigt, im Gegensatz zu den früheren Jahren vor der Einführung des Monopols.

Die Blüte der Schmuggeleinfuhr wird in Persien allgemein zugegeben, und man hat sich in jüngster Zeit zu energischen Gegenmaßnahmen entschlossen. Bereits am 1. Mai 1932 wurde ein Gesetz erlassen, das verschärfte Strafen für alle Übertretungen vorsah. Gleichzeitig wurde eine Vermehrung der Grenzzollämter ins Auge gefaßt, und im Herbst dieses Jahres trafen im Persischen Golf die in Italien bestellten Kanonenboote ein, welche nicht nur eine politische Geste gegen England darstellen, sondern auch für die Bekämpfung des Schmuggelhandels an der Südküste dienen sollen. Die größte Bedeutung kommt jedoch der Verordnung vom 1. Scharivar (21. August 1932) zu, welche unter Androhung hoher Strafen alle Händler zur Anmeldung der in ihrem Besitz befindlichen einfuhrverbotenen Waren verpflichtete. Diese Anmeldung hatte bis zum 30. Aban (21. November 1932) zu erfolgen. Von da an muß monatlich den öffentlichen Stellen bekanntgegeben werden, wieviel von diesen Waren verkauft worden ist. Die bis zum Schluß des Jahres 1311 (20. März 1933) noch nicht in den Konsum übergegangenen Mengen sind an die Monopolverwaltung abzuliefern. Es besteht die Hoffnung, daß man durch eine gewissenhafte Durchführung dieser Verordnung und häufige Stichproben im Detailhandel tatsächlich den Schmuggel mit einfuhrverbotenen Waren unterbindet, wenigstens soweit sie für den offenen Verkauf durch den Einzelhandel bestimmt sind.

c) Sonstige Entwicklungsfaktoren des Außenhandels.

Was im übrigen die Größe und die Zusammensetzung des persischen Außenhandels während der verflossenen Krisenjahre maßgeblich beeinflußt hat, läßt sich in konjunkturelle und strukturelle Faktoren einteilen. Zu den ersteren ist zunächst die Kapitaleinfuhr der Anglo-Persian Oil Co. zu zählen, deren schwankende Größe für den Umfang der persischen Gesamteinfuhr eine große Rolle gespielt hat, während die sonstigen Investitionen des Auslands mengenmäßig unbedeutend und zeitlich ziemlich gleichmäßig verteilt waren, wie bereits bei Erörterung der Kapitalverflechtung erwähnt wurde. Von der Kapitaleinfuhr der Anglo-Persian Oil Co. wurde ebenfalls schon oben gesagt, daß sie im Jahre 1308 eine außergewöhnliche Höhe erreicht hatte, 1309 wieder auf das normale Maß zurückging und seitdem sehr klein geworden ist, nachdem seit Beginn des Jahres 1931 der Preissturz auf den Brennstoffmärkten die Gesellschaft veranlaßt hat, vorläufig von weiteren Vergrößerungen der Produktionsanlagen abzusehen. Entsprechend dieser Entwicklung mußte die persische Einfuhr eine durch die übrigen Faktoren nicht gerechtfertigte Steigerung im Jahre 1308, insbeſondere bei den Produktionsmitteln, aufweiſen, und danach einen ſchnellen Rückgang dieſer zuſätzlichen Importe.

Ein anderes konjunkturelles Moment, das die Entwicklung des Außenhandels weſentlich beeinflußte, waren die Ernteergebniſſe, vor allem diejenigen bei den wichtigſten Exportprodukten mit ihren unmittelbaren Wirkungen auf die Ausfuhrmengen und ihren mittelbaren Folgen für die Einfuhrkaufkraft. Jedoch exiſtiert in Perſien keine zuverläſſige Ernteſtatiſtik, ſo daß genaue Angaben hier nicht gemacht werden können. Auch Schlußfolgerungen aus den in der Zollſtatiſtik genannten Ausfuhrmengen wären irreführend, einmal wegen des ſchwankenden Anteils der unſichtbaren Ausfuhr, ferner wegen der verſchiedenen Verteilung der Geſamternten auf Inlandskonſum und Export. Allgemein läßt ſich feſtſtellen, daß im Durchſchnitt die für den Export wichtigen Ernten im Jahre 1308 (1929) ausgeſprochen ſchlecht waren, im folgenden Jahre größtenteils weſentlich beſſer, und daß 1310 (1931) von einer durchweg guten Ernte geſprochen werden konnte. Auch die diesjährigen Ergebniſſe (1932) ſind im Durchſchnitt ſehr zufriedenſtellend, beſonders im Norden des Landes, wo bei Baumwolle und Reis eine bedeutende mengenmäßige Steigerung gegenüber dem Vorjahr zu verzeichnen iſt.

Wichtiger als dieſe konjunkturellen Beſtimmungsfaktoren, die die Geſtaltung des Außenhandels nur vorübergehend beeinflußt haben, ſind diejenigen ſtruktureller Natur, die ſich zwar bis heute noch nicht ſtark auswirken konnten, dagegen für die zukünftige Entwicklung eine um ſo größere Bedeutung haben. Hierbei handelt es ſich vor allem um die Moderniſierung der perſiſchen Volkswirtſchaft. Dazu gehört ſelbſtverſtändlich auch das Bahnbauprojekt, auf das oben (S. 129—134) ausführlich eingegangen wurde. Während dabei geſagt wurde, daß es als Verkehrsmittel ſelbſt noch keine Rolle für den Außenhandel ſpielt, bleibt hier zu erwähnen, daß es eine Steigerung der Produktionsmitteleinfuhr mit ſich bringen mußte, die 1308/1309 beſonders groß war, heute wieder ſtark zuſammengeſchrumpft iſt und angeſichts der geringen Erfolgsausſichten für dieſes Projekt wahrſcheinlich in naher Zukunft ganz an Bedeutung verlieren wird.

Die Moderniſierungen auf anderen Wirtſchaftsgebieten, die beſſere Zukunftsmöglichkeiten haben und deshalb mit größerer Berechtigung als ſtrukturelle Wandlungen angeſehen werden können, ſind hier in dreifacher Beziehung zu berückſichtigen:

1. als Grundlage einer inländiſchen Erzeugung von bisher importierten Waren,
2. als Grundlage einer quantitativen und qualitativen Ausfuhrförderung,
3. als Urſache einer verſtärkten Nachfrage nach Produktionsmitteln und einer entſprechenden Verſchiebung in der Zuſammenſetzung der Geſamteinfuhr.

Über die von der Regierung stark geförderte inländische Produktion von Einfuhrwaren ist zu sagen, daß erst seit der Einführung des Außenhandelsmonopols, also seit Anfang 1931, von größeren Fortschritten gesprochen werden kann, die allerdings nur zum Teil in ursächlichem Zusammenhang mit den Auswirkungen dieses Monopols, der Preissteigerung bei den betreffenden Waren, steht. Wie bei allen Ländern im ersten Stadium der Industrialisierung beginnt auch in Persien die inländische Erzeugung mit billigen Textilien und anderen Massenbedarfsartikeln, deren Fabrikation auch mit einfachen technischen Hilfsmitteln und ungeschulten Arbeitskräften möglich ist.

Für die Textilerzeugung existierte in Persien vor der Krise nur ein einziger Betrieb, der als Fabrik im modernen Sinne angesprochen werden konnte, nämlich die Spinnerei und Weberei Kaseruni's in Isfahan, welche 1926 errichtet worden war und im Jahre 1928 etwa 1500 Spindeln und 12 Webstühle besaß. Sie stellte hauptsächlich grobe Woll- und Baumwollgarne und Decken her. Außerdem übernahm sie die Aufbereitung handgewebter Stoffe. Im übrigen gab es nur die überall im Lande verstreuten Handspindeln und Handwebstühle, auf denen hauptsächlich Baumwolkattune und grobe Wollstoffe hergestellt wurden, die nur zu einem Bruchteil den einheimischen Bedarf decken konnten, wie die Untersuchung des Außenhandels im Jahre 1307 gezeigt hat. Daneben bestand die exportfähige Seidenwarenerzeugung in Jezd, die aber nur volkswirtschaftlich unbedeutenden Umfang hat.

Diese Situation erfuhr zunächst dadurch eine Veränderung, daß mit Wirkung ab 21. März 1931 (Beginn des Jahres 1310) die schon kurz nach dem Kriege erlassene Vorschrift erneuert wurde, daß alle persischen Staatsbeamten im Dienst nur aus persischen Geweben hergestellte Kleider tragen dürfen. Gleich nach Bekanntgabe dieser Verordnung wurden für die Isfahaner Fabrik neue Maschinen bestellt, die ihre Kapazität auf 2000 Meter Gewebe pro Tag erhöht haben sollen. Gleichzeitig wurden auch verschiedene kleine Spinnereien und Webereien in Teheran, Jezd, Meschd, Kaswin etc. vergrößert und modernisiert bezw. neu gegründet, ohne allerdings bisher in stärkerem Maße zu einer größeren Eigenversorgung des Landes beitragen zu können. Dagegen kommt der bereits oben (S.) erwähnten Spinnerei und Weberei „Schahi" in Aliabad große Bedeutung zu. Sie wurde im Sommer 1932 in Betrieb genommen und soll im Juli täglich ca. 4—5000 Meter Baumwollgewebe hergestellt haben. Inzwischen soll die Produktion weiter gesteigert worden sein.

Ebenso bemerkenswert sind die Fortschritte bei den Bemühungen, das Land in der Zuckerversorgung von der Einfuhr mehr oder weniger unabhängig zu machen. Wie bei der Textilfabrik in Aliabad ist auch hier die Produktion auf Initiative der Regierung in Angriff genommen, und zwar zunächst in Karisek, wo noch die Reste einer alten Fabrik standen, die zu Beginn dieses Jahrhunderts drei Kampagnen hindurch gearbeitet hatte und dann stillgelegt worden war.

Sie wurde im Jahre 1931 mit neuen Maschinen ausgestattet und im Januar 1932 wieder in Betrieb genommen, allerdings vorläufig mit sehr geringer Ausnutzung der Kapazität, da der Rübenanbau nur langsam ausgedehnt werden kann. Anfang Juli 1932 wurde im Teheraner Basar der erste persische Zucker angeboten, und man hofft, die Produktion in naher Zukunft stark steigern zu können. In diesem Jahre wurde noch mit dem Bau einer zweiten Raffinerie in Keredj begonnen, die ebenfalls in kurzer Zeit in Betrieb genommen werden soll[83]. Die natürlichen Vorbedingungen für die Rübenkultur sind in Persien außerordentlich günstig, und alles hängt davon ab, ob die Bemühungen der Landwirtschaftsabteilung der Nationalbank um ihre Ausdehnung Erfolg haben werden. Es handelt sich hier um eine Be einträchtigung der russischen Exportinteressen, und die Erfahrungen früherer Jahre bei ähnlichen Versuchen haben zur Genüge bewiesen, daß man mit Störungen von seiten der Sowjetunion rechnen muß.

Auch der Eigenproduktion des drittwichtigsten Artikels in der Konsumgütereinfuhr, des Tees, wird neuerdings von den staatlichen Stellen große Aufmerksamkeit gewidmet. Der Teeanbau war zuerst 1908 in Gilan aufgenommen worden und hatte nie größeren Umfang angenommen. Erst durch die Förderung der Regierung, die zu diesem Zweck holländische Spezialisten anstellte, erreichte er im Jahre 1932 in den Bezirken von Laidjan und Rescht größere Ausdehnung und erwies sich bald als so rentabel, daß er in dieser Gegend zu einer fühlbaren Steigerung der Bodenpreise geführt hat[84].

Die hauptsächlich durch die Monopolisierung des Außenhandels bedingte Preissteigerung für fast alle industriellen Konsumwaren hat in letzter Zeit eine Fülle kleiner und mittlerer Privatbetriebe ins Leben gerufen, die die Herstellung der verschiedensten Gebrauchsartikel aufgenommen haben. Ob sie alle lebensfähig sind, kann heute noch nicht gesagt werden. Am wichtigsten ist davon die Erzeugung von Leder und Lederwaren, die schon früher in Persien eine gewisse Bedeutung hatte, aber erst jetzt durch die verminderte Konkurrenz des Auslandes größere Ausdehnung genommen hat.

Der Wunsch, auch den Produktionsmittelbedarf nach Möglichkeit im Inland zu decken, hat kürzlich zu der Errichtung einer Zementfabrik geführt, die im nächsten Jahr ihre Fabrikation aufnehmen soll. Außerdem bemüht man sich um eine Ausdehnung der Kohlenförderung in Schamschek bei Teheran, welche erste Vorbedingung für die Anlage größerer Industriebetriebe in der Hauptstadt sein wird. Augenblicklich soll die monatliche Förderung nur 650 Tonnen betragen, die noch dazu mangels anderer Transportmöglichkeiten mit Karawanen nach Teheran kommt und dadurch erheblich verteuert wird. Anfang Oktober 1932 kostete in Teheran 1 Kharwar Kohle 110 Rial[85], was einem Preis von ca. RM 50.— pro Tonne entsprach. Die inzwischen in Europa bestellten modernen Förderanlagen und der projektierte Bau der Drahtseilbahn zwischen Schamschek und der Hauptstadt werden hier wahrscheinlich sehr vorteilhafte Wirkungen haben.

Diesen Ansätzen einer Strukturwandlung des Einfuhrbedarfs stehen solche bei der Ausfuhrproduktion gegenüber. Auch hier ist es die seit zwei Jahren ziemlich aktive staatliche Wirtschaftsförderung, die zu den Anfängen einer fortschrittlichen Entwicklung geführt hat, vor allem die Tätigkeit der Nationalbank, deren Landwirtschaftsabteilung angewiesen ist, durch fachmännische Beratung und billige Meliorationskredite (Zinssatz maximal 6% p. a.) die agrarische Produktion zu beleben. Besondere Aufmerksamkeit wurde in letzter Zeit der Verbesserung und Ausdehnung der Seidenkultur und des Tabakanbaus gewidmet. Außerdem wurde in Nordpersien die Baumwollproduktion vergrößert und neue, diesmal erfolgreiche Versuche mit der Anpflanzung erstklassiger amerikanischer Sorten gemacht.

Daneben sind die Gründungen privater Handelsgesellschaften zu erwähnen, die eine stärkere Konzentration der Ausfuhr agrarischer Erzeugnisse bedeuten und eine bessere Sortierung und Verpackung ermöglichen, damit in dieser Beziehung den Anforderungen der europäischen Märkte mehr als bisher Rechnung getragen wird. Dabei sind in erster Linie die Société Commerciale zu nennen, welche Teile der diesjährigen Ernte (1932) bereits in mustergültigem Zustand zum Versand gebracht haben soll.

Zusammenfassend ist zu sagen, daß alle diese Anfänge einer Modernisierung der persischen Wirtschaft bisher weder auf den Rückgang der Konsumgütereinfuhr noch auf das Ausfuhrvolumen und den Produktionsmittelbedarf einen volkswirtschaftlich bedeutsamen Einfluß gehabt haben. Bei einer einigermaßen optimistischen Beurteilung der persischen Verhältnisse ist aber anzunehmen, daß diese Wirkungen, die eine Strukturänderung der Außenhandelsgrundlagen bedeuten, allmählich stärker in Erscheinung treten werden.

5. Die Struktur des Außenhandels im Jahre 1310 (1931/32).

Es ist nicht möglich, die tatsächlichen Auswirkungen aller oben beschriebenen Faktoren auf die Zusammensetzung und Verteilung des persischen Außenhandels festzustellen. Es wurde bei Untersuchung der Bilanz und des Handelsvolumens darauf hingewiesen, wie wenig gerade im letzten Berichtsjahr die Angaben der persischen Zollstatistik der Wirklichkeit entsprechen und daß besonders wegen der veränderten prozentualen Anteile der unsichtbaren Exporte und Importe auf eine ziffernmäßige Gegenüberstellung mit den Vorjahren, vor allem mit dem Jahr 1307, verzichtet werden muß. Deshalb beschränke ich mich darauf, die unbedingt feststehenden Tatsachen zu erwähnen, die deutlich genug erkennen lassen, wie sich der persische Außenhandel im Laufe der Krise verändert hat und mit welcher Situation heute gerechnet werden muß.

Die Ausfuhr. Das Volumen der Gesamtausfuhr einschließlich der unsichtbaren Ausfuhr war etwas größer als im Jahre 1307, also vor Beginn der Krise (Volumen = Wert nach Ausschaltung der inzwiſchen eingetretenen Preis- und Valutaänderungen (vergl. oben, S. 156/58). Dabei iſt die Erdölausfuhr der Anglo-Persian Oil Co. nicht berückſichtigt. Dieſe Tatſache ſtimmt mit dem oben Geſagten überein, daß von der Valuta- und Preisgeſtaltung und von den handelspolitiſchen Maßnahmen ein Anreiz zu vermehrter Ausfuhr ausgehen mußte. Daß er keine ſtärkeren Wirkungen hatte, erklärt ſich aus den durch die Weltwirtſchaftskriſe dauernd weiter verringerten Abſatzmöglichkeiten. Dies findet ſeine Beſtätigung in der im Verlauf der Kriſe veränderten Zuſammenſetzung der Geſamtausfuhr. Die wichtigſten Verſchiebungen gegenüber 1307 ſind:

Starke mengenmäßige Steigerung des Exports von: Baumwolle, Wolle, Roſinen, Mandeln, getrockneten Aprikoſen, Gummitragant und Quittenkernen. Ferner bei lebenden Tieren.

Starke mengenmäßige Rückgänge im Export von: Opium, Teppichen, Reis, Seidenkokons und Rohſeide.

Dies zeigt deutlich, daß die den Export begünſtigenden Faktoren ſich bei denjenigen Produkten, in denen die Weltmarktumſätze relativ ſtabil blieben, durchſetzen konnten, dagegen nicht bei den zuletzt genannten Waren, deren Konſum in der ganzen Welt durch die Kriſe ſcharf zurückgegangen iſt. Der Rückgang des Reisexports aus Perſien hat ſeine Urſache in der geringeren Kaufluſt der Sowjetunion gehabt, welche für die Hauptproduktionsgebiete am Kaſpiſchen Meer den alleinigen ausländiſchen Markt darſtellt.

Die Einfuhr. Obwohl der Rückgang des Einfuhrvolumens gegenüber 1307, der ſich oben aus den Ziffern der Zollſtatiſtik errechnete (vergl. S. 156), nicht die Tatſache berückſichtigt, daß ſich in der Kriſe, vor allem im Jahre 1310 (1931/32) der Anteil der unſichtbaren Einfuhr bedeutend erhöht hat, muß angenommen werden, daß auch das Volumen der Geſamteinfuhr ſtark zuſammengeſchrumpft iſt. Dafür ſpricht das Ergebnis der Unterſuchung auf Seite 155, welches zeigte, daß die Entwicklung der Valuta und der Preiſe eine einfuhrvermindernde Wirkung haben mußte, außerdem die Tatſache, daß die künſtliche Verſchiebung zwiſchen Ein- und Ausfuhrpreiſen durch das Lizenzſyſtem einen Einfluß in gleicher Richtung ausüben mußte (vergl. S. 161). Hinzu kommt, daß ſelbſtverſtändlich die Reſtriktion der Importe durch die Kontingentierung trotz der Blüte des Schmuggels nicht ganz wirkungslos geweſen iſt und daß ferner als Folge der allgemeinen Preisſteigerung für die Einfuhrwaren die inländiſche gewerbliche Erzeugung bereits im Jahre 1310 eine Belebung erfahren hat und ſo zu einer Verringerung des Importbedarfs beitragen konnte. Schließlich bleibt auch zu erwähnen, daß die Kapitaleinfuhr nach der vorübergehenden Steigerung im Jahre 1308 inzwiſchen unter den Stand vor der Kriſe geſunken war.

So iſt anzunehmen, daß der Einfuhrrückgang in beſonders ſtarkem Maße die induſtriellen Konſumwaren betroffen hat, wenn auch infolge des Schmuggelimports weniger, als es die Kontingentierung erwarten ließ und als es ſich in der Zollſtatiſtik ausdrückt. Unter den

Produktionsmitteln weisen die Maschinen wegen des verringerten Bedarfs der Anglo-Persian Oil Co. ebenfalls eine starke Schrumpfung der Einfuhr auf, die allerdings teilweise durch die Maschinenimporte der übrigen Volkswirtschaft für die Anfänge der Industrialisierung ausgeglichen wird. Auch der Kraftwagenimport hat infolge des schon vor der Krise bemerkbaren Überangebots an Transportmitteln sehr an Umfang verloren, nicht dagegen der Import von Brennstoff und Ersatzreifen für die im Verkehr befindlichen Fahrzeuge.

Die Verteilung des Außenhandels. Im Laufe der Krisenjahre hat sich die Verteilung der persischen Ausfuhr und Einfuhr auf die verschiedenen Absatz- und Bezugsländer in vieler Hinsicht verändert. Dies war eine natürliche Folge der strukturellen Verschiebungen und der während der Weltwirtschaftskrise veränderten Konkurrenzfähigkeit bezw. Kauffähigkeit der beteiligten Länder. Dazu kommen die Auswirkungen der handelspolitischen Maßnahmen und nicht zuletzt die unterschiedliche Entwicklung in der Organisation des Privathandels, die oft für die Höhe der Umsätze zwischen Persien und dem betreffenden Ausland größere Bedeutung hat als die beiderseitige Kaufkraft bezw. Wettbewerbsfähigkeit. Dies trat besonders deutlich in Erscheinung, als sich der persische Ausfuhrhandel in den Jahren 1929/31 mehr als bisher um den Absatz in Mitteleuropa bemühte und besonders in Hamburg durch Gründung einer großen Zahl von Zweigniederlassungen die Möglichkeit schuf, einen großen Teil der früher an Rußland verkauften Agrarprodukte hier zu besseren Preisen abzusetzen. Dementsprechend stieg der deutsche Anteil an der persischen Ausfuhr dauernd an.

Über die Verteilung des sichtbaren Außenhandel liegen bisher nur die Ziffern für die Jahre 1308 und 1309 vor, also bis zum 20. März 1931. In der folgenden Tabelle werden sie in der gleichen Weise wiedergegeben, wie es auf Seite 95/96 für die vorhergehende Aufschwungperiode geschah. Zum Vergleich werden die Zahlen für 1307 noch einmal wiederholt:

	1307	1308	1309
Kurs 1 Kran = RM	—.425	—.352	—.229
Einfuhr aus:	(Millionen Kran)		
Britisches Weltreich[87] . .	157,15	208,52	246,50
Britisch-Indien	158,14	147,95	122,22
U. d. S.S.R.	291,06	274,72	234,24
Deutschland	47,24	60,09	35,37
Frankreich	39,84	61,36	27,19
Vereinigte Staaten . .	39,21	72,69	25,09
Belgien	28,94	31,10	23,32
Italien	20,84	21,14	22,41
Gesamteinfuhr:	819,87	919,85	810,53

	1307	1308	1309
Ausfuhr nach:[88]	(Millionen Kran)		
Britisches Weltreich . .	847,04	817,16	709,78
Britisch-Indien	145,79	162,28	130,10
U. d. S.S.R.	166,29	148,59	158,83
Vereinigte Staaten . .	80,69	86,53	66,27
Frankreich	80,10	118,24	91,48
Deutschland	41,63	60,18	75,99
Belgien	34,23	41,57	35,26
Italien	11,05	12,64	52,06
Gesamtausfuhr:	1517,60	1574,84	1463,82

	1307	1308	1309
Außenhandel (Einfuhr plus Ausfuhr) mit:			
Britisches Weltreich . .	1004,19	1025,68	956,28
Britisch-Indien	303,93	310,24	252,31
U. d. R.R.S.	457,35	423,30	393,07
Frankreich	119,94	179,60	118,66
Vereinigte Staaten . .	119,90	159,23	91,36
Deutschland	88,87	120,27	111,36
Belgien	63,17	72,67	58,58
Italien	31,89	33,78	74,47
Gesamtaußenhandel:	2337,47	2495,00	2274,35

Bei der Steigerung des britischen Anteils an der Einfuhr ist zu beachten, daß sie ganz auf die große Kapitaleinfuhr der Anglo-Persian Oil Co. in Form von Maschinen und Baumaterial zurückzuführen ist. Da sich dieser Posten inzwischen wieder stark vermindert hat, ist für das Jahr 1310 mit einem scharfen Rückgang der britischen Ausfuhr nach Persien zu rechnen. Dies läßt auch die Außenhandelsstatistik Großbritanniens für das Jahr 1931 erkennen, welche zwar nicht die Gesamtausfuhr nach Persien gesondert anführt, dagegen die Ausfuhr von Baumwollgeweben dorthin, d. h. den weitaus wichtigsten Einzelposten. Hierbei ergibt sich für 1931, daß mengenmäßig um 30%, wertmäßig (ohne Berücksichtigung der £-Entwertung seit September 1931) um 54% weniger reine Baumwollgewebe nach Persien geliefert wurden als im Vorjahr. Gegenüber 1928 (1307) ergibt sich sogar ein Rückgang um mengenmäßig 58%, wertmäßig 74½%!

Der russische Anteil an der Einfuhr Persiens soll nach einer Veröffentlichung in der persischen Presse[89] auf 169,4 Mill. Kran im Jahre 1310 zurückgegangen sein, bei einer statistisch erfaßten Gesamteinfuhr von 609 Mill. Kran. Falls diese Ziffer den Tatsachen entspricht, hat also das persische Außenhandelsmonopol insofern seine Wirkung getan, als es durch die Verknüpfung der Einfuhr mit der

[88]) Einschließlich Mineralölausfuhr der Anglo-Persian Oil Co.

Ausfuhr den russischen Export nicht über den Wert der von der Sowjetunion aus Persien bezogenen Waren hinauswachsen ließ. Dieser soll im gleichen Jahr 165,0 Mill. Kran betragen haben, so daß die gewünschte Ausbalancierung des Warenverkehrs zwischen beiden Ländern also erreicht zu sein scheint. Allerdings ist dabei zu berücksichtigen, daß der neue Handelsvertrag, in dem der Sowjetunion feste Kontingentsanteile in einer Gesamthöhe von ca. 50% der gesamten Einfuhrkontingente garantiert wurden, erst in der zweiten Hälfte des Jahres 1310 abgeschlossen wurde, und es bleibt abzuwarten, ob Rußland auf einer vollen Ausnutzung dieser reservierten Anteile besteht, auch wenn dadurch die gegenseitige Handelsbilanz wieder aus dem Gleichgewicht gebracht wird, sobald die russische Kaufkraft bezw. Kaufbereitschaft für persische Produkte nicht denselben Umfang annimmt.

Die deutsche Stellung im persischen Außenhandel im Jahre 1310 ist ebenso wie diejenige Großbritanniens und auch Frankreichs durch einen scharfen Rückgang des Einfuhranteils gekennzeichnet. Nach der deutschen Außenhandelsstatistik bezifferte sich die Ausfuhr nach Persien im Kalenderjahr 1931 auf 6 Mill. RM, das sind bei einem Durchschnittskurs des Kran von RM —.23 also 26 Mill. Kran, was deutlich zeigt, in welchem Maße die Absatzmöglichkeiten gerade für Deutschland und andere Länder mit ähnlicher Angebotsstruktur durch das Außenhandelsmonopol verringert worden sind, so daß heute kaum noch ein Interesse am persischen Markt besteht. Große Bedeutung hat Persien dagegen als Lieferant behalten, besonders für Deutschland, welches 1931 für RM 35,3 Mill. persische Erzeugnisse kaufte, darunter für RM 21,0 Mill. Mineralölprodukte der Anglo-Persian Oil Co., so daß für die Erzeugnisse der persischen Volkswirtschaft selbst noch RM 14,3 Mill. verbleiben, also ca. 62 Mill. Kran.

F. Die gegenwärtige Situation.

Am Schluß des erſten Teils dieſer Unterſuchung, welcher die auswärtigen Wirtſchaftsbeziehungen Perſiens vor der Kriſe behandelte, wurde verſucht, das Charakteriſtiſche der damaligen Situation zu formulieren, wie es vom Standpunkt der theoretiſchen Nationalökonomie geſehen werden mußte. Überblickt man jetzt die folgenſchweren Ereigniſſe, die im Laufe der letzten dreieinhalb Jahre die Wirtſchaftsbeziehungen des Landes zu der übrigen Welt in ſo hohem Maße verändert haben, ſo ſtellt man trotz aller dieſer Wandlungen feſt, daß ſie nicht das Grundſätzliche in der weltwirtſchaftlichen Stellung Perſiens betroffen haben. Denn was oben über die *ſtrukturellen* Tatſachen vor der Kriſe geſagt wurde, ſei es bei Unterſuchung des auswärtigen Warenverkehrs, der Zahlungsbilanz, der Kapitalbeziehungen oder der Dienſtleiſtungen, alles gilt unverändert auch für die heutige Lage, mit der einzigen Einſchränkung, daß in jüngſter Zeit von *kleinen Anfängen einer Strukturwandlung* geſprochen werden kann (vergl. S. 121 und 163/66), deren Bedeutung für die Zukunft jedoch noch ungewiß iſt.

Wenn ſich alſo ergibt, daß die ausführliche Darſtellung der Verhältniſſe im letzten Jahr der Konjunkturperiode (1307) gerade für das Verſtändnis der Gegenwart notwendig geweſen iſt, weil deren Charakteriſtika damals beſſer als heute erkennbar waren, ſo ſchränkt dies trotzdem nicht die Bedeutung deſſen ein, was im zweiten Teil über die jüngſte Vergangenheit geſagt wurde. Denn bei aller Unveränderlichkeit der ſtrukturellen Tatſachen hat ſich in den konkreten Einzelheiten während dieſer kurzen Periode eine ſo tiefgreifende Wandlung vollzogen, daß nur eine wirklichkeitsfremde Abſtraktion daran vorübergehen könnte.

Will man die wichtigſten Veränderungen gegenüber dem Jahre 1307 zuſammenfaſſen, ſo iſt das am beſten möglich, wenn man auf die Ursachen, die dazu geführt haben, zurückgeht. Das waren einerseits die Krisenerscheinungen in der Weltwirtschaft, zu denen auch der für den Währungsverfall verantwortliche Preissturz des Silbers zählt, andererseits die Wirtschaftspolitik der persischen Regierung, die teilweise als Krisenbekämpfung, teilweise aber als eine davon unbeeinflußte Fortsetzung der früheren Bestrebungen anzusehen ist. Die Untersuchung hat gezeigt, daß sie grundsätzlich in der gleichen Richtung fortgesetzt wurde, welche schon im ersten Teil als das Gegebene für die persischen Verhältnisse bezeichnet wurde (vergl. S. 99/100), wo ich sie mit dem alten europäischen Merkantilismus verglich. Diese Tendenzen wurden nun in jeder Beziehung durch die Notwendigkeit, den Auswirkungen der Weltwirtschaftskrise zu begegnen, verstärkt, so daß sie schließlich zu dem Übergang von freier zu stark gebundener Wirtschaft führten, wie sie sich in der Monopolisierung des Außenhandels und der vorübergehenden Devisenzwangswirtschaft darstellt. Es ist heute noch nicht möglich, zu einem endgültigen Urteil über die Zweckmäßigkeit dieser Maßnahmen und die tatsächlichen Erfolge der Verbürokratisierung des auswärtigen Warenverkehrs zu kommen. Es wurde gezeigt, daß diese die schon durch die Kurs- und Preisentwicklung bedingte Tendenz zur Ausfuhrbelebung und Einfuhrdrosselung unterstützen mußte und auch scheinbar den Passivsaldo im persisch-russischen Warenaustausch beseitigt hat. Diese im Interesse der Währung und der Gesamtwirtschaft Persiens wünschenswerte Wirkung ist aber mit anderen, sehr nachteiligen Folgen verknüpft, die berücksichtigt werden müssen, wenn zu untersuchen ist, ob sich per Saldo ein Vorteil ergibt. Am wichtigsten ist dabei die Tatsache, daß der durch die Einfuhrrestriktion geschaffene Anreiz zu zusätzlicher Schmuggeleinfuhr, der auch einen unerwünschten demoralisierenden Einfluß auf die Rechtsbegriffe im Handel haben mußte, bisher den Ausgleich der Zahlungsbilanz verhindert hat, wie es der Stand der Valuta beweist. Ob die jetzt ergriffenen Gegenmaßnahmen durchschlagenden Erfolg haben werden, bleibt abzuwarten. Außerdem ist zu betonen, daß die technische Ausgestaltung des Handelsmonopols den Grad der Unwirtschaftlichkeit bei der Befriedigung des Einfuhrbedarfs stark erhöht hat. Dies einmal durch die Unelastizität als Folge der Kontingentierung, ferner durch die jetzt noch unsicherer gewordene Kalkulationsbasis wegen der schwankenden Preise für die Ausfuhrzertifikate und schließlich durch die Schwerfälligkeit der Arbeit der Lizenzbehörden, die zu einer zunehmenden Zentralisierung des Einfuhrhandels in Teheran führt, welche ökonomisch nicht gerechtfertigt wäre.

Im Hinblick auf die zukünftige Entwicklung der auswärtigen Wirtschaftsbeziehungen Persiens kann nicht von einer schon heute erkennbaren Tendenz gesprochen werden. Alles hängt davon ab, wie sich die Weltmarktverhältnisse für die Ausfuhrprodukte des Landes und für das Währungsmetall gestalten werden, ferner, ob das Außenhandelsmonopol in unveränderter Form aufrechterhalten werden wird und welches seine endgültigen Resultate sowie diejenigen der sonstigen wirtschaftspolitischen Maßnahmen sein werden. Daneben besteht immer in der Haltung der Sowjetunion ein weiterer Unsicherheitsfaktor, der gerade jetzt wieder durch die erneuten Beschwerden der persischen Kaufleute und die vor einigen Tagen erfolgte Entlassung des russenfreundlichen Hofministers Timur-Tasch in den Vordergrund des Interesses gerückt worden ist.

Anmerkungen.

1) Sykes gibt an: Teheran 9,3″, Isfahan 4,74″, Meſched 9,37″. Roſen ſchätzt als Durchſchnitt 125 mm.
2) Vageler, in der Zeitſchrift „Die Ernährung der Pflanze", Berlin 1930, Heft 20, S. 472/3.
3) Die Zeitung „Setareh-ye-Djehan" beziffert am 22. II. 1932 die Stadtbevölkerung mit 2 292 000 Einwohnern, alſo 20—25 % der Geſamtbevölkerung. Dabei iſt zu berückſichtigen, daß darunter ein großer Teil von landwirtſchaftlicher Tätigkeit lebt.
4) Auſſatz „La Structure Economique de la Perse" in der Zeitſchrift „Revue Economique Internationale", Brüſſel 1931, Septemberheft.
5) Brit. Konſularbericht 1930. Die dort für den 20. III. 1930 angegebenen Ziffern wurden hier nach Berückſichtigung der jährlichen Tilgungsrate von £ 68 750.— für die Anleihe von 1911 zugrundegelegt.
6) The Times, 12. IV. 1928.
7) Bulletin Quotidien, Paris, 6. VIII. 1929.
8) Brit. Konſularbericht 1930, S. 16.
9) Näheres über die Verhältniſſe im perſiſchen Ölgebiet findet ſich in dem Buch von Williamſon „In A Persian Oilfield", London 1927.
10) Dieſen Ziffern liegen die Angaben Littens (a. a. O., Kapitel 17) ſowie Schätzungen von privater Seite zugrunde.
11) Wirtſchaftsnachrichten der Deutſch-Perſiſchen Geſellſchaft, 5. VI. 1931.
12) Perſiſche Außenhandelsſtatiſtik für 1307, Abſchnitt XII.
13) Ausgabe 1932, S. 1189.
14) Die Prämie für Verſchiffungen zwiſchen den Nordſeehäfen und dem Perſiſchen Golf betrug für gewöhnliche Riſiken 0,5 %.
15) Brit. Konſularbericht 1928, S. 10.
16) 1 Schahi = $^1/_{20}$ Kran = ca. 2,1 Pfennige.
17) Brit. Konſularbericht 1930, S. 35.
18) Als Quellen dienten: Anhang der Perſiſchen Außenhandelsſtatiſtik für 1307, Ebtehaj, „Guide Book on Persia" ſowie private Angaben.

19) Genauer Text: Deutsches Handelsarchiv, 15. VI. 1929.
20) Enqueteberidit „Der Deutsche Außenhandel...", Berlin 1932, 2. Halbband, S. 348.
21) „The Statesman's Year Book", London 1931, S. 1331.
22) „Iraq, Report for the Year 1930", London 1931, S. 81.
23) „Commerce and Trade Directory of Iraq", Bagdad 1925, S. 179.
24) Die Ziffern für den Welthandel wurden auch hier dem Enquetebericht „Der Deutsche Außenhandel..." entnommen. Für die Berechnung der Ziffer für das persische Jahr 1292 wurde die Angabe für 1913 benutzt, unter Berücksichtigung des durchschnittlichen jährlichen Wachstums um 4,52% in den sieben Vorkriegsjahren.
25) Private Schätzungen.
26) Vergl. oben, S. 24.
27) Hartner, a. a. O., S. 19.
28) Ziffer für das Kalenderjahr 1928, Brit. Konsularbericht 1930, S. 31.
29) Wirtschaftsnachrichten der Deutsch-Persischen Gesellschaft, Sondernummer „Der Persische Außenhandel im Jahre 1929/30", Berlin 1931.
30) Hartner, a. a. O., S. 19.
31) Über die kürzlich erfolgte Kündigung des Konzessionsvertrages s. unten, S. 117/119.
32) Statistisches Jahrbuch des Deutschen Reiches für 1928 und 1930, Anhang „Internationale Übersichten".
33) Jahresberichte der Anglo-Persian Oil Co.
34) Statistisches Jahrbuch des Deutschen Reiches für 1930, Anhang „Internationale Übersichten", S. 114.
35) Dito, S. 114.
36) The Statesman's Year Book, Ausgabe 1931, S. 1174.
37) Ardalan, a. a. O., S. 75.
38) Wirtschaftsdienst, 10. V. 1929.
39) Ziffern für die Weltproduktion und diejenige in China und Japan aus dem Statistischen Jahrbuch für das Deutsche Reich für 1930, Anhang „Internationale Übersichten".
40) Kazemi, a. a. O., S. 120.
41) Auf satz „La Question de l'Opium", in der Zeitschrift „Revue Economique Internationale", Brüssel, Mai 1931.
42) Bulletin Quotidien, Paris, 15. XII. 1928.
43) Die Ausfuhrzahlen wurden den Außenhandelsstatistiken der betreffenden Länder entnommen.
44) Einschließlich Ägypten, ausschließlich Brit.-Indien.
45) Brit. Konsularbericht 1928, S. 14.
46) Jahresdurchschnitte.
47) Alle Ziffern beziehen sich auf die Monatsdurchschnitte. Der Berechnung wurden die im „Wirtschaftsdienst" veröffentlichten Londoner Notierungen zugrundegelegt.

48) Vollständiger Text in den „Wirtschaftsnachrichten der Deutsch-Persischen Gesellschaft" vom 1. V. 1930.
49) Hartner, a. a. O., S. 85.
50) Aus privater Quelle.
51) Zeitung „Chafagh Sorkh", 10. X. 1930.
52) Wirtschaftsnachrichten der Deutsch-Persischen Gesellschaft, 12. I. 1931.
53) Herabsetzung des amtlichen Kurses auf Kran 90,0 = 1 £.
54) „Near East and India", 2. IV. 1931.
54a) Hartner, a. a. O., S. 87.
55) Neue Zürcher Zeitung, 12. I. 1932.
56) Amtlicher Kurs 68 : Papier-£, also 88 : Gold-£. Seit 10. November 1931 Anlehnung des Zwangskurses an den französischen Franken, nämlich 72,90 : 100 frs. Das entspricht 90 : Gold-£.
57) Aus privater Quelle.
58) Siehe Fußnote S. 111.
59) Die Aufrechnung wurde durch die Verordnung vom 15. IX. 1931 gestattet.
60) Parlamentsrede des Finanzministers am 13. IX. 1932 (wiedergegeben im „Messager de Teheran" vom 16. IX. 1932).
61) Zeitung „Iran", 25. X. 1932.
62) Wirtschaftsnachrichten der Deutsch-Persischen Gesellschaft vom 5. X. 1931.
63) Am 22. V. 1932 las man von einer 50%igen Beteiligung bei 30 Mill. Rial Kapital. Am 3. Juni wurde letzteres auf 11,4 Mill. Rial beziffert, und nach den neuesten Meldungen soll die Beteiligung amerikanischen Kapitals noch gar nicht feststehen.
64) Zeitung „Messager de Teheran", 28. X. 1932.
65) Dito, 29. IX. 1932.
65a) Hamburger Fremdenblatt, 22. I. 1933 (vorläufige Schätzung).
66) Zeitung „Messager de Teheran", 29. VII. 1931.
67) Siehe Fußnote S. 128.
68) „The Times", 12. IV. 1928.
69) „Messager de Teheran", 7. X. 1932.
70) Dito, 30. IX. 1932.
71) „Chafagh Sorkh", 25. IX. 1932.
72) Brit. Konsularbericht 1930, S. 33.
73) Kurs 104,0 Rial = 1 Papier-£.
73a) Der Ziffer von 26 000.— P-£ = ca. RM 350 000.— seien die durchschnittlichen Bahnbaukosten pro km in folgenden Ländern gegenübergestellt: Deutschland: RM 255 000.—, Frankreich: RM 317 000.—, Schweiz: RM 271 000.—, wobei allerdings der Wegfall der Hafenbaukosten, die in der persischen Ziffer enthalten sind, berücksichtigt werden muß, andererseits aber auch die geringeren Qualitätsansprüche, die an das Verkehrsmittel in Persien gestellt werden.

74) Der größte Teil der Einfuhr Persiens wird von den ausländischen Exporteuren zu D/P-Konditionen verkauft, also Auslieferung der Ware bezw. der Verschiffungsdokumente nur gegen Zahlung des Fakturenbetrages an die zwischengeschaltete Bank. Dadurch sind größere Verluste, die bei Auslieferung gegen Akzept zweifellos entstanden wären, vermieden worden, soweit es sich nicht um leicht verderbliche Waren handelte.

75) Text des Außenhandelsmonopolgesetzes vom 25. II. 1931 und des Ergänzungsgesetzes vom 11. III. 1931: Deutsches Handelsarchiv, 1. VI. 1931. Text der Übergangs- und Ausführungsbestimmungen vom 13. III. 1931: Deutsches Handelsarchiv, 15. VI. 1931.

76) Diese Ziffer setzt sich zusammen aus:

Mineralölausfuhr der APOC. . . .	700 000 000.—
Übriger Außenhandel Persiens . .	1 242 030 000.—

Davon ist nur die letztere Zahl veröffentlicht, während der Wert der Ölausfuhr geschätzt, d. h. aus der Produktionsmenge und unter Berücksichtigung der Preisgestaltung auf dem Weltmarkt berechnet werden mußte.

77) Enqueteberiċht „Der Deutsche Außenhandel...“, 2. Halbband, S. 348.

78) Angaben Londoner Großhändler.

79) Private Angaben, kontrolliert an den Wert- und Mengenangaben in den Einfuhrstatistiken von Siam und Brit.-Malaya.

80) Abschlüsse Hamburger Kommissionäre.

81) Siehe Fußnote S. 151.

82) Um die Verschärfung des Preisrückganges auszuschalten, welche auf die Verschiebung der Nachfrage zugunsten der kleinen Wagen zurückzuführen ist, wurde die sich aus den Ausfuhrziffern ergebende jährliche Preisdifferenz nur jedesmal zu 75% bei der Berechnung des Warenindex berücksichtigt.

83) „Messager de Teheran, 22. IX. 1932.

84) „Chafagh Sorkh“, 19. IX. 1932.

85) „L'Ettelat“, 4. X. 1932.

86) „Chafagh Sorkh“, 19. IX. 1932.

87) Einschließlich Ägypten, ausschließlich Brit.-Indien.

88) Siehe Fußnote S. 169.

89) Wirtschaftsnachrichten der Deutsch-Persischen Gesellschaft vom 25. V. 1932.

90) „Iran“, 11. IX. 1932.

Benutzte Literatur.

Hugo Grothe, „Zur Natur und Wirtſchaft Vorderaſiens", Teil II „Perſien", Frankfurt 1911.
Hans Heinrich Beuck, „Die Bodenkultur in Perſien und ihre Ausfuhrerzeugniſſe", Hamburg 1919.
Litten, „Perſien", Berlin und Leipzig 1920.
E. Lesueur, „Les Anglais en Perse", Paris 1921.
J. M. Balfour, „Recent Happenings in Persia", New York 1922.
A. C. Millspaugh, „The American Tansk in Persia", New York 1925.
Friedrich Roſen, „Perſien in Wort und Bild", Berlin 1926.
Moustafa Khan Fateh, „The Economic Position of Persia", London 1926.
Vincent Sheean, „The New Persia", New York 1927.
J. W. Williamson, „In A Persian Oilfield", London 1927.
Cash, „Persia Old and New", London 1929.
Sir Percy Sykes, „A History of Persia", 3rd ed. London 1930.
Ardalan, „Die Stellung Perſiens in der Weltwirtſchaft", Teheran (Erſcheinungsjahr unbekannt, wahrſcheinlich 1928 oder 1929).
Parviz Khan Kazemi, „Le Commerce Exterieur de la Perse", Paris 1930.
Gottfried Hartner, „Währung und Notenbankweſen Perſiens", Leipzig 1932.

Britiſche Konſularberichte:
Report on the Trade and Industry of Persia, London 1923.
Report on the Trade and Industry of Persia, London 1925.
Report on the Finance and Commerce of Persia, London 1928.
Report on the Economic Conditions in Persia, London 1930.

Statistique Commerciale — Tableau General du Commerce avec les Pays Etrangers pendant l'Annee 1292, 1303—1309 (Perſiſche Außenhandelsſtatiſtik).

Außenhandelsſtatiſtiken der folgenden Länder:
Deutſchland, Großbritannien, Frankreich, Griechenland, Vereinigte Staaten von Amerika, Türkei, Irak, Brit.-Indien, Siam, Brit.-Malaya, China, Japan.

Statistisches Jahrbuch für das Deutsche Reich, Jahrg. 1928/29/30/31/32.
Enqueteberícht „Der Deutsche Außenhandel unter der Einwirkung weltwirtschaftlicher Strukturwandlungen", Berlin 1932.
The Statesman's Year Book, Ausgabe 1928/29/30/31/32 (London).
„Facts and Figures of the Automobile Industry", New York 1932.
„Commercial and Trade Directory of Iraq", Bagdad 1925.
„Iraq, Report for the Year 1930", London 1931.

Zeitschriften:
„Wirtschaftsdienst", Hamburg.
„Deutsches Handelsarchiv", Berlin.
„Wirtschaftsnachrichten der Deutsch-Persischen Gesellschaft", Berlin-Grunewald.
„Der Deutsche Volkswirt", Berlin.
Berichte der Teheraner Handelskammer.
„Near East and India", London.
„Revue Economique Internationale", Brüssel.
„Bulletin Mensuel de Statistique", Genf.
„The Statist", London.

Europäische, persische und amerikanische Tageszeitungen.